时代书局

【台湾商务印书馆百年汉译名著】

Προτέρων ἀναλυτικῶν

Ἀριστοτέλης

吕穆迪译亚里斯多德著作集

《分析学前编》注

吕穆迪　著

北京时代华文书局

本书中文简体字版权由台湾商务印书馆授予北京时代华文书局有限公司出版发行

图书在版编目(CIP)数据

亚里斯多德《分析学前编》注 /吕穆迪注. -- 北京 :
北京时代华文书局, 2014.1
(亚里斯多德著作集)
ISBN 978-7-80769-276-8

Ⅰ. ①亚… Ⅱ. ①吕… Ⅲ. ①古希腊罗马哲学 ②《分
析学前编》—注释 Ⅳ. ①B502.233

中国版本图书馆CIP数据核字(2013)第315440号

安徽省版权局著作权合同登记: 字 12131300 号

亚里斯多德《分析学前编》注

作　　者 | 吕穆迪
出 版 人 | 田海明　周殿富
总 策 划 | 周殿富　武　学
策划编辑 | 张晓辉
责任编辑 | 宋　春　郭伟娜
责任印制 | 刘　银
营销推广 | 赵秀彦
装帧设计 | 未　氓

出　　版 | 时代出版传媒股份有限公司　http://www.press-mart.com
北京时代华文书局　http://www.bjsdsj.com.cn
北京市东城区安定门外大街 136 号皇城国际大厦 A 座 8 楼
邮编: 100011
发　　行 | 北京时代华文书局图书发行部 (010) 64267120　64267397
印　　刷 | 北京京都六环印刷厂　电话: 010-89597336
(如发现印装质量问题, 影响阅读, 请与印刷厂联系调换)

开　　本 | 635×965　1/16
印　　张 | 23.5
字　　数 | 280 千字
版　　次 | 2014 年 2 月第 1 版　2014 年 2 月第 1 次印刷
书　　号 | ISBN 978-7-80769-276-8
定　　价 | 68.00 元

《台湾商务印书馆百年汉译名著》简体字版序

北京时代华文书局策划出版《台湾商务印书馆百年汉译名著》丛书，这是一项重大的文化工程，台湾商务印书馆要借此机会表达敬意与谢意。

近年来，北京时代华文书局与台湾商务印书馆透过双方高层往来，建立了互信互利的友好关系。从版权贸易开始，进行各种合作，时代华文书局出版台湾商务印书馆授权的《百年汉译名著》《百年精品丛书》《都市茶文化》系列以及《耽慢之人》《王国维家事》等，即是成功的合作案例。

台湾商务印书馆继承上海商务印书馆的人文精神，从1949年起继续在台湾传承中华文化，译介西方名著，为“弘扬文化、匡辅教育”的文化事业做出贡献。时代华文书局选择的第一批汉译哲学名著，乃是选自《云五文库汉译丛书》系列、已故吕穆迪神父的译作。今后，双方仍将继续合作，选择推介上海商务印书馆与台湾商务印书馆一百多年来的汉译名著，以供海内外读者参考。

出版是一项百年不朽的良心事业，尤其知识类的书籍，更是人类文明进步的动力。《台湾商务印书馆百年汉译名著》的主编周殿富总经理、武学副总经理以及北京时代华文书局的各位同仁，对传承文化做出了重大贡献，值得祝贺。

台湾商务印书馆总编辑方鹏程谨序

2013年7月

编者前言

本社继吕穆迪神父翻译圣多玛斯·阿奎那六种著作之后，复将吕译亚里斯多德五种著作引入大陆，推出简体字版。至此，台湾商务印书馆出版的十一种吕译著作之大陆简体版遂成完璧。

圣多玛斯于欧洲中世纪神学与哲学，堪称总结性的思想巨匠；从思想史而论，其地位颇似古代哲学中的亚里斯多德。众所周知，事实上圣多玛斯也正是基于亚里斯多德哲学，建构起自己的神学与哲学体系，可以说唯有熟知亚里斯多德，方能深刻领会圣多玛斯的思想。因此，吕穆迪神父在迻译圣多玛斯著作之外，复将亚里斯多德的五种著作引介给学界，于兹深意存焉。这也是我们复引进这几种吕译亚里斯多德著作的用意所在。

亚里斯多德的著作卷帙浩繁，流传至今者亦蔚为大观。其中六种逻辑学著作《句解》《范畴集》《分析学前编》《分析学后编》《辩证法》《驳谬》，被称为亚氏“工具六书”；加之专论逻辑学的《形上学》卷四，合称“工具七书”。名为“工具”，无非指亚氏逻辑乃是各科学术的治学工具，有基本性的作用。因之，吕神父在这些译著上颇费力气，创设出一整套便于理解的释读系统，亦以极大篇幅的“注解”反复致意，务求读者豁然开朗。惜译文仅及其中五种，即《分析学前编》《分析学后编》《句解》《范畴集》以及《形上学》的卷四，然已经成为这些著作难能可贵的经典译述与阐发。

我们这次出版吕译亚氏五种著作，一遵吕神父意旨，以帮助读者深刻理解亚氏逻辑学著作并进而把握圣多玛斯著作为要。台版原有五册，我们因《句解》《范畴集》和《形上学》卷四这三种篇幅较小合成一册，更名为"《形上学》(附《句解》《范畴集》)"。原书文字不做改动，仅仅按大陆通行的编辑要求略做加工，吕译独特的专有术语亦保持原貌。因这些译文的加工难度较高，限于我们的学术水平，容或出现种种舛错，深望学界达人多所指正。

目　录

卷　上

卷　下

附　录

卷 上

第一章　论句、名辞、论法

①论句之分析与对立

一、句分五类——一论、二求、三命、四问、五呼。心有所知，发言声明，所成的言辞或语句叫作“论句”。它传达知识，发表思想，不在抒志抒情，专在抒意。实是“抒意句”，也叫作“声明句”。就其逻辑性质而言，论句，即是“论说句”，判断是非，标明定见，分辨理之真假，推证结论。专用于论说文。是逻辑研究的材料之一。逻辑的论证法，由前提推证结论，步步是用论句作构成的要素。

“求”是“求句”，或“请求句”，“命”是“命句”，或“命令句”。心有所欲，发言要求；下级要求上级，叫作请求；上级要求下级，叫作命令。请求又分恳求、央求、祈求、祷祝等，或求于人，或求于神。命令又分训令、命人作某事、禁令、命人勿作；允诺是不命不禁，只是宽许，或答允；劝诱是劝促诱导，也附属于命令或请求之类：都是志愿句，专在表达心之所欲。是抒志的辞句。论说句抒意。志愿句抒志。

“问”是“问句”，即是“疑问句”。对于某事物，心有所不知，或知之不明确，有所疑惑，于是求所欲知，借以解疑辨惑，发言询问，遂成疑问句。或问某事物之有无，或问其是否如何。

“呼”是号叹。心有所感，情动于中，或欣赏绝叹，或惊奇呐喊，或悲苦伤叹，或憎恶怨叹，因而发言呼啸，即成“呼啸句”。目的在表达自己的情感，引起旁人的同鸣共感。凡是惊叹句都是“呼啸句”，属于“呼啸句”的总类，专在抒情，简称“呼句”。

凡是人间语言所能有的辞句，统归以上五类。约而尽之，只分三类：论说句抒意、志愿句抒志、“呼句”或叹句抒情。疑问句附属于论说句，或分别附属于以上三类。

“言为心声”，言辞或语句的分类，以人的心理为标准。人的心理包含知识、志愿，和情感三者。知识和志愿是动的，情感是静的。动有动向，知识的动向，向于心内：将外物的理，领悟在心。志愿的动向，向于外物。心之所求，心内无有，故求之于外。志愿有所止，止于得所求与所爱。情感是心有所感，心境的感受，积中在心内，静而不动，或悲苦，或愉快等等。如此说来，人心有两态，一动一静。动有两向，一向内，一向外。知识主动，向内。志愿之动，向外。情境止于中。心之动静情况既分三类，言是心声，随之也分三类，乃是理之自然。

比较三类辞句的先后，依“认识论”的看法去说，心先有所知，后有所欲与所感。一有所知，即有论说句，声明其所知之内容，然后针对其内容如何，发出心中的志愿、憎恶、悲喜等情感。为表达其志愿与情感，遂有“志愿句”，与“呼啸句”的形成。逻辑的次第必是如此。生活的具体经验，能是三者同时并发：同时得知识、发志愿、动情感。心理学家，学说不一：有人主张，知识为先：先有知识，然后由知识引动志愿与情感。有人却认为志愿为先：先有志愿，决定注意的焦点，引人理会到与自己利害或苦乐有关的事物，因而产生知识。注意不到的事物，便非人之所能理会；即便有所知，也是“没有理会出来”的知识：只是隐意识而已。依历史去看，抒情言志的文学，材料丰富，胜于论说的文学。即使“抒意”、“抒志”、“抒情”的三种文学，各时代无时不有，但人理智的自觉，是渐进的发展。三种文学，三种心理，渐由浑统不分，前进于清楚分明。人文的进化，似乎便是促进理智的清醒，使理智的知识，领导人的志愿和情感，共同追求客观上、大公无私的真理：尚理崇智，不任情纵欲。逻辑，也叫作“论理学”，在古代的中国，和希腊，很长的时期，叫作辩学：它所研究的固有材料，是“论说”，及其理性的规则：因此，逻辑也叫作“理则学”。但这并不是说只是“论说文”，有逻辑，因为其余“抒志，抒情”的种种言辞，甚至纯粹“述事”的文学，或言谈，也不是全无逻辑。不过是说，各种言辞或文学，所包含的逻辑成分，都可集中在“论说句”的逻辑内，专由理智的观点，去加以研究：各种言辞，不论抒意、抒情、抒志，除共有的理智成分和逻辑外，又各自有特殊的逻辑，或思路。一有思路，便有形式的次第和典型；足以构成特殊的逻辑：特殊的学科。

二、工具六书与句类——综如上述，“抒意、抒志、抒情”，三类辞句，性质不同，分归三种不同的学科。亚里著《诗学》，研究抒情的“呼啸句”：凡是诗词歌赋，都离不开吟咏歌唱，犹如生物界的虎啸猿啼。情动于中，声发于外，都是“呼唤号叫”的“呼啸句”。又著《演说学》，或名“雄辩学”、“修辞学”：专论抒志的志愿句，演说的人，或命令，或请求，或劝诱，或训诫，都是用“志愿句”一类的辞句，动员听众的注意，说服人心。此外，又著《句解》《分析学》《辩证法》《驳谬》《形上学》卷四诸书，详细研究抒意的论说句，特应遵守的逻辑。分别略述如下：

1.《句解》，详名《论说句的解释》：分析论句的逻辑构造，检讨论句间的逻辑关系：特别是“有态”和“无态”的两类论句；每类内，所有论句间，对立的关系，和互相推演的自然规则。“《句解》”可以简单说是“论句的逻辑分析和训解”。和语意学相类。

2.《分析学》，《前编》，上下两卷，研究“论证法”，简称“论法”，详名“三段论法”。是本处的拙译。

3.《分析学》,《后编》, 上下两卷, 研究“明证法”。明证法是“论证法”的第一种: 属于论证法的总类。详见《前编》上卷, 章一。

4.《辩证法》, 八卷, 专论《辩证法》, 是“论证法”的第二种。

5.《驳谬》一书, 研究谬误的论法和论式, 并检讨批驳的方法。

6.《形上学》, 卷四, 特别研究逻辑的公律。例如“矛盾律”、“自同律”、“排中律”、“排三律”, 及其颠扑不破的特性之证明。

以上, 前五书, 加上《范畴集》(研究物名分十总类), 共是“逻辑六书”, 史称亚里《工具》, 或简名《工具》: 意思是说:“逻辑”是学术百科, 必备的治学工具。后代的人, 认为,《形上学》, 卷四, 也属于“亚里逻辑”, 那么,“亚里工具”, 依历史传统说法, 虽然只有“工具六书”; 但, 依实际而论, 共有《逻辑七书》。此外,《诗学》, 和《演说学》, 虽然也是逻辑性的专书, 但没有算作逻辑学本部的材料, 不是“亚里工具”的部分: 因为它们和三段论法, 距离遥远, 关系稀薄。

三、句的指义作用——凡是一句话, 都能有寓义, 和本义。本义分三种, 因此, **“句有三指”**, 加上寓义, 便是“句有四指”。专就本义三指而论, 每一句话, 一指其自身的物质成分; 例如说“马是动物”, 是说,“四个黑色象形字”。这是“句”的“物质指义”。二指其逻辑构造中的名理和关系, 这样的指义, 是“逻辑指义”, 例如说:“马是动物”是说,“马是种名, 动物是类名, 马属于动物之类”。三指其所代表的思想, 并指其思想所认识或所形容的事物: 这样的指义作用, 是“实物指义”: 例如说“马是动物”, 是说“某处, 实有某物, 是马, 又是动物”。

总括说来: 论句的物质指义, 指论句的言辞自身; 逻辑的指义, 指逻辑的名理和关系;“实物指义”, 指思想所想的实有事物。

那么: 论句的言辞、思想、名理, 和实义, 是四个不同的名辞:

"言辞"，指论句的物质自身，有中国外国，长短大小，黑白巧拙等等分别。思想，人类相同。不同的言辞，文字，可以传达共同的思想。思想的行动，属于生理和心理。思想的内容，即是"意思"，或"概念"，代表事物，并且是"存在心中，为人心所思想的内容"。名理，是名辞的定义和逻辑意义。"实义"，指论句所形容的客观事物。论句和名辞的指义作用，都有以上四种。论说句，如此；志愿句，和呼啸句，也是大同小异：各有许多不同的指义作用。注意：在逻辑里，"句"或"论句"，指"名理"和"实义"，并指"概念"或"意思"，兼指思想的内容。因此，逻辑不是"文法"和"修辞"：它专就义理方面，研究人类相同的理则；不在"言辞"方面，研究各国互异的文法和修辞。

四、论句的构造——简单名辞，叫作"单辞"，或一字、一音、一辞，叫作"单音辞"、"单字辞"。或多字、多音、一辞，叫作"多音辞"、"多字辞"。缀辞成句：将许多名辞连缀起来，组成辞句，又分单句、复句。复句是用"接辞"，将许多单句连接起来，构成复杂组合的语句。最简单的单句依语法而论，至少包含名动两辞。单辞指事物，不指时间的流逝，或先后，叫作"名辞"。指事物，又指时间的单辞，叫作动辞。只有一个名辞，一个动辞的辞句，叫作单句，例如"水流"，或"马跑"，"流""跑"，都是动作，有动作便有时间的流逝和先后的次第。只有名辞而无动辞，或只有动辞而无名辞，不论数目多少，都构不成辞句。许多简单名辞组合成复杂"辞组"充任主辞和宾辞，构成辞句，也同样有单句、复句的分别。

根据逻辑的本质去分析，每个单句至少要有宾辞，主辞，和构辞各一个。这三个单辞合成的论句，是最简单的单句。例如"马是动物"。马是主辞，动物是宾辞，"是"字是"构辞"，它的任务是构成论句，就是连结宾主二辞，建立两辞间的宾主关系，不如此，无以构成论句。“是”字包含论句，所以是论句的理由，仿佛是论句的灵魂。人只有骨肉而无灵魂，不能生活。论句只有宾主二辞而无构辞，不能成为论句。凡是论句都有构辞，有时明说，有时不明说；不明说时，暗含在动辞或形容辞内。例如“水流”、“水清”，不明明提出构辞，但构辞的意义，却实际包含在以上每个论句中。“流”和“清”，一是动辞，一是形容辞，除本有的意义以外，放在水字下，兼任“构辞”，表示“水是在流动中的流质”，“水是清水”。在每个论句中宾辞主辞，各自所指的意义，虽然不同，但所代表的实体却只是一个。例如方才说“水流”、“马跑”，水和流、马和跑四个字，各自表示不同的意义，但在实体上，“水流”代表一个实体，这个实体是水，并是流动的。这个实体既然是水，便是能流动的液体。说“马跑”和“马是动物”时，也是指示一个实体，或一类实体，是马；既是马，便是动物，并且（现实在跑路，或能）跑路。为此，逻辑的名言常说：“论句内，宾辞主辞，表示的意义不同，代表的实体相同”。这就是“构辞”，构成论句时，所发生的指义作用。

五、宾辞主辞的关系——自然的肯定论句，形容事物的实况，或说某物属于某种，或某种属于某类，或某物有某特性，或情况。种名类名，形容本体作宾辞时，叫作“本体宾辞”。种别名，形容本体内在的成因，和种性本体之所以然，作宾辞时，也是本体宾辞。特性名和情况名，形容本体以外，附加的状况是“附性宾辞”。某物，依其种性本体，常有而必有的附性，足以作同种共有的特征，叫作特性。某物偶尔能有，但不常有，不必有的附性或情况，叫作偶有附性，通称“附性”。例如说，“人是动物”、“张三是人”、“张三有理性”、“张三会笑，能言”、“张三害病”。人是种名，动物是类名，理性是种别名，都是张三的“本体宾辞”。余如“会笑，能言”，“害病”却是他的“附性宾辞”，不形容本体，只形容本体以外的附有情况。“会笑，能言”，指人的特性，“害病”指人偶尔能有的健康情形。这是宾辞的五个总类。详见注212。

六、随辞与引辞——宾辞也往往叫作随辞：随从主辞。主辞也叫作引辞，引领宾辞。引随关系，是宾主间的逻辑关系，在汉文，往往用“则”或“必”等类的虚字代表出来。它遵守一个不易的逻辑定律，即是：“既肯定引辞，必肯定随辞。果如否定随辞，必也否定引辞”。反说则不然。或说“否定引辞，则必也否定随辞”，或说“肯定随辞，则必也肯定引辞”，都是不逻辑。换言之：“有主必有宾，无宾必无主”，这是定律。反说：“无主必无宾，有宾必有主”，则不逻辑。例如说：“是人则必是动物；假设不是动物，则必不是人”（因为“人是动物”）这是合乎定律的。反过去说：“既是动物，则必是人，既不是人则必不是动物”，显然是不合逻辑，也不合事实，因为事实上，有些动物，不属于人类。简言之：“主引宾随，关系必然，有主必有宾，无宾，必无主”，反说则不可。宾主两辞间的“引随关系”，为什么是必然如此，为什么不如此不可呢？仍旧根据自然的肯定论句分析一下，便可看到两项理由：一是“部分与整体”的关系，简称“零整关系”；一是“种与类”的关系，即是，更广泛地说：“特称与全称”的关系。（参看注121；及本注内号十二）

七、类名与种名——宾主两个名辞，意义的范围不常相等。在全称的肯定论句中，宾辞的范围宽广，主辞的范围狭小。普通大都如此。只有少数次，两者范围相等，例如特性名和定义作宾辞和其主辞的种名，广狭相等，可以互为宾主。除此两种情形以外，都是宾主范围，广狭不同，主辞是种名，宾辞是类名。种名的范围狭小，指示类名范围中的一部分。类名所指的类界宽广，包括许多部分，每一部分自成一种，划分一个小领域；因此，种名所指的种界狭小。**类界包含种界，种界不能包含类界：“大可以**

含小，小不可以含大”。同时，种界既然是类界包含的一小部分，种界以内的物体，必定也在类界以内。但是类界以内的物体，属于甲种，不属于乙种，如果只知其在某类，仍无以断定它，是否在甲种，或在乙种，不在乙种，能在甲种，或能在丙丁，及其他等种。故此只知它不在乙种，无法断定它不在类界以内。但是，假设某物全不属于某类，既不在类界以内，则显然，无以属于那个类界内的某种。简言定律如下：**“属某种，则必属此种上之类。不属某类，则必不属此类下之种**。反说则不可”。明白了这个“种与类”关系的必然，便可看到“宾主间，引随关系”的必然。为此，如说：**“凡是人都是动物”**，意思是说：人是一类，动物是一类，人的类界狭小，动物的类界宽广，包括人类及其他许多兽类。现有此某类实体，都是属于人类，故此，必定也是属于动物之类。汉文全称肯定论句，**“凡是人，都是动物”**，两次重说“是”字，先说“凡是人”，后说“都是动物”，便是用“**凡是……**，（则）**都是……”的虚字，说明宾主间的引随关系，和“种与类”的关系，即是“广狭类界相含”的必然逻辑**。汉文的日常语法，和现代数理逻辑对于全称论句的分析，巧相符合。这类虚字，具有高度的逻辑意义。亚里的逻辑，便是以此为中心砥柱。详见注⑳⓪及⑳②。

八、“整体与部分”——就物名的类界而说，类界的整个范围是整体。类界以内所包括的许多种，每一种有固定的种界，占一个小领域，每一个小领域，或小群体，是类界内的一部分。比较起来，简单可说：**类是全体，种是部分**。类包括种，是以类界的宽广，包括种界的狭小。论句说“**马是动物**”，如果是“动物的类界内包括马这一种”，这便是说“马这一种是动物之类的一部分”。**为抒意更为确明，不应说“马是动物”，而应说：“凡是马，都是动物”，更详细的肯定应说：“凡是实体，如果是马，便是动物”**。因为逻辑和数学的公理是“**整体包括自己的部分**”，并且“自己部分的部分，必定是自己整体的部分”。换言之：“自己的部分所包括的部分，必定是自己整体所包括的部分”。马的种界，既是动物的类界所包括的一部分。那么，如果有些实体，是马的种界所包括的一部分，自然必是动物之类界所包括的一部分。在“凡是马，都是动物”的全称肯定论句内，马和动物的宾主关系，就是“部分和整体”间的数理关系，和种类关系。

九、“性理与性体”——物名，不但指物的类界或种界，而且表示物的性体。性体是一整体，它所包含的许多性理都是部分。例如马名，不但表示马的种界，而且表示马的性体：就是表示马，所以然是马的内在理由：表示某实体有马的性体。又例如人名，表示人类的类界，同时指定人的性体。人的性体在人名的定义中，分析出许多内在的因素，每一个因素是人性体的一部分，例如说：“人是理性的动物，动物是有知觉的生物。生物是有生命的形体。形体是物质的实体。实体是自立的物体。物体是有生存的主体。有生存的主体不是没有生存的虚无”。“是”字的推演法，即是定义的“上溯法”，从低种，上溯倒推，推到最高类的实体，再推到超类的物体，再推到否定生存的虚无，便推到了最高的止点，不能再往上推了。那么，人的性体内，逐级包括全系列举的性理。它否定无生存的虚无，肯定有生存的主体，故此，它有“物体”之理，它有自立的生存，故有“实体”之理，它有形质，故有“形体”之理，它有“生命”，故有“生物”之理，它有“知觉运动”，故有“动物”之理，它有“理性”，故此有“人”之理。“人是理性动物”，说明了人的**性体**。那么，人的性体中，包括上述六理：“人是有生存、有自立、有形质、有生命、有知觉、有理性的主体”。这六理的综合，构成人的性体。人名指性体，便是指这六理的综合。前后两相比较起来，**性体和性体所具有的性理**，有“**整体与部分的关系**”。**性体是整体，性理是部分**。说“人是动物”即是说“人的性体具有动物之性理：动物的性理，寓存在人的主体内，是人性体的一部分”。全称肯定论句，“凡是人都是动物”的意思便是说：“凡是主体，如果它具有人性，就都有动物性。反之，假设任何主体，如果不具有动物性，便不会有人性”。用纯逻辑术语说来：便是：“**种性包含类性。有某**种性，必有种上的类性，没有某类性，必不会有类下的种性”，但“既知某物只有某类性，无以断定它有无类下的某种性。只知它没有某种性，也无法推断它有无种上的类性”。从“性体”方面观察，“部分与整体”的关系，正足以说明全称肯定论句内，宾主间的逻辑关系，和从“类界”方面观察，虽然有正看反看，竖说倒说的分别，但所得的结果相同：都是说明，在自然的全称论句内，宾主关系是“部分与整体”的关系，遵守“零整”关系的逻辑公理，这也是数理的基本原则：“整体大于（自己的任何）部分”。亚里不谈“内包”和“外延”，但他所谈的“性体”和“类界”，相当于内包和外延。许多史家认为，“内包”和“外延”是纪元十六世纪以后创造的新名辞，然后流传至今。

十、上辞和下辞——亚里屡将宾辞叫作上辞，主辞叫作下辞。上辞是上置辞，即是位置在上的名辞。下辞是下置辞，即是放在上辞下面的名辞。在上的名辞，类级高上，类界宽广，性体简单，性理数少：类界包括下辞，类性却被包含在下辞所指性体以内。下辞所指的名理，类级低下，类界狭小，是上级类界的一部分；性体却复杂，性理数多：性理的总数构成性体的全整，包含上级诸类的类性。如此，**类界和性体，在类级的系统上，升降观察，大小相较，成反比例**，类界越高广，性体越简单，类界越低狭，性体越复杂。类界越大，性体越小，类界越小，性体越大（这个反比例，非亚里所曾明言，后人却视为定律，不可不知）。

由此观之，说：“人是动物”，是说：“**人在动物下面**”，同时是说："**动物是在人上面**"。全称肯定论句："凡是人都是动物"，意思是说："凡是实体，或主体，如果是在人的下面，便都是在动物的下面"，同时是说："动物是在那每个实体或主体上面，因为动物是在每个人上面"。上下二字的关系，原来本是"**空间的几何关系**"。转借过来，指宾辞主辞间的逻辑关系。亚里常用这几何关系说明宾主关系："因为乙在甲下面，乙下有丙，丙必在甲下面"，换言之"**下面的下面，是上面的下面**"。反过去说："**上面的上面，是下面的上面**"。再换言之："**低于低者，必低于高者**"，"**高于高者，必高于低者**"。用逻辑的语法说来："**宾辞的宾辞是主辞的宾辞**"，同时："**主辞的主辞是宾辞的主辞**"。但宾主关系，可从许多方面观察，一是"类与种"的关系，一是"零与整"的关系，一是"上与下"的关系，一是高与低的关系。这一切关系，各有各的逻辑系统。有关的两方，又都有"引随"的关系：主引宾随。逻辑的推证演绎是以这"引随关系"作中心。前提引于前，结论随于后。主辞引于前，宾辞随于后。但"**前后**"，和"**引随**"等名辞，表示**空间的关系，和运动之次第间的关系，都涉及数理**。用以上的名辞，去解释逻辑关系，便感觉容易明了。所谓前提乃是引在前面的论句，可以叫作**引句**。结论是随在后面的论句，可以叫作**随句**。大前提是**大引句**，小前提是**小引句**，或简称**大引、小引**。**主辞是引辞，宾辞是随辞**。

十一、构辞："是"和"在"——普通语法，多用"是"作构辞。例如说："人是动物"，人是主辞，动物是宾辞，"是"构辞。构辞的任务，连结宾主二辞，构成论句，说明宾主间的关系。宾主间关系的许多方面，上文略已备述，惟需注意一点，凡是关系，都是关系两方。既有两方，便有两方的一来一往，交互发生关系，并能从两方互不相同的角度，观察它两方共有的关系。看到关系凸凹有正有反，两个方面，语言表达关系的正面，用"竖说语法”；表达反面，用“倒说语法”。宾主关系，也有正反两方面。哪是正面或反面，不易确定。假设“人种属于动物之类”，或“人性具有动物性”是人和动物，宾主关系的“正面观”，“人是动物”，便是代表这个“正面观”的竖说语法。竖说是顺说，顺着正面关系的状况，自自然然，平铺直陈的申说出来。那么，“动物的类界，包括人的种界”，或“动物的类性寓存在人的性体以内”，算是人和动物宾主关系的反面。为表达这个关系的反面，亚里惯用一个动辞，叫作“**域博而该**”，也可以译作“**寓普而建**”，在汉文，这是译音兼译义；是亚里常用的一个动辞。他用它作构辞，构成倒说语法，表达宾主关系的反面。为肯定人和动物的宾主关系，亚里不说“人是动物”，而经常说“动物域博而该人”，或说：“动物寓普而建人”，意思是说：“动物类界的领域广博，该括人类全体”，或是说：“动物的性理，普遍寓存在人的主体以内，建立人的本体”。换言之，不说：“**甲是丙**”，而说：“丙域博而该甲”，或说“丙寓普而建甲”，意思相同，都是“甲是丙”的倒说语法。

“在”字构辞——希腊文**“域博而该”（寓普而建）**，有“在”和“存在”的意思。“**动物域博而该人**”，是说动物的性体，寓存在人的主体，建立人的实体，使人足以生存，不但使人存在于实有之界而且也使动物存在于人，**并因人既存在，则动物也存在**。历史上，各国语言翻译“域博而该”（寓普而建），这个希腊字用了许多不同的名辞，或动辞；或将“丙域博而该甲”，译作“**丙适合甲**”，或译作“**丙属于甲**”，或作“**丙归于甲**”，或简直将它翻回竖说语法去，仍说：“甲是丙”，这就是等于不翻译原字。拉丁文习惯用“**内在于**”三字表达“域博而该，或寓普而建”的意思。将“丙域博而该甲”，译作：“**丙内在于甲**”，和亚里原文的宗旨比较相近，至少表出了“寓普而建”的意思，但脱漏了“域博而该”的意思，原字本是一字兼含这两个意思，而且“域博而该”

的意思，表示类界领域广博，提出宾辞对于主辞通常所有的类名宾称作用，在以类级系统，为中坚的逻辑，比“寓普而建”的意思及作用，更为重要。仔细审读亚里的原文，可知**“域博而该”（或“寓普而建”），是代表宾主关系的真正构辞**，说明宾主上下互有的自然位置：上辞在上，下辞在下。上辞博大，叫作**大辞**，下辞低狭，叫作小辞。在论证法内，有大辞的前提，叫作**大前提**，居首位；有小辞的前提叫作**小前提**，居次位。**结论**居末位。大辞、上辞，也叫**首辞**。小辞、下辞，也叫**尾辞**，或**末辞**。联系大小或首尾两辞的第三辞，叫作**中辞，首、尾、中，即上中下三**辞是构成三段论法的基本名辞和要素。三个名辞间的宾主关系，都经常用“域博而该（即寓普而建）”，表达出来，用“是”字的次数甚少，可以说绝无仅有，即便有时，也是用于普通语法举例中的次数较多，不用在专门性的术语或论法的公式中。“域博而该”是全书最突出，最精彩的一个“字”，并且贯彻全书，一页数见，为传达宾主间的关系，发生了明确允当的分析作用。这个字非常重要，故此虽然极难翻译，也是不得不翻译；于是迫不得已，勉为其难，**暂选汉文“在”字，代表原字，即是代表，“是”字的倒装**。如此说来，“在”字不是翻译，而**只是一个“符号”，代表**宾主关系“是”字的反面，吾人通常所谓的反面，却是理性自然的正面。亚里用“在”字代替“是”字，作构辞，传达宾主间的“引随关系”及其“贯通性”。凡是亚里原文用希腊字“域博而该”的地方，本书译文一律用“在”字符号代替之。举论式的实例，以说明如下：

在字语法	是字语法	实　例
前提假设甲在每乙， 　又假设乙在每丙； 结论则是甲在每丙。	前提假设每乙是甲， 　又假设每丙是乙； 结论则是每丙是甲。	每棵树都叶绿， 每棵柳都是树； 每棵柳都叶绿。

如果，绿叶“在”每树，树又“在”每柳，则绿叶“在”每柳。

关于论式的句法和格式，请参看注⑮内第八号，第二问题。

十二、论句分全称，特称，和无限定——下文用“在”字作构辞，举例分析全称，特称，和无限定论句的构造，指定它们分别的所在，亚里提出了以下这五个公式：

1. 全称肯定论句，说：此在彼类全部。

2. 全称否定论句，说：此不在彼类任何部分。

3. 特称肯定论句，说：此在彼类某部分。

4. 特称否定论句，说：此不在彼类某部分。或是说：此不在彼类全部。

5. 无限定论句，说“此在彼类”，或说“此不在彼类”，不指明是在彼类全部与否。参看注⑮内第十号；并参看注④。

以上五公式的意义，可用甲乙作类名的符号，代替“此”和“彼”两字，分用“在”字和“是”字作构辞，构成上下，两列论句，比较观察，即可清楚明了：（参考附录三欧乐图表）

一、甲在每乙	每乙是甲	全称肯定
二、甲不在任何乙	无乙是甲	全称否定
三、甲在某乙	某乙是甲	特称肯定
四，甲不在某乙	某乙非甲	特称否定
五、甲不在每乙	某乙非甲	（同上）
六、甲在乙	乙是甲	无限定肯定
七、甲不在乙	乙非甲	无限定否定

注意：“无限定论句”不是“无限论句”；详见注㉝内十三号。

“全称”的意义——上列公式一和二是全称论句的公式，一肯定，一否定。普通用语中有许多全称的语法，分类列举如下，稍加分析，比较学界的意见，便可看到“全称”的意义。

甲类、含混笼统的全称语法：

甲代表“健康的”，作宾辞，乙代表“人”，作主辞：数种语法如下：

用“是”字	用“在”字
1. 一总乙是甲	甲在一总乙
2. 一切乙是甲	甲在一切乙
3. 乙都是甲	甲在乙全类或全体
4. 乙全是甲	同上
5. 乙统统是甲	同上
6. 全人类都健康	健康在全人类
7. 全人类是廿亿人	廿亿人数在全人类
8.（其他不赘）	

乙类、精细明确的“全称”语法，是条分缕析的枚数语法：逐一枚举，遍称全类，枚举个体：

用“是”字	用“在”字
1. 凡是人，都健康（的）	健康在每人
2. 凡是乙，都是甲	甲在每乙
3. 凡是乙，每个是甲	甲在每乙
4. 凡是乙，个个是甲	同上
5. 人人健康	健康在每人
6. 凡是乙，无一非甲	甲在每乙，无一例外
7. 每乙是甲	甲在每乙
8. 乙，个个是甲	甲在每乙
9. 全人类（现有的）总数是廿亿	廿亿人是全人类合计的总数
10. 凡是物体，如果是人，便个个健康	健康在人所在的每个主体
11. 凡是物体，如果是人，便没有一个不健康的	健康在人所在的每个主体，没有一个例外
12. 是人而非健康者，天下之所无有也。（人而不健者，无有也。）无人不健康	健康在人所在的每个主体。人在而健康不在的主体，是虚无。（是零）
13. 是人又不健康，是没有的（一回）事	同上
14.（还有其他，不赘）	

特称的意义——前面第十二号所列公式内，第三和第四是特称论句的公式；一肯定，一否定。普通用语中，有许多特称语法，

在文法的外形上，样式不一，但在逻辑本质上，遵守同样的公式。择要举例如下，以供分析，借以指定“特称”的意义：

甲类、含混的特称语法：

1. 有乙是甲	甲在某乙
2. 某乙是甲	甲在某乙
3. 乙或（有）是甲者	甲在某乙
4. 乙不全是甲	甲不在乙全部

乙类、精确的特称语法：

1. 有些乙是甲	甲在某些乙
2. 有些乙是甲	甲在某些乙
3. 有数乙是甲	甲在某数乙
4. 有一乙是甲	甲在某一乙
5. 某数乙是甲	甲在某数乙
6. 数乙是甲	甲在（某）数乙
7. 一二乙是甲	甲在某些乙
8. 三两个乙是甲	甲在某些乙
9. 大多数乙是甲	甲在大多数乙
10. 少数乙是甲	甲在少数乙
11. 一部分乙是甲	甲在乙的一部分

全称与特称的比较——首先比较肯定的全称与特称。然后比较否定。

亚里的比较：甲在每乙，是甲在乙类全部，乙类全部是甲类的一部分。全称肯定论句用主辞乙，指乙类的全部，用宾辞甲，指甲类的一部分，并肯定乙类全部，是甲类的一部分。如果甲在每乙，则有某甲在乙。换言之，**如果真的每乙是甲，则必定有某甲是乙，不必每甲是乙。以上是全称肯定论句的本质**。特称肯定论句，不但用宾辞甲指甲类的一部分，而且用主辞乙，也是指乙类的一部分。甲在某乙，如果这句话是真的，则必然的，乙在某甲也是真的。某乙是甲，则某甲是乙。如此说来：特称肯定论句，宾主换位后，所得的新句，仍是特称肯定。全称肯定论句，宾主换位后所得的新句，不必仍是全称，却至少是特称。这是两者的分别所在之处。参看注④。

全称肯定论句分析成许多部分，每部分是一个单句。每个单句用同样的宾主二辞，指义不同，代表的物体相同。这许多单句连结起来，应用的接辞是“连接辞”，不得是“分接辞”。反之，特称肯定论句分析而得的单句，许多彼此连结时，需用分接辞，不得用连接辞。典型的连接辞是“也”字。分接辞是“或”字。分析如下：

“每乙是甲”，是说：“乙一是甲，乙二也是甲，乙三也是甲，乙，不论有多少，也都个个是甲”。所谓全称的意思，就是如此。

“某乙是甲”，是说：“乙一是甲，或乙二是甲，或乙三是甲，乙，不论有多少，都是或这一个是甲，或那一个是甲”。所谓特称肯定的意思，就是如此；显然和全称肯定不同。一用“也”字。一用“或”字。（参考注㉑及附录五）

全称论句，肯定时，能指实际存在的事物，也能指实际不存在的事物。例如说：凡是人都是理性动物，既指现实存在的人，又指古往已经死去，将来尚未出生的一种人。又例如说：“凡是龙王殿都是水晶宫”，根本全是神话，不指任何实有物。但如特称肯定说：“有人是理性动物”，或“某人是理性动物”这些话的意思里，暗指“实有某人存在，并是理性动物”。那么，特称肯定，暗含“实际存在”的意思，全称肯定论句里，不必定常有“存在的含义”。这就是说：“存在含义”的有无，是全称特称的分别。“某人如何”，是说：“有人如何”，兼指实有某人。这第二点，是现代逻辑学家多数抱持的意见。也有许多人不赞同这个意见：不赞同的理由相当明显：如果全称肯定不必须有“存在含义”，则特称肯定也不必须有“存在含义”，因为特称肯定，是全称肯定的一部分，是全称肯定不可不兼备的含蓄和结论。就“引随关系”而论，全称**肯定是引句，特称肯定，是它不得不有的随句**。引句引在前，随句必随在后。彼此不能分离。既说：“凡是龙王殿，都是水晶宫”，则随之，必须承认“有些龙王殿是水晶宫”。不论龙王殿实际存在与否。

十三、现在比较否定的全称与特称，同时比较肯定与否定。全称否定论句，用宾主两辞各指其主体的全部。甲指甲全部。乙指乙全部。全称肯定时，乙指乙全部，作主辞，甲作宾辞，却不常指全部，除少数假定的例外以后，常是指一部分：令其指一部分时，论句常真。特称肯定论句，用宾主两辞甲乙，都是各指其主体的一部分：甲指甲一部分、乙指乙一部分，特称否定论句，用甲作宾辞，指甲全部，用乙作主辞指乙一部分。列简表如下：

1. 全称肯定：每乙是甲。甲指甲某部，乙指乙全部。

2. 全称否定：无乙是甲。甲指甲全部，乙指乙全部。

3. 特称肯定：有乙是甲。甲指甲某部，乙指乙某部。

4. 特称否定：有乙非甲。甲指甲全部，乙指乙某部。（参看注⑮，号十：指全部，叫作“指整”，指某部叫作“指零”）。

根据上面的构造，有人说，全称否定论句，宾主两辞，都可以代表不存在的事物。有人却说：至少在亚里逻辑内，全称否定的主辞代表实有的事物。这就是说，根据以上两家意见，否定全称论句，有两种不同的含意：

1. “甲不在任何乙”，即是“无乙是甲”，乙代表的主体是“无物”，并且个个“乙不是甲”。例如：“无一马是牛”，意思是说：“没有这样一个东西，同时是马，又是牛”。故此“个个马不是牛”。

2. “甲不在任何乙”，“无乙是甲”，是说：有某类主体，是乙，又有某类主体是甲，同时凡是乙，个个不属于甲类：个个乙不是甲。

如此说来："无乙是甲"，和"凡是乙都不是甲"，虽然都是全称否定论句，但背面辉映的含意，确实有些不同。前后强调的重点不同：一个的重点在"无"，一个的重点在"有"。一个说没有牛马同是的东西；一个说有牛有马，但不同是一个东西。前者，无牛无马时，论句仍真。后句，无牛无马时，则不复真实、至少是不全真。

特称的肯定否定，主辞既说："有乙"，或"某乙"，则字面直接的指示是假定实有某物是乙。同时既说"非甲"，则是说："有物，是乙、而非甲"，也能是"有物是乙，有物是甲，但某乙非甲"，也能是"有物是乙，无物是甲，故有某乙不是甲"。"某乙非甲"，能是"无物是乙又是甲"的随句，重点在无乙无甲，或无甲乙同体之物；也能是"有乙有甲，而某乙非甲"的随句。那么它的引句，能是"重点在无的全称否定"，也能是"重点在有的全称否定"，也能只是事实或假设某乙非甲，不是任何全称否定的随句。特称否定论句的本身，含蓄着以上四种可能。因此亚里尝说：**特称论句，比较全称论句，意义含混**。汉文，用"有""某""或"三字表示特称论句的特色，"有"字的重点，在有"某"字似是有无双关；"或"字显然是或然，惑然，或有，或无，含混不清。

十四、有限定的论句，指出宾主两辞的定量，是全部，或不全部，分四种，来自质量的配合：质是句的性质，或肯定或否定，量是主辞的定量或全部，或一部分，即是不全部，配合起来只有四对：

1. 全称肯定：即是肯定主辞的全部：指整。

2. 全称否定：即是否定主辞的全部：也是指整。

3. 特称肯定：即是肯定主辞的一部分：指零。

4. 特称否定：即是否定主辞的一部分：也是指零。"整"是全部。"零"是整体的某部分。参看注⑮，号十。

无限定论句，不指明主辞的定量，不说明乙指乙的全部，或一部分，只说“乙是甲”，或“乙不是甲”。甲的定量指明了，主辞乙的定量没有指明。但其用意，至少需是“某乙是甲”或“不是甲”不常是“每乙是甲”或“不是甲”。在肯定时，甲指甲一部分，不指其全部。在否定时，“乙非甲”，甲指甲全部，不只指一部分。可见无限定论句里，只是主辞定量没有确定。在逻辑的运用上，通常以“特称论句”的待遇处理之：凡是无限定论句，都算作特称论句。理由：详见《句解》，章七；《辩证法》，卷三，章六；本编，卷一，章七。无限定论句，等于分接词“或”字，将“全称和特称”两句，合构而成的复句：例如无限定论句：“马是白的”，等于“或每马是白的，或有一个马是白的，或全数的马是白的”。这样的“或”字复句，在论式内，不能有“全称论句”的真义：为此，应和特称论句，受同等的处理：它的“推证能力”，不能和全称的论句相等：既然不等于全称，故等于特称；不等于全部，故等于一部分。（某些“无限定论句”，依照日常言谈的习惯，能被大众公认有“全称”，或“特称”的意义。然而“习惯”是社会心理学的问题，不是逻辑问题。从逻辑的立足点看去，如果言谈的习惯不能解决问题，则一切“无限定论句”应一律看作是“特称论句”：免陷于言过其辞。）

十五、全称定律——全称定律有两个：一肯定，一否定：在历史上，被人公认是三段论法所依据的基本定律。这两个定律也叫作宾主关系的“贯通律”公式如下：

“甲在每乙”是“甲在乙所在的每主体”。意思是说：**凡**是主体，例如丙，如果个个是乙，同时乙又个个是甲，则丙个个是甲。丙的主辞经过乙，用乙作“中间辞”，贯通到甲，用甲作宾辞。**主辞的主辞是宾辞的主辞。宾辞的宾辞是主辞的宾辞**。各级宾主辞排成系统，不论有多少级。上下互有的宾主关系，从最高到最底，经过中间各级，一直贯通全体。这叫作宾主“贯通律”：举例如下：

大前提：	凡是乙都是甲	甲在每乙
小前提：	凡是丙都是乙	乙在每丙
结论：故：	凡是丙都是甲	甲在每丙

“甲不在任何乙”，是说**“甲不在乙所在的任何主体”**。意思是说：凡是主体，如果个个是乙，例如丙，同时凡是乙，个个都不是甲，则凡是丙，无一是甲。换言之：“**主辞乙的主辞丙，不能有主辞乙所不有的宾辞甲。同样，宾辞乙所不有的宾辞甲**不能给乙的主辞丙作宾辞”。举例如下：

小前提：	凡是丙都是乙	乙在每丙
结论，故：	凡是丙都不是甲	甲不在任何丙
结论：故：	凡是丙都是甲	甲在每丙

将以上两例简化说出如下：

1. “甲在乙类全部”。即是说：乙类各种都是甲。此即肯定的全称定律。简名“全称定律”。

2. “甲不在乙类任何部”。即是说：乙类的各部都不是甲。此即否定的全称定律。乙类各部中包括丙及其他。否定的全称定律，简名“无称定律”。

十六、论法——以上两全称定律，及其逻辑的构造形式，是其他一切（定言）论法和论式的依据和根源。论法是推论义理，证明结论的议程：详名“论证法”，简名“论法”。其基本形式是三段论法。亚里惯称“三辞论法”：因为它是首中尾即上例的甲乙丙三辞间贯通性的宾主关系所构成的议论程式。三辞间主引宾随的必然关系，根据贯通律，构成的大小前提和结论其间所有的引随关系也是必然的。大小前提列于前，结论必然随于后。这样的议程叫作“论法”，这是论法的定义。简言之：**三辞间“引随关系”必然的议程**，叫作论法。

论法分几种，每种论法有多少论式？哪些论式有效、哪些论式无效，有效无效如何证明？研究解决这些问题，是亚里著作本书的惟一宗旨。本卷下面，逐章详论之。参看注⑮，三号，论法的分类，并特别注意论句间的对立。

十七、论句对立图——论句对立的关系分四种：一是矛盾，二是冲突，三是偏差，四是零整。试用**“盈无有亏”四字作符号，代表四种互相对立的论句如下：**（每句用乙作主辞，甲作宾辞）

1. “盈”字代表全称肯定论句：每乙是甲。
2. “无”字代表全称否定论句：无乙是甲。
3. “有”字代表特称肯定论句：有乙是甲。
4. “亏”字代表特称否定论句：有乙非甲。

参看注㉑，内四号乙栏；注㉛。并见注⑮，内十一号。又参看下卷，章十五正文。

用以上这四个符号，布置起来，画一方图，史称**论句对立图；用途颇广：**

论句对立图（盈无有亏图）：

图一：

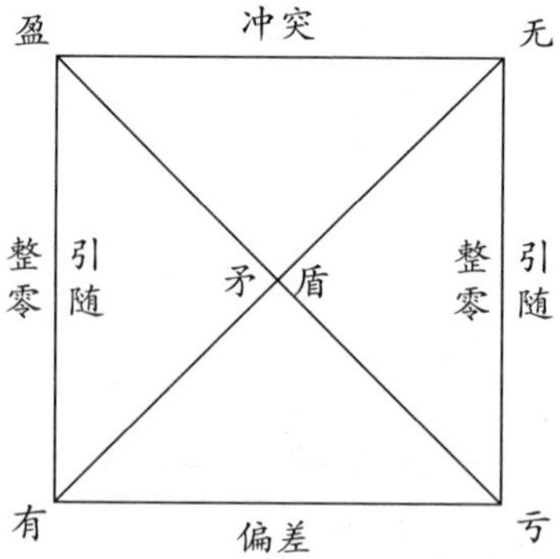

此三图内容完全相同。形式的布置稍有不同。本书一律用图一作标准。

图二:(西文)

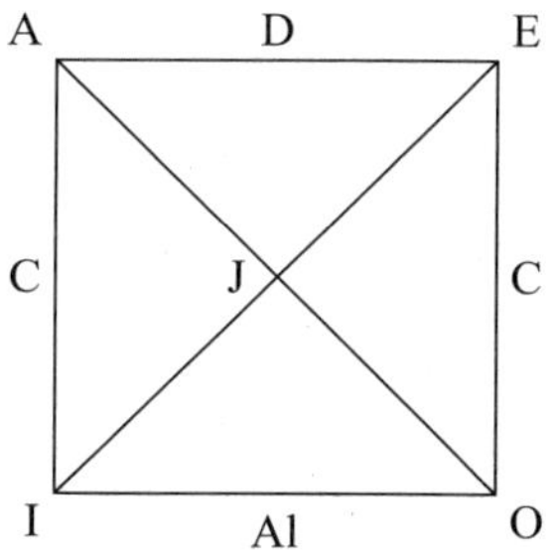

图三:(传统逻辑、西文)

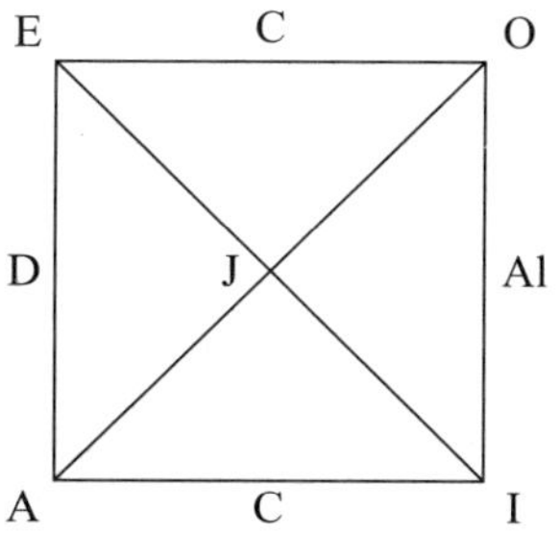

盈: A	E: 无	有: I	O: 亏

参看注⑨,态辞对立图

上图说明:

1. 矛盾律——盈亏对立、有无对立,是两个矛盾的对立,又是全面对立:在“句性”方面,一肯定、一否定;在“句量”方面,一全称、一特称。在质量两方面,都是对立的:故此矛盾对立是全面对立。两相矛盾的论句,必是一真一假;一假则一真。没有中间立场,或任何第三立场的余地,矛盾律和排中律及排三律是一个定律的三方面;互相表里,不能相离。矛盾律西文简称“J律”。

2. 冲突律——盈无对立是冲突对立,也是正面对立。两个论句句性对立,一肯定,一否定;句量相同,同是全称,全称论句的是非对立,是正面的大相冲突。两句大相反,正面迎头痛击;能同假,不能同真。在真理上,不能相容;在虚假时,能两者同假。推演起来,一方真,则对方必假;一方假,则对方能真能

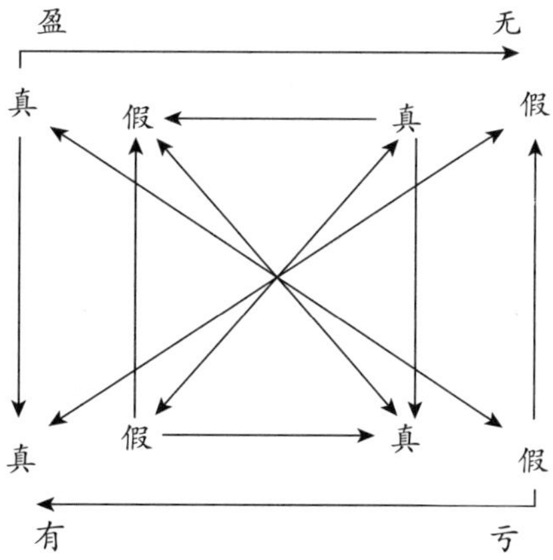

假，故可疑。冲突律，西文简称“D 律”，见于前面图表。

3. 偏差律——有亏对立，是偏差的对立，也是侧面对立；又是“小相反”，两个论句，句量相同，同是特称；句性相反，一肯定、一否定。特称论句的是非对立，是偏差对立：某类的一偏一角，和另一偏一角，是非对立；故是某一部分和另某一部分的对立；是侧面对立：只是小相反，小摩擦，小冲突。这样两句偏差时，能同真，不能同假。依此推演起来：一方假，则对方必真；一方真，则对方能真能假，故为不可知；即是可疑。偏差律，西文简称“A 律”（A 指“或然两可”）。

4. 零整律——盈有对立、亏无对立，是两个零整对立。特称指零，全称指整。零是零星部分。整是全个整体。“盈”指整，“有”指零：同是肯定。“亏”指零，“无”指“整”，同是否定。如此，句性相同，句量不相同的论句，是零整对立的论句；它们的自然关系，是在肯定真理时，整含零，零不含整：整真，零必真。零真，整不必真：能假；故可疑。在断定错误时，适相反：零假，整必假；零真整可疑，这样的推演关系，相当于用“则”字的“随接论式”中，前句和后句的“引随关系”。肯定前句，则必肯定后句，肯定后句，不必肯定前句，否定后句，则必否定前句；否定前句，却不必否定后句，所以零整律就是零整间的引随律。参看本注内13、11 两号；并详读注㉑，“随接论法”中的“取取”，和“舍舍”两论式。零整律，西文简称“C 律”。

上图“盈无有亏”所代表的四个论句，为发生对立的关系，**需有实义相同的主辞和宾辞**，例如乙作主辞，甲作宾辞：每句常在同样的意义下，用乙作主辞，用甲作宾辞。简言之：名辞所实指的内容在各句里需要相同：满足了这个需要，才能发生对立的关系。

根据上述一切，另制真错推演图如下：

对立论句、真错推演图：

详图

随＼引	一				○			
	盈	无	有	亏	盈	无	有	亏
盈	—	○	?	○	○	?	○	—
无	○	—	○	?	?	○	—	○
有	—	○	—	?	?	—	○	—
亏	○	—	?	—	—	?	—	○

简图

随＼引	一			
	盈	无	有	亏
盈	—	○	?	○
无	○	—	○	?
有	—	○	—	?
亏	○	—	?	—
随	亏	有	无	盈
引	○			

参考亚里、《辩证法》卷一，章一、章二；卷二，章八；《范畴集》章十；《句解》章七；本编，卷一，本章；章一，章四、章七，卷二，章八、章十五；《形上学》，卷四，章三，页一〇〇五右一九；本编本卷，章四六；本书，《后编》，卷一，章十一；本书本编，卷下，章十五；再补充《句解》，章九；《形上学》，卷四，章八。

上图符号说明：

“—”：读如“实”，代表积极意义：“真”，“肯定”，“可取”，“有”等等。

“○”：读如“虚”，代表消极意义：“假”，“错”，“否定”，“不可取”，“妄”，“谬误”，“无”等等。

“引”：代表“引随句”中的引句（前句，前项）。

“随”：代表“引随句”中的随句（后句，后项）。“引随句”是表达引随间关系的复句，普通用“则”字，或同义的假设语法。例如：“盈句真，则有句必真”，“有句假盈句却不必假”：是引随句两个。上图读法，见下文：对立推演歌依详图次序咏读，每句代表一条定律：

盈真歌	盈假歌	定　律
盈真盈真 盈真无假 盈真有真 盈真亏假	盈假盈假 盈假疑无 盈假疑有 盈假亏真	自同律 冲突律 零整律：引随律 矛盾律
短歌一	**短歌一**	
无假有真 盈真亏假	假亏真 有无两疑	矛盾律 冲突律，偏差律
短歌二	**短歌二**	
盈真亏必假 无假有必真	盈假亏必真 有无两可疑	矛盾律 冲突律，偏差律
无真歌	**无假歌**	**定　律**
无真盈必假 无真无必真 无真有必假 无真亏必真	无假盈可疑 无假无必假 无假有必真 无假亏可疑	冲突律 自同律 矛盾律 引随律、零整律
短歌一	**短歌一**	
无真亏也真 盈有两必假	无假亏可失足 真有盈可疑	引随律
短歌二	**短歌二**	
无亏同真 盈有皆假	无假亏疑 有真盈疑	引随律
短歌三	**短歌三**	
无真有假 盈假亏真	无假有真 盈亏两疑	矛盾律

有真歌	有假歌	定　律
有真盈可疑 有真无必假 有真有必真 有真亏可疑	有假盈必假 有假无必真 有假有必假 有假亏必真	零整律：引随律 矛盾律 自同律 偏差律
短歌一	短歌一	
有真无必假 盈亏两可疑	有假无必真 盈假亏必真	矛盾律
短歌二	短歌二	
有真无假 盈亏两疑	有假无真 亏真盈假	矛盾律
短歌三	短歌三	
有真盈疑 亏疑无假	有盈皆假 亏无两真	零整律：引随律
亏真歌	亏假歌	定　律
亏真盈必假 亏真无仍疑 亏真有仍疑 亏真亏自真	亏假盈必真 亏假无必假 亏假有必真 亏假亏必假	矛盾律 零整律：引随律 偏差律 自同律
短歌一	短歌一	
亏真盈必假 有无仍两疑	亏假盈必真 有真无必假	矛盾律
短歌二	短歌二	
亏真盈假 有无两疑	亏假盈真 有真无假	矛盾律
	短歌三	
注意：“盈、无、有、亏”四字只是对立论句的符号，没有原字本义。	亏无两假	零整律：引随律
	有盈皆真	矛盾律

歌图解释——例如：“盈真亏必假”是“盈真”和“亏假”之间，有必然的引随关系。并且是相互的。根据矛盾律，全称

肯定论句真时，特称否定论句必定不能是真的。非真必假，不能中立。其余各句长歌、短歌，都是如此依所指明的定律去解释。矛盾律和排中律相辅并行，是亚里逻辑的中心砥柱，现代逻辑学家有不采纳这两个定律的，至少是不采纳排中律。因为他们主张真假之间还有第三者，不真不假。中立的立场，不是不可能的。例如海亭倡导的学说，就有这样的主张：并且其学说构成了严整的系统，合乎数理逻辑精确的目标。但不是推翻任何其他采用排中律的逻辑：只是系统不同，用途、出发点，和目的及范围都不同。

十八、句量、句性、句态——句量是句的零整。指整者全称，指零者特称。句性是句的肯定和否定，构辞前加否定辞，将肯定句改成否定句；肯定、否定互相矛盾：是“有限肯定”和“有限否定”之间的矛盾。在构辞后加否定辞，否定宾辞将“有限肯定句”改成“无限肯定句”，和“有限肯定句”不是矛盾，而是冲突。再将否定辞加在构辞前面，将“无限肯定句”改成“无限否定句”，两相矛盾；无限否定句是“有限肯定句”的随句，和“有限否定”有“偏差对立”的关系。详见注⑬、及注㉝，关于“句态”，问题复杂，详见注③、注⑨。

②同上，注①：十五，全称定律、二。

第二章　无态论句、换位法

③有态论句和无态论句

1. 有态论句共分四种：

（一）必然论句，用“必”字或类似的字，作态辞，附加在构辞上面，或缀填在论句的前后。例如：

一、甲必在乙　　　　乙必然是甲

二、甲在乙是必然的　　乙是甲是必然的

三、必然甲在乙　　　　必然乙是甲

(二) 可能论句，用“能”字或类似字，作态辞，例如：

甲能在乙　　　　乙能是甲

甲在乙、可能　　　　乙是甲是可能的

可能、甲在乙　　　　可能、乙是甲

（三）“必不论句”，用否定辞“不”字，或类似字，加在态辞“必”字下面，是必然论句的冲突句。其意义和“不能论句”相等。“必不”等于“不能”，是可能论句的矛盾句，例如：

甲必不在乙　　　　乙必非甲

甲不能在乙　　　　乙不能是甲

（四）“不必论句”，将否定辞加在态辞“必”字上面，是必然论句的矛盾句，是“可能论句”的“小冲突句”。它的意义等于“能不”。“不必是”三字等于“能不是”，举例如下：

甲不必在乙　　　　乙不必是甲

甲能不在乙　　　　乙能不是甲

2. 态辞——“必”和“能”两字是基本态辞，其余态辞都是配合否定辞而形成。严格说来，基本态辞只有一个：或只用“能”

字，或只用“必”字，配合“不”字便形成各种态辞：（参看注⑧：态辞方图）

必是	不能不是	必不不是
必不是	不能是	“不能不”不是
不必是	能不是	不“不能不”是
不必不是	能是	不“不能不”不是

3. 无态论句——用态辞的论句，叫作有态论句。不用态辞的论句，叫作无态论句：即是普通的简单论句。详见注①。除用“必”或“能”的态辞以外，还有别的数种态辞。其中的“知识态辞”，和“伦理态辞”，特受逻辑学家的注意：知识的基本态辞用“真”和“证实”。伦理的基本态辞用“善”和“命令”或“责任必须”等字样：举例如下：

一、甲真在乙	乙真是甲
二、甲证实在乙	乙证实是甲
三、甲不真在乙	乙不真是甲
四、甲真不在乙	乙真不是甲
五、甲未证实在乙	乙未证实是甲
六、甲证实不在乙	乙证实不是甲
七、（法律）命乙是甲	禁乙不是甲
八、命乙不是甲	禁乙是甲
九、不命乙是甲	不禁乙非甲
十、不命乙不是甲	不禁乙是甲

关于态辞的对立图，请参阅注⑨。

在本书内，亚里有系统的研究、只讨论用“必”和“能”作基本态辞的论句。用“态辞”、“肯定”、“否定”、“全称”、“特称”、“无限定”等六个成分，用数学的配合计算方法，组成许多论句、论法，和论式，辨别何者有效，何者无效，应有尽有，系统大全，开后学的先河，是亚里本书不朽的贡献。

④宾主换位法

论句，宾主换位，改原句而成新句，只是改换宾主两辞的位置，不改变两辞的意义，不夸张两辞各自原有的定量；但在全称肯定论句，主辞乙指乙全部，宾辞甲指甲一部分，为不改甲的定量，新句应由全称改为特称，乙却由“指乙全部”改为“指乙的一部分”。例如“每乙是甲”，换位改作“某甲是乙”。于是乙在原句指乙全部，在新句指乙一部分。由指全部改为指一部分，不在禁列，因为不是夸张，而是含蓄，夸张是将原句之所无，说成实有。违反原句的本义，故不可。含蓄是“全部”含容其所有的（许多）“部分”。原句明指全部，新句只指其一部分，乃是指原句必有的含蓄，不是指无为有，而是含多示少。多少，或整零之间，有必然的“引随关系”，因为全部包括部分。整体包括自己零星的片段。“全称”作“引句”，“特称”必作“随句”，直接跟随在后面。为此，含蓄的换位法，不但不是指无为有，而是指原句实有之所必有。故此，不是说谎。简单说来，**“换位法可含蓄、不可夸张”**。全称否定论句，宾主两辞，各指其主体的全类全部。换位时，为保持其原有的意义和定量，可以实话直说，可以含蓄，但不必含蓄，不可夸张，也不需要夸张，只需简单换位，新句仍是全称否定。特称肯定论句，亦然，宾主两辞各指其主体物类的一部分。换位也是简单换位，原句特称肯定，新句仍是特称肯定。特称否定论句，不能换位。它的主辞乙，在原句指一部分，改到新句里作宾辞，必指全部，故是夸张，不但在定量上，指无为有，大事夸张，而且在所指物体上，也是原句新句前后不一致，不常指同一部分的主体。原句说东，新句说西。前言不答后语，故非逻辑之许可。特称否定论句，必欲换位，需用“否定名辞换位法”。这个换位法是新句加用非字，宾主并变以后，存量换位，并变是同时并变。即是：将原句宾主两辞改成否定的名辞：在每个前面加用否定辞，然后，简单换位某乙不是甲，改作“某物非甲。不是非乙”。即是说：“某物非甲、而是乙”。综合上述，足见，换位法分四种：一是简单换位法，用于全称否定和特称肯定论句，一是含蓄换位法，也叫减量换位法，用于全称肯定论句，一是“否定名辞换位法”，叫作“宾主并变换位法”，简称“并变换位法”，必要时，用于特称否定论句（参看注⑧），一是“夸张换位法”，也叫“加量换位法”，非演绎法逻辑之所许用。但只可用于定义法和归纳法。由观察数人是理性动物，归纳出全称的结论说：“凡是人都是理性动物”。换位说：凡是理性动物都是人，是合乎定义和归纳法的真理。

兹列简表如下：

1. 全称肯定、换位，成特称肯定：减量换位。

2. 全称否定、换位，成全称否定：存量换位。

3. 特称肯定、换位，成特称肯定：存量换位。

4. 特称否定、换位，成“否定名辞、特称否定”，用“宾主并变换位法”。

5. 归纳法和定义法例外。用加量换位法。请参看注⑧附载的换位歌诀。参看注⑮、内号 12。

⑤全称否定的换位及证明

一、无乙是甲	（原句，作引句）
二、无甲是乙	（新句，一号简单换位：随句）
三、某甲是乙	（假设二号新句不真：引句）
四、某乙是甲	（新句，三号简单换位：随句）
五、不是某乙是甲	（四、一，互相矛盾：不可）
六、不是某甲是乙	（五、三,五号推倒三号）

七、无甲是乙　　　　　　（等于六号、证实二号）。

上面，一、二两号是全称否定论句的换位。三至七，是反证法的议程，证实二号的真确。它所用的最后根据和公理，是“特称肯定句的存量换位法”。（参看注⑦）第一步是三号的假设，作原句和引句。第二步是四号由三号推演出必然的随句，用特称肯定论句简单换位法。第三步，五号声明四号不真；它和一号原句互相矛盾，故不真。第四步，六号用五号推翻三号的假设：因为“随句不真，引句必假”，是“引随关系”的逻辑定律。第五步七号由“某甲是乙”之不真，推演出“无甲是乙”之必真。因为两相矛盾，在矛盾对立的关系上，一方不真，则对方必真：这是必然的矛盾律。三号不真，二号必真。故此，反证法由二号的否定，推证出了二号的肯定。足见二号是绝对真确，无法否认的。因为它不受否定。否定它的结果必定肯定它。**因受否定，而反受肯定的论句，是推不翻的论句**：这就是所谓的：千真万确，颠扑不破。从此可见，上面的换位法，显然应是“存量换位法”。

⑥全称肯定换位及证明

一、每乙是甲　　　　　　（原句）

二、某甲是乙　　　　　　（新句）

三、——无甲是乙　　　　（二号之矛盾假设）

四、——无乙是甲　　　　（三号之随句）

五、不是无乙是甲　　　　（四、一矛盾，故四号不真）

六、不是无甲是乙　　　　（四号不真三号必假）

七、某甲是乙　　　　　　（三号假二号必真）

以上反证法之步骤及所依据的逻辑定律，同于注⑤。从此证明了上面的换位用“减量换位法”，原句的“句量”是全称，在新句减成了特称，此处反证法所用的最后根据和公理，是“全称否定句存量换位法”。

⑦特称肯定换位及证明

一、某乙是甲　　　　　（原句）
二、某甲是乙　　　　　（新句）
三、——无甲是乙　　　（二号之矛盾假设）
四、——无乙是甲　　　（三号之必然随句）
五、不是无乙是甲　　　（四、一矛盾，故四号不真）
六、不是无甲是乙　　　（四号不真三号必假）
七、某甲是乙　　　　　（三号既假二号必真）

此处的换位法，也是“存量换位法”。新句保存原句的“句量”，仍是特称。为证实这里特称肯定句的换位法，用反证法，并用“全称否定论句、存量换位法”，作最后的根据和公理。

特别注意：第一点：“全称否定句，存量换位法”，和“特称肯定句、存量换位法”，是两个同样显明的公律。可以互相循环证明，亚里既（在注⑤）用“特称肯定句换位法”作根据，证明了“全称否定句换位法”，又转回去，（在注⑦）用“全称否定句换位法”，证明“特称肯定句，换位法”，这样的“循环互证”，是“同明相照”，不是违犯逻辑：即是说：不是犯“滑轮病”；因为“滑轮证式”，不是“同明相照”，而是“同暗相蔽”：用两个、或数个不显明的论句，循环互证，总不会证说明白，故此是“无理乞赖”：是逻辑之大病。（详看本编，下卷，十六，及同章注解）

第二点：“全称否定句，存量换位法”，证明力，强于“特称肯定句，存量换位法”，因此，它可以作“公理”，证实其他各句的换位法（见注⑥及注⑦）。在“公理系证法”内，这是值得注意的一点。

第三点：亚里的高明识见，在于发觉了“公理系证”的逻辑需要，理智的需要：由公理推出定律。（详见注⑦⑤）。

证明特称肯定句的另一路线，用人法“利盈盈有”论式，（详见注⑤②），并用“和”字换位律：议程如下：

一、“和”字换位律：张和王等于王和张。

二、“有甲是乙”等于“每丙是甲和每丙是乙”。（人法、利盈盈有）

三、“每丙是甲和每丙是乙”等于“每丙是乙和每丙是甲”。

四、“每丙是乙和每丙是甲”等于“有乙是甲”。（人、利）

五、“有甲是乙”等于“有乙是甲”。（二、四贯通：结论）

上面联证法的总公式：一、“等”字贯通律。二、李等于张和王。三、张和王等于王和张。四、王和张等于赵。五、故此，李等于赵。

李：“有甲是乙”。赵：“有乙是甲”。张、王各指所指：如议程，第三号。

⑧特称否定论句不换位的例证

一、某乙非甲	乙指零：即是指乙的一部分
二、某甲非乙	乙指整：夸大。一号换位
三、某动物不是人	一号，乙代动物、甲代人
四、某人不是动物	三号换位、二号换符号。错
五、“某甲非乙”错误	二号必错：四、二相同

换位歌：三歌相同。意义明显。

歌一	歌二	歌三
盈换有	盈乙甲→有　甲　乙	每乙是甲→有甲是乙
无换无	无乙甲→无　甲　乙	无乙是甲→无甲是乙
有换有	有乙甲→有　甲　乙	有乙是甲→有甲是乙
亏非换	亏乙甲→亏非甲非乙	有乙非甲→某非甲是乙

参看注①，28号。并参看注④。

第三章　有态论句、换位法

⑨态辞对立图

用“必”和“不”两字

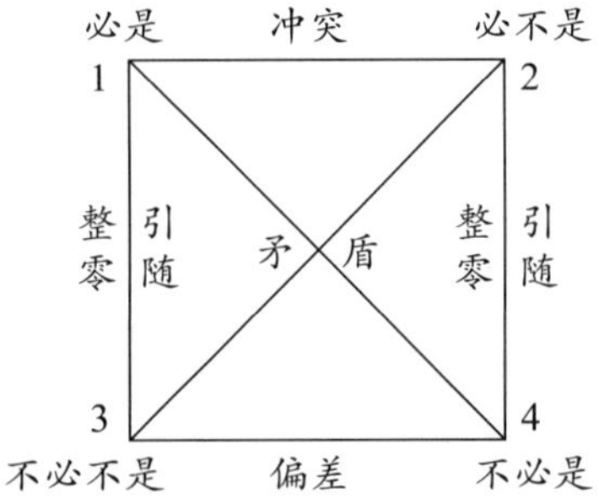

用“能”和“不”两字

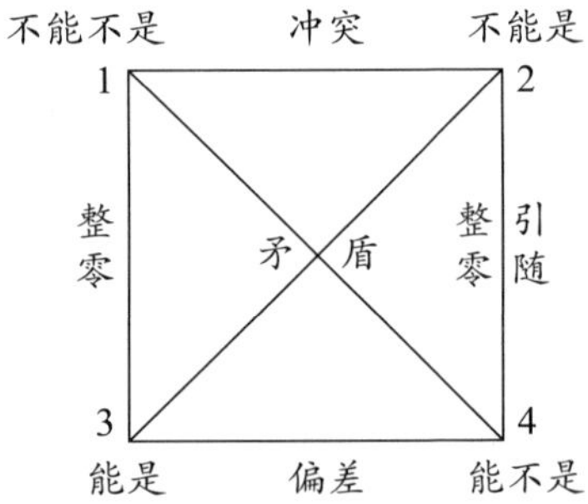

诸字用合图

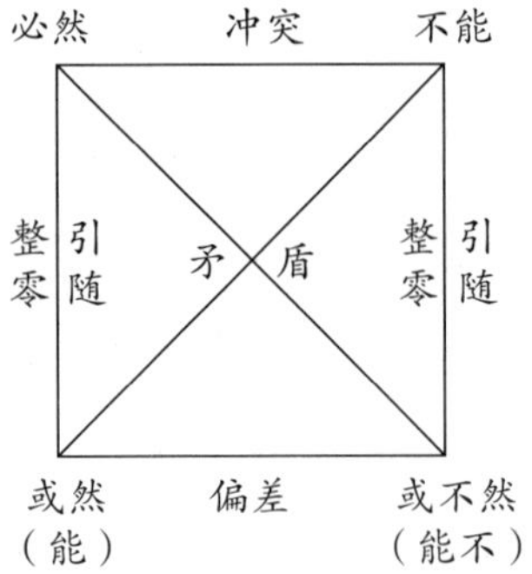

（西文）符号图

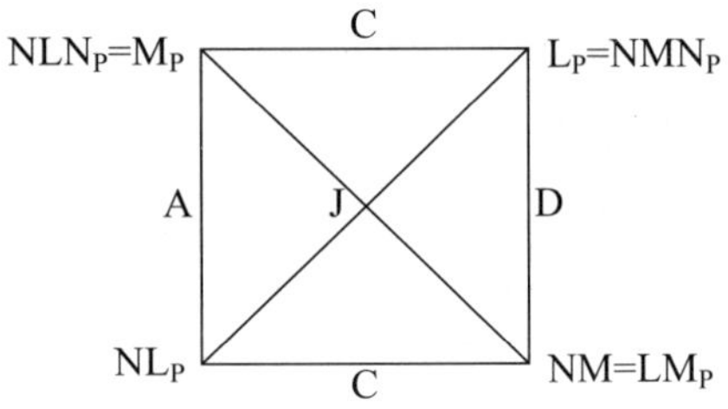

P：Proposition：论句。

N：Negation：不。

A：Alternation. M：Moglich：可能。

C：Conditional：偏差分接对立。

Implication：引随：零整。

L：Lex：律，必然。D：Disjoin：冲突。J：矛盾分立（分抗）。

以上数图，彼此相同，用法和论句对立图相同，对立各方，真假推演法也相同，遵守相同的矛盾律、冲突律、引随律，和偏差律，详见注①，十七号。参看注③。

必然的全称否定，特称肯定，宾主换位用简单换位法，和无态论句相同。

公式：一换位成二：

一、每乙必不是甲：　　　必无乙是甲

二、每甲必不是乙：　　　必无甲是乙

关于肯定的特称和全称句，请看下注。

⑩必然的全称肯定句换位法：

一、每乙必是甲　　　　（原句）

二、某甲必是乙　　　　（新句得自减量换位法）

三、——某甲不必是乙　（假设）

四、——某乙不必是甲　（一、三、结论）

五、不是某乙不必是甲　（一）

六、不是不必某甲是乙　（三）

七、必然某甲是乙：某甲必是乙（证实二号）

特称肯定必然论句换位法：

一、某乙必是甲　　　　（原句）

二、某甲必是乙　　　　（新句来自简单换位法）

三至七、同上。

⑪例一：

一、人不能是马　　　　（引句，原句：人必非马）

二、人能不是马　　　　（随句，原句）

三、马不能是人　　　　（新句，引句，来自一号）

四、马能不是人　　　　（新句，随句，来自二、三）

例二：

一、每件衣服可能都不白。　　　（原句）

二、每件白物可能都不是衣服。　（新句）

三、——某白物必是衣服。　　　（假设）

四、——某衣服不能不是白物。　（随、三）

五、不是某衣服不能不是白物。　（四、一）

六、不是某白物不能不是衣服。　（五、三）

七、每件白物可能都不是衣服。　（六、二）

⑫举例

一、“乙非甲是可能的”：“乙能不是甲”，是一肯定句。“乙非甲”是短句作主辞，“是”作构辞。“可能的”，作宾辞。构辞“是”字上面没有“不”字，则论句是肯定的。“乙能不是甲”，乙是主辞，“能”是主句构辞，“是”是副句构辞。副句是否定句，因为“是”上有“不”字。主句是肯定句，因为构辞“能”字上面没有否定辞。

二、“乙不是甲”：“乙不是有病”，是否定句。

三、“乙是无甲”：“乙是无病的”，是肯定句。

⑬详见注④。

第四章　天法论式

⑭详见注①。公式举例：

甲在每乙 每乙是甲 大前提	乙在每丙 每丙是乙 小前提	甲在每丙 每丙是甲 结论

以上论式，是一完善论式。它三辞的排列方法，“甲在乙，乙在丙，故甲在丙”，叫作第一论法。首辞甲居首尾，是结论的宾辞，也叫作上辞和大辞。位置在上，类界的范围最大。中辞乙，居中间，在大前提作主辞，在小前提作宾辞，不入结论。丙是尾辞，居末位，也叫作下辞、小辞：位置最低下，类界的范围最小。在结论作主辞，和宾辞有“引随关系”。“丙是乙，乙是甲，故丙是甲”。凡是这样，中辞在大前提作主辞，在小前提作宾辞的论法，叫作第一论法。三段论法中，两个前提、引出一个结论：是随句，跟随前提。前提是引句。有大辞的引句，叫作大前提。有小辞的引句，叫作小前提。大前提、小前提，也叫作大引句、小引句：也可以叫作大因、小因，或大故、小故。大前提是大原因、大缘故，小前提是小原因、小缘故。这样的论法，叫作第一论法：译称“天法”。参看注⑮。

本章正文内，本段这几句话，极关重要，原文直译：“……尾辞全体是在中辞内，同时中辞全体是在首辞内，或是不在内：两端辞的论法必是完善的”。这是天法一总论式的公共定义。意思是说：三辞的范围互有“部分与整体”大小相含的关系：尾辞所指的主体范围，是一部分。中辞所指的主体范围，是一全体。尾辞所指是中辞所包含的一部分。中辞包含尾辞，作小前提。同时，中辞是一部分，首辞是一整体；首辞包含中辞，作大前提；则结论必是“首辞包含尾辞”：如整体之包含一部分。此乃天法“元利”两式的共公定义。反之中辞不是包含在首辞内的一部分，作大前提则结论必是：首辞不包含尾辞。此乃“亨、贞”两式公有的定义。详看附录三，欧乐图表。换言简译之：“首含中，中含尾，则首含尾”。“首不含中，中却含尾，则首不含尾”。“含”字代表“整体包含部分”，或“大含小”的关系。首中尾三辞有这样的关系，则“论法完善”：在这里“论法完善”，表示“论式完善，结论显明而必然”。“论法”两字，有时指“论法”，有时指“论式”，有时指“结论”：视上下文的需要如何而定。

⑮论法详解

一、全称定律详见注①内十五号。

二、无称定律是全称否定的定律，详见注①内十五号。

三、论法分四种——论法是三段论法的简称。共有四种：一名天法，一名地法，一名人法，一名物法。“天地人物”四字，在此处，只是符号，代表第一、第二、第三和第四。此外，没有别的意义。四论法的分别，在于中辞的位置，每法不同。三段论法的基本构造，包含三个名辞，就是结论中的宾主两辞，和前提内的中辞。宾辞叫作首辞，主辞叫作尾辞，还有其他名称，详见注①，十号。中辞在前提内，和首辞发生宾主关系，构成论句，叫作大前提；和尾辞发生宾主关系，构成论句，叫作小前提。最标准的完善论式，是全称定律的全称肯定论式，是天法中的第一论式，详见注⑭，及注①。在此论式内，首辞的类界，范围最大，中辞次之，尾辞最小。为此，首辞叫大辞，尾辞叫小辞。前提内，两个论句，有大辞的叫作大前提，有小辞的叫作小前提。前提分称大小的原因就是在此。参看注⑭。在两前提内，中辞能占四种不同的位置，故论法分四种，详释如下：

四、天法——第一论法，译名天法，是最完善的论法，其余一切论法和论式，都是由天法的完善论式，用换位的方法推演而来。犹如宇宙间，天生万物，同样，逻辑的思想界，天法生众法。在天法内，中辞的位置如下：它在大前提作主辞，在小前提作宾辞。因此，天法也叫“中辞主宾法”，历史上，简称**“主宾法”**。用甲乙丙代表首中尾三辞。天法的构造格式如下：

大 小	乙——甲 丙——乙
结	丙——甲

假设上面的每个论句都是全称肯定论句，便形成天法的第一论式，图式如下：

天法第一论式：（参看本注第八号、附志、第二问题）

大 小	乙——甲 丙——乙	盈 盈	每乙是甲 每丙是乙	甲在每乙 乙在每丙
结	丙——甲	盈	每丙是甲	甲在每丙

上面的论式，是天法第一式，天法和其余每法各有许多论式，有些有效，有些无效，详见下面八号，及十二号。“盈”字意义，见前注①内十七号。

五、地法——地法是第二论法，亚里往往叫它作“中法”。天地人三法，地居中间。天地人代表上中下。在此论法中，中辞的位置是在小大两前提中，都作宾辞。因此，历史上，地法也叫作“中辞宾宾法”，简名**“宾宾法”**。其格式图示如下：

大 小	午——丑 寅——丑
结	寅——午

上图内丑作中辞，两次作宾辞，一次宾称午、作大前提；一次宾称寅、作小前提。假设大前提全称肯定，小前提全称否定，则结论是全称否定。是地法的第一论式，图示如下：

大	午——丑	盈	每午是丑	每柳是树
小	寅——丑	无	无寅是丑	无石是树
结	寅——午	无	无寅是午	无石是柳

“盈、无”二字意义及用法，回看注①内十七号。

六、人法是第三论法，中辞位置，两次作主辞，叫作“中辞主主法”，简名**“主主法”**。举例：两前提都是“盈”，结论则是“有”，图式如下：

大	午——辰	盈	每午是辰	每柳是绿
小	午——巳	盈	每午是巳	每柳是树
结	巳——辰	有	有巳是辰	有树是绿

七、物法——第四论法，中辞在大前提作宾辞，在小前提作主辞，史称“中辞宾主法”，简称**“宾主法”**。天地人物，算学名辞，谓之四元。第四论法，其数为四，故以“物”字名之，第一、第二、第三，名之以天地人，都是因为数字相对，故可相代。亚里，只谈天地人三个论法，曾提及第一论法的换位论式，未曾提及第四论法。现行第四论法，不知始自何人，见用于十二世纪亚维罗，及大雅博，和第十三世纪阿拉巴拉（希伯来哲学家）书中。俗称贾蓝论法，以为是第二世纪，希拉物理学家贾蓝所发明。后代附会此说。实际上，贾蓝只知亚里所论三法，不知有第四法，贾蓝所谈第四论法，只是他将亚里三论法复杂配合起来，形成八个复杂的“四辞论法”，八个之中的第四个叫作第四论法。和本处“物法”全不相干。关于“物法”，历史辩论甚多。大多数现代及中世纪著名逻辑学家都知其存在，并承认其结论

有效，构造合乎逻辑的法则，不得和其余三法混而不分；它的用途虽然不大，它的价值是独立的。假设大小前提，都是“盈”，则其结论必是“有”。“盈”代表全称肯定，“有”代表特称肯定。图示如下：

大 小	甲——乙 乙——丙	盈 盈	每甲是乙 每乙是丙	每柳是树 每树是绿（物）
结	丙——甲	有	有丙是甲	某绿物是柳树

论式——每个论法能有许多论式，得自大小前提“盈亏有无”的配合。四四相乘，共得十六论式，再用四法乘之，共得六四，再加第一论法的换位论式十六，则是八十。每个论式又能有四个结论，则是四八得三百廿可能的论式。亚里不谈“物法”，减去它六十四式，还剩二百五十六式。从此看来，所谓论式不是别的，就是论句间“有无盈亏”的配合。即是全称、特称、肯定、否定的配合。依算术配数方法计算，即得到上述必然的数目。试看大小前提配合，必是四四一十六：图示如下：

1	2	3	4	5	6	7	8	9	10	11	12	13	14	15	16
盈 盈	无 盈	有 盈	亏 盈	盈 无	无 无	有 无	亏 无	盈 有	无 有	有 有	亏 有	盈 亏	无 亏	有 亏	亏 亏

八、附志：历史问题两个——第一：为什么亚里只知有天地人三法，而不知有物法？第二：论式的语法，应是一个假言复句、或是三个定言单句？

对于第一问题，简答如下：亚里认为“首、中、尾”三辞，首尾二辞，位置固定，根据句法的自然，不可前后颠倒；中辞位置，可以移动；但，在移动时，只有三个位置可能，或（中辞）居首尾之间，或居首尾之前或居首尾之后，依此条件，排列三辞，只能有以下三种形式，不能有第四个。图示如下：

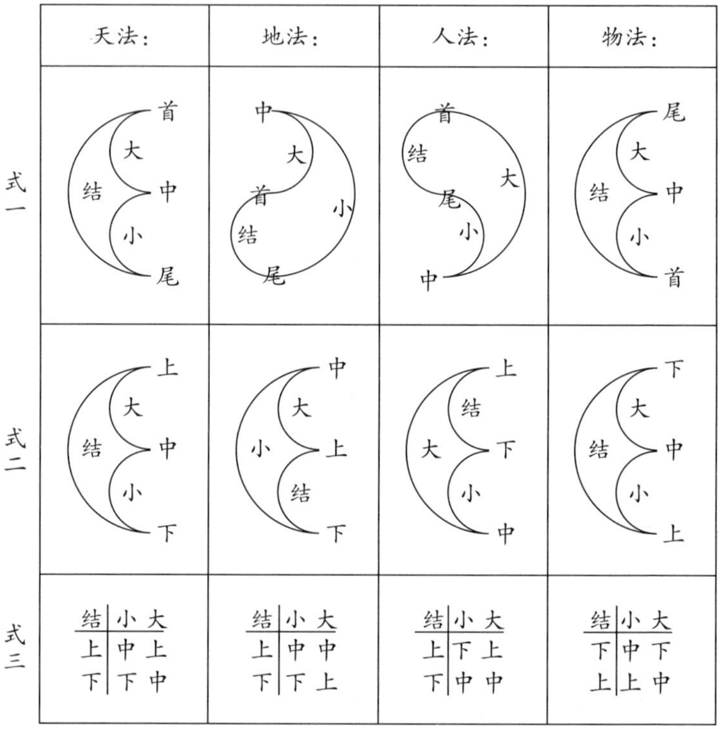

比较以上数图，足见天地人三法，句法的形式，天法最合自然，上中下三辞各居本位。地人两法中辞不居中位，一居上，一居下，故不自然；但首尾两辞，上者居上，下者居下，不离本位，仍合自然。至于物法，中辞虽居本位，但首尾两辞上下倒置，故不自然。假设亚里所用的图表，是（注200至202）类谱内，上中下的方位图，则宾主两辞首尾颠倒，不但不合自然，而且不堪思议：故亚里未曾论及，实无足怪；其后，专论换位论式曾指明，宾主倒置的换位论式，仍归各自本有的论法，不另立一论法，故德孚乐编订的第四论法，只可算作是天法的“换位论式”，但后代人发现真正的物法，特称否定的结论有效，不能是天法结论的换位：因为，特称否定论句不得换位。还有些论式，用物法直接证出结论有效，改用天法则失效，除非改变论式。此外，还有一个特殊现象，就是用反证法，补证物法某些结论时，仍用本法论式，不用其他论法。为了以上三项理由，“物法”有资格是一个独立的论法。物法的发明人是谁，史已失传：中世纪亚拉伯和拉丁的学界，已知其存在。“物法”独立问题，历代学者，争辩不休，直至现代，始告终止；但仍有少数人抱反对态度。关于物法论式全表，请参看注⑲⓪。

关于第二问题，为传达三段论法的每一论式，亚里**常用假言复句，一句说出**：例如天法元式：

“假设每乙是甲，并且每丙是乙，则每丙是甲”。

CKAbaAcbAca. CKCqrCpqCpr.

换言之：

“既然每乙是甲，故此，如果每丙是乙，则每丙是甲”。

CAbaCAchAca. CCqrCCpqCpr.

以上两式都是假言复句内的第一种，即是“随接复句”，参看注㉑及附录五。前式，用“假设……并且……则……”。后式，用“既然……故……如果……则……”：后式，三种接词，都是“随接词”，比前式简单。因为前式用了随接词“假设……则”；又加用“连接词”，“并且”：故需同时遵守这两个接词的逻辑规则，比较复杂。

亚里的后学，德孚乐及以后历代的逻辑学家，解释亚里遗著，一律不用假言句法：都改用定言单句，三句的平列如下：

“每乙是甲。有时也加用接词：	“每乙是甲，
每丙是乙。	每丙又是乙；
每丙是甲”。	故每丙是甲”。

以上两式，都是定言单句的平列，前式简洁，后式加用“又”字作大小前提的连词：并用“故”字作结论的发语词，是前提结

论间，引随关系的符号。

现代逻辑学家，自庐雪池，著《亚里论法的现代观》以来，认为传统逻辑是从亚里逻辑蜕化而来；但失掉了亚里逻辑固有的真面目，致使后人忘掉了三段论法的假言性，和“引随逻辑”的本质，依此本质，亚里论证法的全个系统，都可用“复句演算的系证法”，从两个论式中推演出来：一是“天元式”，一是“天利式”。两式最后的根据是“同一律”或“自同律”。

“真正的亚里逻辑”，和“传统的亚里逻辑”，于是被人认为有天壤之别。主要的异点即是“假言复句”的三段论式，在数理逻辑中，是一条逻辑定律。“定言单句平列”的三段论式，没有定律的效能，不能推演成系证法内，数学演算的公式；只可算作单句平列的“议论格式”。

然而据实论之，亚里论证系统惟一的逻辑基础，是“类谱逻辑”：即是每个范畴类级系统内，宾辞和主辞间的“引随关系”；不必定是“假言的随接复句”、引句、随句间的“引随关系”，但两方面都是“引随关系”：故此，凡是亚里论法的论式，都可改用随接复句表达出来；并用“引随逻辑”的“复句推算系证法”，加以系统化的推证和批评。但不得因而主张“定言单句”，平列的论式，和亚里原文中“假言复句”的格式，有本质上的分别：因为本质上，都是“类谱内宾主名辞间的引随关系”，不是别的。故此，所谓“传统的亚里逻辑”，和“真正的亚里逻辑”，两者之间，固然不无形式上的分别，但，在本质上却是毫无分别。（参看注⑳类谱）

为了上述的理由，正文的汉译特别谨慎，保存亚里原文固有的句法，不失掉形式上的真面目。但在注解内，为满足“假言”和“定言”两种句法的需要，先将符号公式分三行，平列在公式表格的首段，“在”字句法和“是”字句法，依次列在下面。“辞例”在最后。在首段，有时标明“大、小、结”三字，为指示“大前提，小前提，结论”；有时不加任何标明，只用三行中，第一行作大前提，第二行作小前提，第三行作结论。举例如下：天法元式：

符号公式	“在”字语法	“是”字语法	辞　例
盈乙甲	甲在每乙	每乙是甲	每个动物都有形体
盈丙乙	乙在每丙	每丙是乙	每个人都是动物
盈丙甲	甲在每丙	每丙是甲	每个人都有形体

九、论法规则八条——每个论法有六十四论式，不是都合规则。合规则的论式，有效。其余无效。亚里提出了许多有效论式必备的条件，散见书中各处。搜集起来，共得八条，史称“论法公律八条”。去掉无效论式，每个论法只得最多不过六个。天法内，基本的完善论式，只有四个。兹简列论法公律八条，如下：

1. 首尾中辞仅三名——不可多也不可少。详见章二十五注㉓。

2. 中辞不可常指零——指其主体范围之全部至少一次。

3. 两提否定无结论——两个前提不可都是否定。

4. 前提不可都特称。详见章二十四注㉒。

5. 中辞不入结论里。

6. 肯定不能生否定——两个前提都是肯定时，结论不会是否定。

7. 指零为整是夸大——任何名辞，如果在前提里，只指其主体的一部分，结论里，则不可用它指其主体的全部。结论夸大则无效。

8. 真理柔弱胜刚强——前提论句一刚强，一柔弱，则结论必柔弱。不可刚强。刚强者无效。两句相比，全称者刚强，特称者柔弱，肯定者刚强，否定者柔弱。名辞指整者刚强，指零者柔弱。

指整是指主体类界的全部，指零是指其一部分。论句内名辞，何者指整，何者指零，详见注①，号十三，并见下面零整图及零整歌详解，参看注④～注⑧。

十、零整歌——“盈整零、无整整，有零零、亏零整”，用对立图，陈示如下：

图一

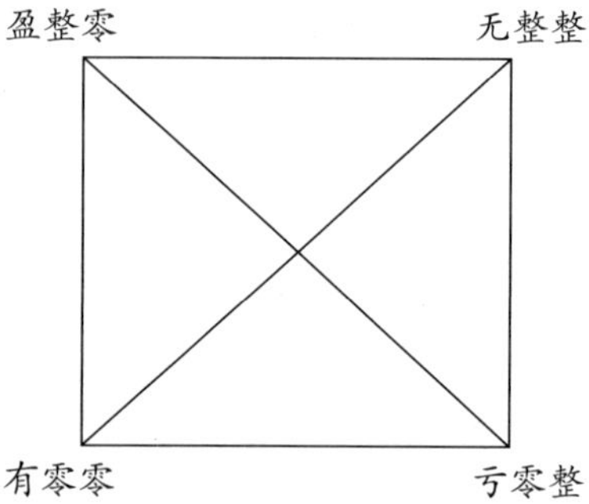

图二：简化：

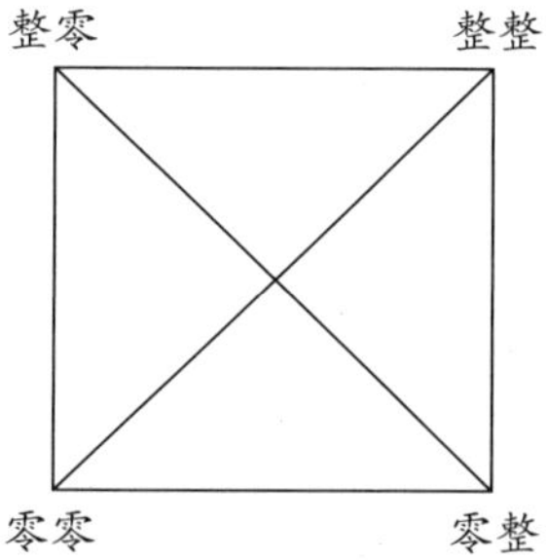

上图详解如下：

盈整零——全称肯定论句，例如“每乙是甲”，用其主辞乙，指乙的全部，用其宾辞甲指甲的一部分。乙指整，甲指零。故曰盈整零。

无整整——全称否定论句，例如“无乙是甲”，用主辞乙和宾辞甲，各指其全部。都是指整。

有零零——特称肯定论句，例如“某乙是甲”，即是说“有乙是甲”，用主辞乙和宾辞甲，各指其一部分，都是指零。

亏零整——特称否定论句，例如，“某乙非甲”，用主辞乙，指乙的一部分，用宾辞甲，指甲的全部。否定句常是否定宾辞的全部。参看注①，八号，简言之，在“亏”句内，乙指零，甲指整。

短歌——“整零，整整，零零，零整”。参考上面对立图，去盈无有亏，即得短歌。

零整图一：

句 / 辞	盈	无	有	亏
主	整	整	零	零
宾	零	整	零	整

图二：

辞 / 句	主	宾
盈	整	零
无	整	整
有	零	零
亏	零	整

（参考附录三欧乐图表）

分析论句内名辞所指零整图例：

图一：（参考附录三）

盈：	每乙（整）	是甲（零）
无：	无乙（整）	是甲（整）
有：	有乙（零）	是甲（零）
亏：	有乙（零）	非甲（整）

图二：

每乙（整）	甲（零）
无乙（整）	甲（整）
有乙（零）	甲（零）
有乙（零）	甲（整）

十一、符号适宜，理由如下：

亏是亏缺。亏乙甲就是缺乙甲。等于说某乙不是甲，因为有某物是乙不是甲，或有某物如果存在，便是乙也是甲，但因不存在，故不是乙也不是甲：即是缺少这么一个是乙又是甲的主体。

“有乙甲”，便是有某物是乙又是甲：故此有乙是甲，有甲是乙。

“盈乙甲”：是盈天地间，充其类界的全量，凡是乙都是甲：个个乙是甲，但甲只是有一部分是乙。乙指乙全部。甲指甲某部。

“无乙甲”：天下，无物是乙又是甲，凡是主体，或不存在，或即便存在，如果是乙，便个个不是甲，故无乙是甲，等于说：无乙甲。

由此观之：“盈无有亏”四字，作符号，适足以代表上述四种

论句，为逻辑作分析和配合计算等工作。（回阅注①）

用上述的符号配合计算法去计算，再用论法八则、对立推演法、换位法等规则，咏歌考验，便可决定每个论法，有多少论式有效，多少论式无效，有效论式，哪些是“完善论式”，哪些是原位论式，哪些是换位论式，哪些是强式，哪些是弱式。试将四论法，逐一画图分析考验如下：

十二、天法有四个“完善论式”，都是原位论式；有五个换位论式。原位论式有两个强式、两个弱式。两个强式必生两个弱式，故原位论式共是六个，两强四弱。换位论式四弱一强，强必生弱，故有五弱一强，也共是六个。其余论式都是“无效论式”。强论式，大小前提和结论都是全称。依零整律推演法，凡是全称论句，或肯定，或否定，必都生出相随相含的一个特称论句：即是“盈生有”、“无生亏”。完善论式是前提和结论之间的引随关系，自然而明显，用不着换位或变式补证，反之，凡是其余论式，大多数都是由完善论式演变而来，个个都能用完善论法来补充证明。“完善论式”相当于几何学内，不证自明的公理和公式，其余定理和结论都是由公理证出。这样的完善论式，广义说：只有四个，每个以内三辞的宾主关系，前引后随，自然而明显。狭义说只有两个：即是全称肯定论式和全称否定论式。再狭义说，只有一个，即是全称肯定。狭义的完善论式，不但不需要补证，而且也不是强式能生的弱式。完善论式都属于天法。为便利称引，大家可以名之曰，“元亨利贞”四式。狭义的完善，只有元亨两式，或元式一式。元式加用否定辞，遂成亨式；元亨两式，用零整推演法，即生利贞两式。然后诸法众式，无不生自或证自此四式。试画图详示如下：

天法论式图：主宾法论式图：

图一、原位论式

论式 论法	1	2	3	4	5	6	7	8	9	10	11	12	13	14	15	16
	元	亨							利	贞						
乙——甲	盈	无	有	亏	盈	无	有	亏	盈	无	有	亏	盈	无	有	亏
丙——乙	盈	盈	盈	盈	无	无	无	无	有	有	有	有	亏	亏	亏	亏
丙——甲	盈	无							有	亏						
弱式	有	亏														

图二、换位论式

论式 论法	1	2	3	4	5	6	7	8	9	10	11	12	13	14	15	16
	元	亨			贞		贞		利							
乙——甲	盈	无	有	亏	盈	无	有	亏	盈	无	有	亏	盈	无	有	亏
丙——乙	盈	盈	盈	盈	无	无	无	无	有	有	有	有	亏	亏	亏	亏
甲——丙	有	无			亏		亏		有							
弱式		亏														

图三、原位弱式

元盈盈有——生自元盈盈盈：盈生有。

亨无盈亏——生自亨无盈无：无生亏。

图四、换位弱式

亨无盈亏——生自亨无盈无：无生亏。

表一

原位式六	元盈盈盈	天法（六原位论式）规则：
	亨无盈无	一、大前提需是或盈或无：都是全称。
	利盈有有	二、小前提需是或盈或有：都是肯定。
	贞无有亏	三、论句盈必生有，无则生亏（强必生弱）。
	元盈盈有	四、六式以外，余皆无效。有违于论法八则。以上规则主要者，只是一二两条。
	亨无盈亏	

表二：换位六式歌诀

一、元盈盈有，盈换生有。

二、亨无盈无，无仍换无。

三、亨无盈亏，换无生亏。

四、利盈有有，有仍换有。

五、贞盈无亏，移换盈无。

六、贞有无亏，移换有无。

说明：

一、“换”指宾主换位，根据注⑧，换位歌，“盈句”，宾主换位，必得“有句”；“无句”，换位，仍得无句；“有句”，换位，仍得“有句”；“亏句”，不换位；必欲换位时，用“非字并变法”，主辞宾辞同时并变，各加非字之类的否定辞，由肯定变成否定，由有限变成无限，然后换位。此处，不用亏句换位法，故只有“盈、无、有”三种论句的换位法。（关于“并变”的意义，参看注⑿内号五）

二、“移”指大小前提内，论句位置的迁移。例如“移无”，是将“无句”从小前提的位置，迁移到大前提的位置。（参考附录一～三，定言论式中西对照表及各种图表）

图解上文：

一、元盈盈有，盈换生有

原位元式		换位元式	
盈　乙　甲	每　乙　是　甲	每　乙　是　甲	盈　乙　甲
盈　丙　乙	每　丙　是　乙	每　丙　是　乙	盈　丙　乙
盈　丙　甲	每　丙　是　甲　→	有　甲　是　丙	有　甲　丙

二、亨无盈无，无仍换无；换无生亏，亨无盈亏

原位亨式		换位亨式：无仍换无		换无生亏
无 乙 甲 盈 丙 乙 无 丙 甲	无 乙 是 甲 每 丙 是 乙 无 丙 是 甲→	无 乙 是 甲 每 丙 是 乙 无 甲 是 丙	无 乙 甲 盈 丙 乙 无 甲 丙→	无 乙 甲 盈 丙 乙 亏 甲 丙

三、利式：

原位利式：利盈有有		换位利式：利盈有有	
盈 乙 甲 有 丙 乙 有 丙 甲	每 乙 是 甲 有 丙 是 乙 有 丙 是 甲	每 乙 是 甲 有 丙 是 乙 有 丙 是 甲	盈 乙 甲 有 丙 乙 有 丙 甲

四、贞式（此图逆读，由右而左）：贞盈无亏，移换盈无

原位贞式：贞无有亏		换位贞式：贞盈无亏	
无 乙 甲 有 丙 乙 亏 丙 甲	无 乙 是 甲 有 丙 是 乙 有 丙 非 甲	每 乙 是 丙 无 甲 是 乙 有 丙 非 甲	盈 乙 丙 无 甲 乙 亏 丙 甲

五、贞有无亏，移换有无

换位贞式：贞有无亏		原位贞式：贞无有亏	
有 乙 丙 无 甲 乙 亏 丙 甲	有 乙 是 丙 无 甲 是 乙 有 丙 非 甲	无 乙 是 甲 有 丙 是 乙 有 丙 非 甲	无 乙 甲 有 丙 乙 亏 丙 甲

六、附志：将换位贞式改归原位亨式，不合法，并无效；但原式亨无盈无，能生换位式，贞有无亏，无力生贞盈无亏：足见贞盈无亏，虽然是天法的换位论式，但仍有独立价值。这一点特值注意。

贞	无效	亨	有效	贞	无效	亨
盈 乙 丙 无 甲 乙 亏 丙 甲	↘	无 乙 甲 盈 丙 乙 无 丙 甲	⤧	有 乙 丙 无 甲 乙 亏 丙 甲	↘	无 乙 甲 盈 丙 乙 无 丙 甲

⑯天法无效论式

一、天法内，除上述原位式六，换位式六，共计十二式以外，所余一切论式是无效论式。都违犯论法八则及天法两则所举出的规条。无效的论式构不成议论，证不出必然的结论，举例一：

大	盈乙（整）	甲（零）	每乙是甲	（甲指甲一部分）
小	无丙（整）	乙（整）	无丙是乙	
结	亏丙（零）	甲（整）	有丙非甲	（甲指甲全部）

以上论式，违犯“八则”的第七则，“指零为整是夸大”。又违犯天法“两则”的第二则，小前提需是肯定，或盈或有。不得是否定。详见注⑮，九号，及十二号，图一，论式第五；表一，规则第二。参考注①。用实体名辞举例如下：乙代表人，甲代表动物，丙代表马：

大：凡是人都是动物

小：凡是马无一是人

结：凡是马无一是动物；或某马不是动物。结论错误。根据常识的真理：凡是马，个个是动物

又例，用乙代表人，丙代表石头，甲仍代表动物：

大：凡是人个个是动物 小：凡是石头都不是人 结：有某石头不是动物	事实上，凡是石头，无一是动物，结论真实。同样的论式，结论时真时假。不可靠，故无效。

⑰亚里此处所论，是天法原位论式第六，见注⑮，十二号图一第六式：是一无效论式。

符号公式：

大	无乙（整）	甲（整）	无乙是甲
小	无丙（整）	乙（整）	无丙是乙
结	无丙（整）	甲（整）	无丙是甲

名辞实例一　　　　　　　　实例二

大	凡是线，无一条是学识	凡是线，无一条是学识
小	凡是点，无一个是线	凡是医学，都不是线
结	凡是点，无一个是学识	凡是医学，都不是学识
	此处结论真实。	此处结论错误。

⑱总论全称和特称配合而成的论式。原位论式中，只有利贞两式有效，余者无效，详见注⑮，十二号，图一。并见下注。

⑲分论全称和特称配合而成的两个原位论式，并说明它们符合全称定律。“利式”符合全称肯定的定律，和零整定律，“贞式”符合“无称定律”，也符合零整定律。故此都是完善论式。利贞两个的公式如下：

利式：利盈有有	贞式：贞无有亏
大、盈乙甲：每乙是甲 小、有丙乙：有丙是乙 结、有丙甲：有丙是甲	无乙甲：无乙是甲 有丙乙：有丙是乙 亏丙甲：有丙非甲

⑳大前提或盈，或无，只要是全称。小前提，无限定，只要是肯定。如此配合，则论式有效。并且是完善论式：

无限定肯定论式		否定论式	
大　盈乙甲	每乙是甲	无乙甲	无乙是甲
小（盈/有）丙乙	（每/有）丙是乙	（盈/有）丙乙	（每/有）丙是乙
结（盈/有）丙甲	（每/有）丙是甲	（无/亏）丙甲	（无/某）丙（是/非）甲

换言之：每乙是甲，丙是乙，则丙是甲。

无乙是甲，丙是乙，则丙非甲。

㉑大前提特称或无限定时，论式无效，无论小前提是如何。详见注⑮，十二号图一，论式3、4、7、8、11、12、15、16。图二，3、4、8、11、12、15、16。亚里，本处举例如下：

例一：

大：有乙甲	某乙是甲	某资质善良
小：盈丙乙	每丙是乙	凡是聪明都是资质
结：盈丙甲	每丙是甲	凡是聪明都是善良

例二：

大：亏乙甲	某乙非甲	某资质不善良
小：盈丙乙	每丙是乙	凡是{聪明/愚蠢}都是资质
结：无丙甲	无丙是甲	凡是{聪明/愚蠢}都不善良

以上两例，所有的结论都无效，根本证不出任何结论来，盈无有亏，都无效，因为违犯了“公律”第二，和天法规则第一。中辞没有一次指示其主体的全类。不能发生中辞作用。

㉒举例：

例一：

大：有乙甲：有乙是甲 小：无丙乙：无丙是乙 结：（无效，违犯公律第七）	有马色白 无鹅是马或无乌鸦是马 无鹅是白的 无乌鸦是白的

例二：

大：亏乙甲：某乙非甲 小：无丙乙：无丙是乙 结：（违犯公律第三）	某马非白 无鹅是马或无乌鸦是马 无鹅白色或无乌鸦色白

例三：

大：无乙甲：无乙是甲	无马白色
小：无丙乙：无丙是乙	鹅 无　　是马 乌鸦
结："违犯公律第三"	鹅 无　　色白 乌鸦

例四：

大	有 　乙甲 亏	有　是 　乙　甲 某　非	名辞举例同前
小	（同前）	（同前）	
结	无效	理由同前	

详见天法论式图，注⑮，十二号。

㉓小前提否定时，无效，举例：

大	盈乙甲	每乙是甲（零）	每人是动物	违犯公
小	亏丙乙	某丙非乙	某白物非人	律第七
亏	亏丙甲	某丙非甲（整）	某白非动物	夸大狂

上式违犯公律第七。

㉔同前。

㉕

大	无乙甲	无乙是甲	无人无灵
小	亏丙乙	某丙非乙	某白非人；例如雪或鹅
结	亏丙甲	某丙非甲	某白无灵；雪都有灵 鹅都无灵

上式违犯公律第三。参考注⑮，号十二。

㉖

大 小	无乙甲，或盈乙甲 无丙乙→亏丙乙	无乙是甲，或每乙是甲 无丙是乙，或某丙非乙
结	无效，详见，注㉒，例三；注㉓，注㉕。	

㉗同前。即注㉕，㉖，论“无亏式”。

㉘天法论式图一图二，论式 11、12、15、16，违犯公律第四，天法规则第一，故都无效，无限定论句，和特称论，同等看待。

	例一	例二	公式
大	某白物是动物	（同上）	某乙是甲
小	某马白	某石白	某丙是乙
结	某马是动物	某石是动物	某丙是甲

㉙**天法四式：元亨利贞，是完善论式。**详见，注⑮，十二号，图一，及表一。

㉚只有第一论法，证出的结论能是各种论句，“盈无有亏”俱全。因此，第一论法，自古称为“完善论法”：有能力证出各种论句。说到这里，需注意“完善论法”，和“完善论式”，意义上的分别：

“完善论式”——天、地、人、物，四论法，各有许多论式；其中，有些是“有效论式”，有些是“无效论式”。遵守论法规则，符合类名间宾主关系的实况，则“论式有效”，否则“无效”。有效的论式当中，有些“完善”，有些“不完善”。依亚里明言：只有天式。其余所有论式，是“不完善论式”，它们的证明力，充足而不明显：必须改归“完善论式”，始能表现它们的明确。回看注⑮内十二号至本注为止，参考以下，地、人、物、三法，及各注。步步留神，仔细观察，就可体验“论式完善，和不完善”的分别与关系。历史从古到今，未停辩论的一个问题是：“完善论式”所以然是“完善”的理由，在哪里？限于篇幅，无法详论，仅将各种理由，简列如下：

论式完善的理由——一个论式，必须具备以下几个条件，才能是“完善论式”：

第一：上、中、下三辞，各居本位。上辞居上位，中辞居中位，下辞居下位。位置如此，谓之“自然”，谓之“明确”：其思路与结论通畅而必然：“上在中以上，中在下以上，故上在下以上”。各辞间的宾主关系，及此关系的“贯通性”，顺着自然的位置和次第排列起来，平铺眼前：明确无比，不需要用换位或反证的手续改变它们的次序，意思自然通畅明显：这便是论式完善：至少在思想里面，次序合乎自然。

第二：宾主关系，各用构辞“在”字（寓普而建），用“正说语法”说出关系的正面，不用倒装语法说出关系的反面，更不可一个前提用正说语法，另一个前提用倒说语法。思想里，宾主间的正面关系，顺着自然的位置和次序，将有关的各名辞，排列在口语中：有时序的先后：先说：“上在中”，后说：“中在下”，最后说：“上在下”；换言之：先说：“甲在乙”，后说“乙在丙”，最后说：“甲在丙”。排列在文字中，希腊文横写，先左，后右；中文竖写，先上后下，例如；“既甲在乙，乙在丙；故甲在丙”。[1] 文字，或口语的次序，排列形式如此，则论式完善，思路自然明确，和思想

① 本书台版为繁体竖排，大陆版改为横排。为表现行文关系，未做改动。——编者

内宾主关系的自然次序，适相符合。

第三：句量，用明确的“量辞”表达出来，全称或特称的符号，也是各居自然的本位：位置在名辞前面（构辞前面），全称特称的比例，明显。

第四：句性用“性辞”，或肯定，或否定，表达出来，也是用自然的语法，占自然的位置：就是放在“构辞”前面。构辞自身有肯定意义，那么，否定的符号应放在构辞前面，将肯定改为否定；或，必要时，将否定辞加在已有的否定辞前面，将否定改成肯定。举例：“每甲在乙，每乙在丙，故每甲在丙”，又例：“无甲在乙，每乙在丙，故无甲在乙”。“无甲在乙”是“每甲不在乙”。无论如何，否定符号是在“构辞”、“在”字的前面，甚至，和“量辞”合成一辞，占在名辞前面：仍是在“构辞”前面。

总之：合于上述四个条件，各名辞、各论句，各占各自然的位置和次序；语言的次序，符合思想的次序，思想的次序合于宾主关系的正面次序；这样的论式便是“完善的论式”。满足这四个条件的论式，**只有天法内，原位论式中，元、亨、利、贞四式**。还有许多理由，来自认识论、本体论，和语法学，简述如下：

认识论，与本体论方面的理由——认识论，为说明概念的形成，有两个同实异名的学说：一是“分取说”，一是“包含说”。“分取说”认为，“特殊概念，分取普遍概念”，是一个定律，违犯这个定律，概念无法形成：人的知识和思想便都无从产生。依此定律去观察，各级物类的类名定义都是低级分取高级；高级分赋于低级。（参看注⑳类谱，可以明见）例如：范畴名的意义，每个部分取物大公名的意义。每个范畴以内，各低级类名的定义，分取所有各高级类名的定义。反过去说：各高级类名所指的意义，都分别禀赋在各低级类名的定义中：是低级定义构造中所缺之不可的成分。例如在实体范畴内，“人”的类名定义是“理智动物”，分析起来，这个定义内，包含人类以上各高级类名的定义：“人是有觉性与运动的生物”；因为“动物都是如此”。人是“有生活的形体”，因为，“生物都是如此”。人是“有物质的实体”，因为“形体都是如此”。人是“有生存自立的物体”，因为“实体都是如此”。足见“人”的定义中，包含着各高级物类类名的定义：这是自然而必然的；并且有等级和不可移易的秩序：人是有生存自立、有物质、有生活、有觉性与运动，又有理智的实体；简言之：人是理智动物。

“包含说”，不是别的，正是主张：低级类名包含各高级类名的定义：依据上述自然而必然的次序。这两个学说，是一个学说然而名辞不同，历史的意味不相同，一是渊源于古代的柏拉图，一是出现于中古世代；但两者的内容只就概念形成而论，完全没有分别；都是主张低级类名概念，经过中级类名概念，包含高级类名概念：就是分取高级类名概念。这个自然的概念关系，用“是”字传达出来，正是天法元式：“人都是动物，动物都是形体，故此，人都是形体”，欲思人，不得不思形体，因为欲思人，不得不思动物，而欲思动物，不得不思形体。反过去说：高级概念，必须经过中级概念，分赋于低级概念：用“在”字表达出来，正是“形体在动物，动物在人，故形体在人”：“在”即是“寓在”，“赋在”，“包含在……定义内”的意思；也是天法元式：不论是正说反说：“**高级包含在低级**”，或“**低级包含高级**”，必定经过中级。这个必然性，乃是“三段论法结论必然性”的根基。那么，议论形式，和以上“分取定律”，或“包含定律”，直接符合者，是最显明而确实的形式：称谓完善论式。换言之：和概念相包含的自然秩序相符合的论式，是完善论式。现在进一步谈，天法元式是如此，亨式也是如此：因为亨式只是加用“否定辞”，说明：“低级包含中级，而中级不包含高级，则低级无法包含高级”。例如：“人都是动物，而动物都不是石头，故人不是石头”。“否定辞”

的加入，不妨害概念秩序的自然和必然，故仍是完善论式。天法“利、贞”两式，也是完善论式，“利”和“元”，“贞”和“亨”，前后相较，分别只在“特称”和“全称”。这个分别，不足以减低概念秩序的自然和必然，也不能蔽塞议论步骤的明晰，就是不扰乱议程，直线进行，由一端，经过中级，贯通到另一端的贯通性。将天法亨式和地法亨式相比较，便立刻发现：地法亨式的议论步骤，不是直线逐步顺序进行：而是屈线回旋进行。回旋而不直进，故欠通顺：不能是完善论式。天法：用“在”字，直线进行，“由高而中，由中而低，故由高而低”。用“是”字，“由低而中，由中而高，故由低而高”。直进通顺而明显。地法，用“在”字，“由上而中，由下而中，故由上而下”；或用“是”字，“由中而上，由中而下，故由下而上”：都是屈线回旋进行，和概念秩序、自然的路线不相合，故欠明显：必须将屈线改成直线，才能表现其内在的确实性。例如：用“人”作中辞：

人都是动物	中上	动物在每人	上中
无人是石头	中下	石头不在任何人	下中
故无石头是动物	下上	动物不在任何石头	上下

这是地法亨式，改成“直线顺进”的形式如下：

“无石头是人，人都是动物，故无石头是动物。”或用“在”字，反说：

“动物在每人，无人在任何石头，故无动物在任何石头”。便改成了辞通而理顺的天法亨式：是完善论式之一。详见地法论式（下注）。

本体论方面，各级物类的定义，指示各级物类的性体。低级物类的性体中，包含各高级物类的性体：自然的秩序，也是低级，经过中级，包含高级。所谓性体，乃是物性的本体，及其实有的内在成分（回阅注①内九号）。低级物性的本体，不先具备各高级物性本体所有的成分，不能建立起来。这里所谓的高低，仍依注⑳类谱内类级的高低为标准。如此，“人”是最低的类，人性的本体中，具备各高级物性本体必备的成分。反过去，以生存程度为标准，人是万物中的至灵和至贵，故是动物中的最高等，在本体中，包含各下级物类必备的成分和才能。人产生时，所遵循的次第，也是自然而必然的，逐步直线前进，不越级，不回旋：例如人生时，先生形体，后生植物性的生活，再生动物的知觉，运动；最后才生成理智全备的人：人的本体，发育生长的过程，从母胎以至成熟，逐步上升，次第确是如此。人欲是动物，必先具备形体和植物性的种种生力。这是人本体形成时必须经过的步骤。既知人是动物，则知人是生物，因为动物都是生物。死物不能是动物，也不能是人。在这里，动物是中辞，证明人是生物。人在本体上，必经过动物而包含生物的生活；故，在议论时，既知人是动物，又知动物是生物，则知人是生物。如此，议论的次序，和本体的次序相合，则论式是完善论式。

总结以上所说，认识论指明的“概念秩序”，符合本体论指明的“本体秩序”；都是从高级经过中级，达到低级：逐级顺序，直线进行。论式的议论程序分两种，一是符合概念和本体的秩序、直线进行；无论是逐级，或是越级，只要是从高级，经过中级，贯通到低级，直线的表达出来，都是完善论式。另一种是屈线，回旋进行，即便有效，都是不完善论式：因屈线回旋的议程，和物本体直线进行的次第，不相符合：因此，思路有欠通顺。论式完善或不完善，互不相同的理由，就是在此。（比较附录五举出的图表）

语法和文法方面的理由——语法的秩序，是将声音作符号从口中说出来，在时间上，排成先后不同的次第。语言是用声音的屈折变化作符号和工具，传达心内的思想。文法的秩序，是用笔墨线条的屈折变化，作符号和工具，写在平面上，在空间排列成直线，呈现前后不同的次第。笼统说起来，语法和文法的秩序，是“物质符号传达思想，在空间或时间里，所排列的次第”：简言之：即是“符号秩序”，或“语文秩序”。依“语文秩序”而论，天法元式是完善论式；因为亚里找到了“在”字语法，用语文直线进行的形式，传达逻辑思想直线进行的形式；恰巧和认识论的“概念秩序”，和本体论的“本体秩序”正相符合。说到这里，需注意，同一的“逻辑秩序”，可以用许多不同的“语文秩序”表达出来。它们都合乎文法和语法，同时也合乎逻辑，但只是在“通顺明晰”的程度上，互有高下的差别：因为有些是屈线迂回，转弯摸角；有些却“直截了当”，顺序道明。就拿天法元式来举例：同一论式，有同一逻辑完善的秩序，可以用以下这许多不同的语法说出来：

一、既然人都是动物，动物又都是生物，故此人都是生物。

二、既然生物在动物，动物又在人，故此，生物在每人。（“在”指“某物性寓在于某主体以内”）

三、人都是生物，因为动物都是生物，而人又都是动物，故此。

四、既然动物都是生物，故此人都是生物，因为人都是动物。

五、既然人都是动物，故此人都是生物，因为动物都是生物。

六、既然动物都是生物，人又都是动物，故此，人都是生物。

七、是动物而非生物者，无有也，同时，人而非动物者无有也。故此，人而非生物者，无有也。（参看注①，及附录四，舒露德符号论式）

八、动物是生物中的一类，故此，人是生物中的一种，因为，人是动物中的一种。

九、（还有许多其他变化奇出的形式，此间不一一备述。参考附录五）

比较上述八种语法，各自有不同的“语文秩序”，但背后的论式是一个：即是“天法元式”。在这八种语法之中，只有第一、第二和第六被历史认为是“完善语法”。严格说来：只有第二种是“完善语法”：和类谱由上而下的直进形式完全符合。第一种是第二种的“倒装语法”：用“是”字，倒说“在”字，又将大小前提倒置。第六种也是第二种的“倒写”，用“是”字，但未颠倒大小前提的位置。第二种，用“在”字指示高级类性“寓存在”低级物类性体之中；是亚里逻辑的术语，不是普通日用的“语法”，但术语的巧妙，正足以指明宾主关系，直线贯通三辞的贯通性：因为：“宾辞的宾辞是主辞的宾辞”：“生物是每个动物的宾辞，动物是每人的宾辞，故此生物是每人的宾辞”。两相印证，只是第二种语法和这“宾主关系贯通律”的“符号秩序”，恰相符合：这就等于说：只是第二种语法是完善语法；比较其他各种语法，更为完善，更为直捷、通顺、明晰。那么，为什么理由，天法元式是完善论式呢？就是因为只有它，能用这样“完善的语法”传达出来：换言之：因为它的“符号形式”特别完善。总结上述一切：“概念秩序完善”、“本体秩序完善”、“符号形式的秩序完善”，是“天法元式”完善的理由。天法其余三式，分享元式这个完善的特性：都是完善论式。

逻辑学的任务，是寻找出“符号形式完善”的语法，传达概念秩序和本体秩序完善的论式：**必使语法符合论式，论式符合概念，概念符合本体而后止。**

为摆脱语文的障碍，近代形式逻辑，步武亚里后尘，采用符号形式，构成符号逻辑的系统，为表达逻辑思想的次第和规律。因此，形式逻辑特别注重符号排列的形式：时间和空间排列的形式有许多；其中，有一些和逻辑形式的次第，更相符合。形式逻辑的目的和任务，主要固然是研究逻辑思想的形式，但其次要目的，是研究“物质符号排列的形式”。思想通顺，必须用“符号形式的通顺”传达出来。亚里“完善论式”的特殊贡献，便是指出了“物质符号排列形式”的完善：“既然甲在乙，乙在丙；故甲在丙”：完善通顺至极。

附志：科学方面的理由：科学性的知识，用明证法证出结论，是用天法元式，从物性本体的定义，证出某物必有的本体情况或特性。凡是“**明证法**”的论式，是天法的完善论式。明证法的明确性，是完善论式所独有的特性。参看亚里《分析学后编》，专论“明证法”。

第五章　地法论式

㉛论第二论法：即是“中辞宾宾法”，简名“**宾宾法**”，译名“地法”。详见注⑮，号五。亚里的排列形式：中大小，或中首尾，或丑午寅。意思是说：大前提：丑在午，小前提：丑在寅，结论：午在寅。详见下注。

㉜同上。附论式图如下：

地法论式图

论式＼论法	1	2	3	4	5	6	7	8	9	10	11	12	13	14	15	16
		亨		有	亨					贞			无			
午　丑	盈	无	有	亏	盈	无	有	亏	盈	无	有	亏	盈	无	有	亏
寅　丑	盈	盈	盈	盈	无	无	无	无	有	有	有	有	亏	亏	亏	亏
寅　午		无			无					亏			亏			
弱　式		↓亏			↓亏											

除“亨、亨、贞、元”以外，余皆无效。

地法六式表

一、亨无盈无，前提换无。

二、亨无盈亏，换无生亏。

三、亨盈无无，亏盈换无。

四、亨盈无亏，移换生亏。

五、贞无有亏，归天换无。

六、元盈亏亏，反证归天。

（七、贞盈亏亏，换质换无。）

地法规则

一、一前提否定。

二、大前提全称。

三、结论:“无”或“亏”。

理由:

一个前提需是否定,为使中辞至少一次“指整”;同时不可两个前提都是否定。结论必是否定,或“无”,或“亏”:因此,大辞,即是结论的宾辞,必是“指整”。那么,大前提主辞也需要“指整”:非是全称不可。否则结论“夸大”无效。(参考附录一~三,论式中西对照表及图表)

图解“亨无盈无”,“亨盈无无”,及弱式“亏”:

亨	地法	天法	地法	亨	式
无午丑	无午是丑 ←	无丑是午 ↘↖	每寅是丑	盈寅丑	
盈寅丑	每寅是丑 ——	每寅是丑 ↗↙	无午是丑	无午丑	强
无寅午 ↓	无寅是午	无寅是午	无午是寅 ↓	无午寅 ↓	
亏寅午	某寅非午	某寅非午	亏午是寅	亏午寅	弱

图解“贞无有亏”:

贞	天法	地法	贞
无丑午	无丑是午 ←→	无午是丑	无午丑
有寅丑	某寅是丑 ——	某寅是丑	有寅丑
亏寅午	某寅非午	某寅非午	亏寅午

图解“元盈亏亏”:用反证法:

元	地法	天法	元
一、盈午丑	每午是丑 ——	四、每午是	盈午丑
二、亏寅丑	某寅非丑 ↘↗	五、每寅是午	盈寅午
三、亏寅午	某寅非午 ↙↖	六、每寅是丑	盈寅丑

上图释义一:用反证法,证明地法元式,结论真实。议程

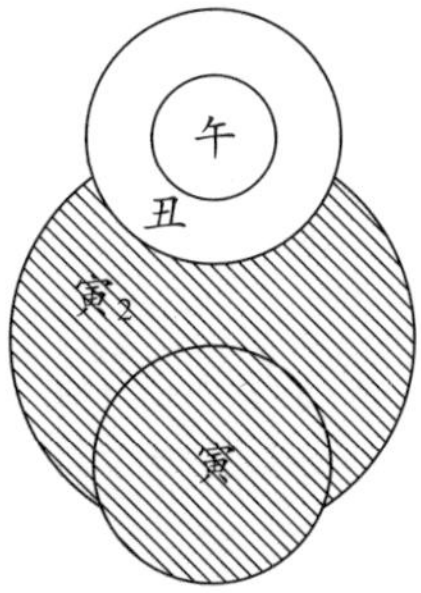

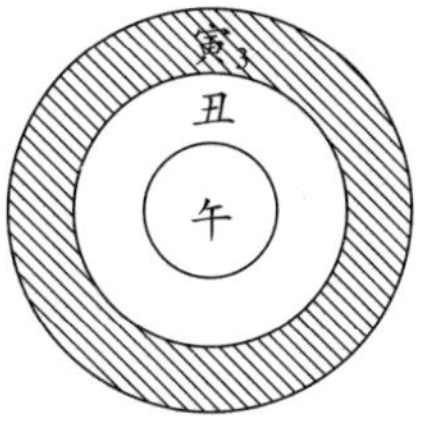

如下：三号“亏寅午”，真实，因为一号和二号两前提真实。承认了那两前提真实，必应承认三号结论真实。假设不肯承认三号真实，则必须承认五号真实。依定律：“亏假盈必真”（注①、十七）。五号真，四号和一号相同，也真，则六号结论“盈寅丑”，必定应是真的；因为是天法元式：论式完善，结论明确。六号真，则二号不复能是真的：依定律“盈真亏必假”。但“六号真”是不可能的：因为二号假是不可能的。二号是原有的前提：已经是被承认的真理。二号必真，则六号必假。结论假，则前提两个之中，必有一假；不是大前提四号，因为它是原来已经承认的大前提，和一号相同；故此只得是小前提：即是五号“盈寅午”是假的。五号假，则三号原有的结论，必须是真的：“盈假亏必真”。三号“亏寅午”，故此，是真的。此乃是由“假设三号假”反倒证实了三号必真：所用的论式是天法元式。参看注㉒⓪，特别注意注⑤至注⑧的反证程序。详看注㊵。

上图释义二：用反证法证明地法元式有效，是证明前提和结论间，有必然的“引随关系”：证明“形式构造合乎宾主关系”，和各论句内容的“真假问题”，全不相干。目的只是证明“结论必然”，不是证明结论真实。议程如下：既然承认午在丑类以内，又承认某寅不在丑类以内，则必须承认，某寅不在午类以内。假设必欲说“寅在午内”，则不复能保持“寅不在丑内”的原议：因为，依照原议，“午在丑内”。那么，假设“寅在午内”则寅必在丑内。不复能是“某寅不在丑内”。故此，如欲保持原先已经承认的前提，承认“午在丑内，而某寅不在丑内”，则必

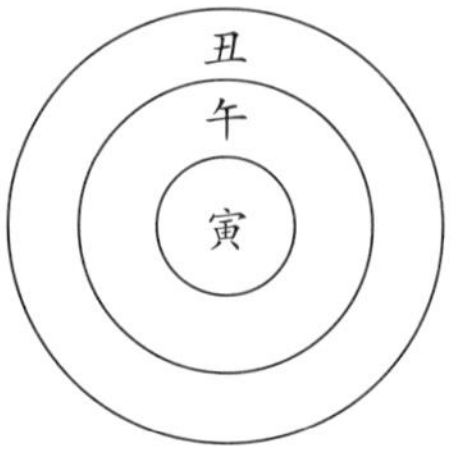

须保持原有的结论：“某寅不在午内”。“寅、丑、午”，依原有前提的假设，彼此有类界大小相含或不相含的关系；因此假设，必生出“午不包含某寅”的结论。三辞类界相关的形式，必须构成这样的论式，并证出这样的结论。至于前提的“假设”，是真是假，与“论式有效”的问题全不相干：因“寅、午、丑”三字，都是空洞的符号，不必指示内容的真假。举例如下：

一、既然凡是生物都是飞鸟（假）——四、凡是生物都是飞鸟（假）

二、同时有些燕子不是飞鸟 ╳ 五、凡是燕子都是生物（真）

三、故此，有些燕子不是生物 六、故此，凡是燕子都是飞鸟

上例，一至三，句句假。但论式有效，结论必然。假设承认了前提，则必须承认结论。不承认结论三号，则必承认五号。联合四号，必生出六号：和二号适相矛盾。那么，四号至六号，论式有效，结论必然。大前提四号虽然是假的，仍不妨碍论式有效，并且证出了真实的结论。足见论式的有效无效，和论式内各句的真假，全不相干。那么，本处，反证法，所有的主要目的，是证实论式有效，结论必然，不是争论，结论的真假。惟需注意：论式有效时，前提假，结论未必假；但前提真时，结论必然真。逻辑理证的用途，就是保证这一点。详看注(239)至(264)，论式有效时，前提真假的配合。

反证法，背后依靠的定律：详见注⑤，特志。参看(283)。

图解贞盈亏亏，换质换无：地法改归天法：

贞	地法：换质：“盈”换成“无…非…”	天法：丁代表“非丑”：贞
盈午丑	每午是丑←→无午非丑←→无一“非丑”是午	无丁午
亏寅丑	某寅非丑——某寅非丑——某寅是一“非丑”	有寅丁
亏寅午	某寅非午　　某寅非午　　某寅是一“非午”	亏寅午

附志：换质法略说。

加用否定词，改换句式，否定和肯定互相改换，但不改变句义这样的改换方法，叫作“换质法”。改换论句肯定或否定的性质，仍存论句的原义。兹将符号公式列表如下，然后加以语法的解释。

换质的符号公式：

一、盈午丑：无午非丑：非有午非丑：非亏午丑。

二、无午丑：盈午非丑：非有午丑：非亏午非丑。

三、有午丑：非无午丑：非盈午非丑：亏午非丑。

四、亏午丑：非盈丑午：非盈午非丑：有午非丑。

语法解释以上公式：

一、每午是丑：无一午不是丑：不是有午不是丑。

二、无一午是丑：每午不是丑：不是有午是丑：不是有午不是非丑。

三、有午是丑：不是无午是丑：不是每午不是丑：有午不是非丑。

四、有午不是丑：不是每午是丑：不是无午不是丑。

赘加：一、盈午非丑：每午非丑：非有午是丑：非有午非非丑。

二、非盈午非丑：非每午非丑：非无午是丑：有午非非丑：有午是丑。

三、非盈午丑：非每午是丑：非无午非丑：有午非丑。

换质规则：

一、矛盾换质：量词前加否定词：量前加“非”。

二、冲突换质：量词后加否定词：量后加“非”。

三、零整换质：量词前后并加否定词：量前后加“非”。

四、偏差换质：同于二：量后加“非”。

换质规则图一：

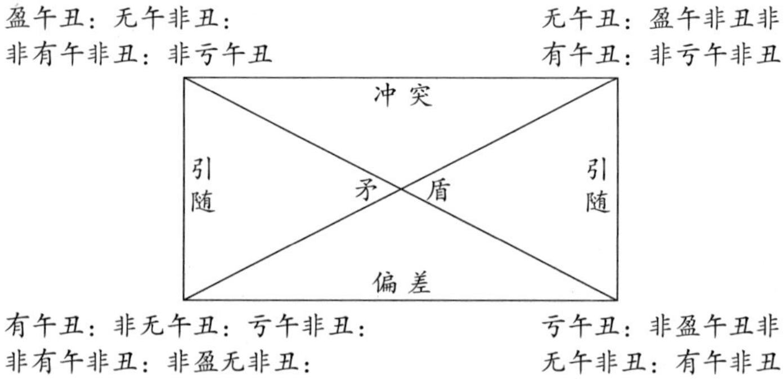

换质规则图二：

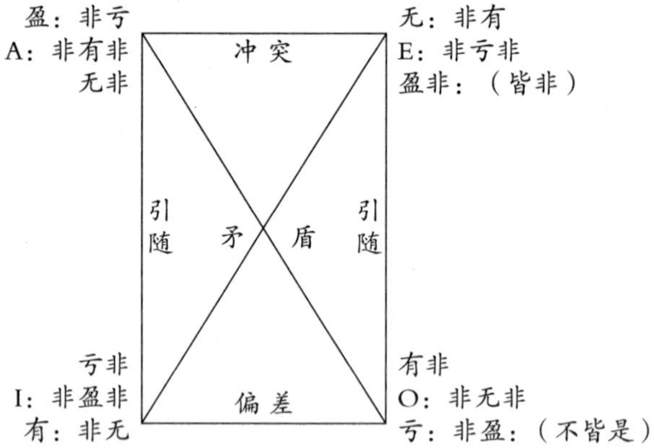

西文符号：

Abc → EbNc → NIbNc → NObc

Ebc → NIbc → NobNc → AbNc

Ibc → NEbc → NAbNc → ObNc

Obc → NAbc → NEbNc → IbNc

换质规则图三：

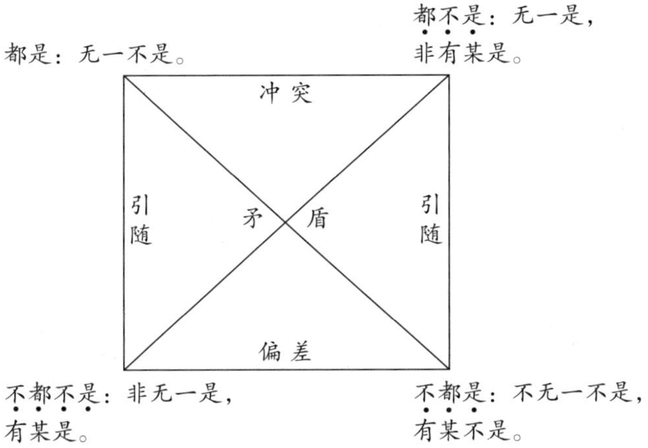

㉝地法六式，不是完善论式。都是由天法、元亨利贞、四完善论式，推演而来，并都需要证自这天法四式，或用换位法，或用换质兼换位法，或用前提移置兼换位法，或用反证法，详见前注。亨式“无盈无”及“盈无无”，证自天法亨无盈无，详见前注图解。

㉞亨盈无无，详见㉜注图解。

㉟详见注㉜图解。

㊱补证法，实例见于图解，由注㉜图解亨一、至图解六元等等。

㊲“盈盈”无效：

大	盈寅丑	每寅是丑（零）	每动物是实体，
小	盈午丑	每午是丑（零）	每{人 数目}是实体，
结	(盈 有) 午寅	每 某 午是寅：无效	每{人是动物。 数目不是动物。

上式违反公律第二。违犯地法规则第一。参看地法论式图，注㉜。

㊳“无无”论式无效，例证：

大	无寅丑	无一动物是线	无一动物是线
小	无午丑	无一人是线	无一石是线
结	无午寅 ↓	无一人是动物 ↓	无一石是动物 ↓
弱　式	亏午寅	某人不是动物	某石不是动物
真理：盈午寅		人人是动物	无石是动物

㊴贞无有亏：

地法	天法	地法	天法
无寅丑 ←→	无丑寅	无寅是丑 ——→	无丑是寅
有午丑 ——→	有午丑	有午是丑 ——→	有午是丑
亏午寅 ——→	亏午寅	某午非寅 ——→	某午非寅

参看注㉜论式图，贞无有亏及图解。

㊵元盈亏亏反证法：

盈寅丑 ——————→ 盈寅丑→盈寅丑

亏午丑—反—盈午丑 ↗ 盈午寅 ＼ 反 ／ 亏午丑

亏午寅—反—盈午寅 ↘ 盈午丑 ／ ＼ 亏午寅

参考注㉒⓪。

反证“元式”的另一形式：

一、盈寅丑 = 每寅是丑　　（大前提）

二、亏午丑 = 某午非丑　　（小前提）

三、亏午寅 = 某午非寅　　（地元式结论，一、二）

四、盈午寅 = 每午是寅　　（假设三号错误）

五、盈寅丑 = 每寅是丑　　（一号前提如故）

六、盈午丑 = 每午是丑　　（天元式结论必然，四、五）

七、非盈午丑＝非每午是丑　（六号随句错误，相反二号）

八、非盈午寅＝非每午是寅　（六号随句错误，四号引句必错）

九、必亏午寅＝必某午非寅　（四号错误，三号必真）

参看注㉜，论式图及（六元）图解。参看注①，十七号，盈错亏必真。（盈假短歌）参看注⑳。

㊶地法，元盈亏亏：

地元式	例一	例二
盈寅丑	每寅是丑	每寅是丑
亏午丑	非每午是丑	某午非丑
亏午寅	非每午是寅	某午非寅

例一、例二，名异实同，反证法相同，见前。

㊷地亏盈亏，无效。

亏寅丑	某寅（零）非丑	实体 某　　不是动物 白物
盈午丑	每午是丑	每只乌鸦都是动物
亏午寅	某午非寅（整）	实体、（错） 某只乌鸦不是 白的、（真）

上式无效，违犯公律第七。参看注㉜。

㊸地、有无亏，无效。

符　号	语　法	辞　　例
有寅丑	某寅是丑	某实体（零）是动物
无午丑	无午是丑	单位 无　　是动物 学识
亏午寅	某午非寅	单位不是实体（整）、（错） 某 学识不是实体（整）、（真）

上式无效，违犯公律第七：指零为整。

注意：无效论式产生“时真时错”的结论。有效论式的结论常真，只要前提不错。

㊹“地无亏”无结论。

例一符号	语　法	辞　　例
无寅丑	无寅是丑	无雪色黑
亏午丑	某午非丑	某动物不色黑
亏午寅	某午非寅	某动物非雪。结论一
无午寅	无午是寅	无动物是雪。结论二
盈午寅	每午是寅	（无例）结论三

上式结论第三，无效，但无辞例来证明。理由如下，小前提亏午丑，暗含两个意思：一是亏午丑，一是有午丑。不论哪一个意思，都不能证出盈午寅。例一：

一、无寅丑	无寅是丑	（大前提原题）
二、有午丑	有午是丑	（小前提假设）
三、盈午寅	每午是寅	（结论假设）
四、无午丑	无午是丑	（一、三两者的结论）

四号的结论和二号的假设互相矛盾。故不可取。它是三号的随句。随句不可取，则引句不可取。引句是“盈午寅”，故“盈午寅”不可取。不用辞例，只用此反证法证明它无效。例二：

一、无寅丑	无寅是丑	（大前提原题）
二、亏午丑	某午非丑	（小前提假设，暗含“有午丑”）
三、盈午寅	每午是寅	（结论假设、引句）
四、无午丑	无午是丑	（一、三必生的结论）

四号结论，不暗含“有午丑”，和“亏午丑”相反，故不可取。

四，随三，四不可取，三也不可取，故“盈午寅”不可取。

例三：假设“亏午丑”是“无午丑”的含蓄，并是它的随句。它不暗含“有午丑”的可能。那么：

符号一	二	辞例一	二
一、无寅丑	无寅是丑	无一动物是线	无一动物是线
二、无午丑	无午是丑	无一人是线	无一石是线
三、盈午寅	每午是寅	每人都是动物	每一石是动物

上式无效，明见于辞例。参考注㊳。假设“无午丑”真时，构成的论式，既然无效如上：那么，“亏午丑”既是“无午丑”所包含的一部分，所以用“亏午丑”构成的论式，也是无效。这个理由的证明力，不十分强劲，但是亚里所屡用。最强的理由，还是因为它这样的论式，违犯公律第三：两前提都否定时，论式无效。

㊺同上，例三。

㊻“地盈有”无效。

符号公式	语法公式　辞例
盈寅丑	每寅是丑→每雪色白
有午丑	某午是丑→某石色白
有午寅	某午是寅→某石是雪：（错误）

真理：无午寅→无石是雪

错误：盈午寅→（无例）

上式无效，违犯公律第二。中辞丑，至少一次需指整。此处两次指零，故无效。参看注㊲：“地盈盈”无效，“盈”生“有”含“有”，故“地盈有”也无效。

㊼“地亏无”无效。

亏寅丑	某寅非丑	某动物不白
无午丑	无午是丑	乌鸦 无　　色白 石头
无 午寅 盈	无 午是寅 每	无乌鸦是动物 每一石头是动物

上式结论依真理应是“无一石是动物”，和“每只乌鸦都是动物”。论式如此，结论能真能错故无效。违犯公律第三。

㊽“地有盈”无效。

有寅丑	某寅是丑	某动物色白
盈午丑	每午是丑	每{鹅 雪}色白
盈 午寅 无	每 午是寅 无	每{鹅 无{石}是动物

违犯公律第二。

㊾以下六式，都无效。

论式 地法		1	2	3	4	5	6	辞例一	辞例二
寅	丑	盈	无	有	亏	有	亏→	动物—白	动物—白
午	丑	有	亏	有	亏	亏	有→	人—白	无灵—白
午	寅	———	———	———	———	———	——→	人—动物	无灵—动物

以上六式，加上“无限定论句”的论式，都是无效式。

一、“盈有”，“有有”，两式违犯公律第二。

二、“有有”，及其他，都违犯公律第四。

三、“亏亏”，违犯公律第四兼第三。详见注㉜，及注⑮，号九。

第六章　人法论式

⑤⑩人法中辞主主法。人法论式图：

论式 人法	1 2 3 4 利贞利元	5 6 7 8	9 10 11 12 利 贞	13 14 15 16
午——辰	盈无有亏	盈无有亏	亏 无 有 亏	盈 无 盈 亏
午——巳	盈盈盈盈	无无无无	有 有 有 有	亏 亏 亏 亏
巳——辰	有亏有亏		有 亏	

人法格式——“辰和巳同在午，故辰在巳”，意思是说“午是辰又是巳，故有巳是辰”。亚里用上式，常谈用下式。依上式的构造，午是中辞，辰是大辞，巳是小辞。详见注⑮，五号。

人法规则——一、小前提应是肯定，或盈，或有（否则结论必指零为整，故无效）。二、结论必是特称（理由同上）。故结论只能是或“有”或“亏”。

人法论式——只有“利、贞、元”三种。三利、两贞、一元，共六式。只此六式有效，都是不完善论式，或来自天法完善论式，或证自天法论式。只有特称句作结论，或“有”或“亏”，除此有效六式以外，其余十式都无效。（参考附录一至三，论式图表）

⑤①同上，人法格式。

⑤②“人、利盈盈有”有效。

图解如下：

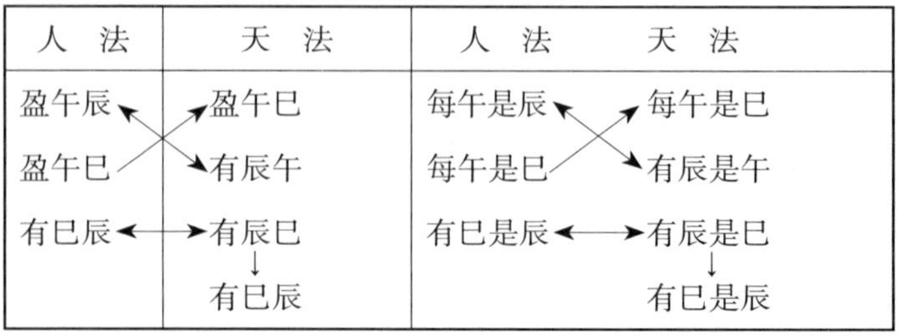

同式简图：

人　法	天　法	人　法	天　法
盈午辰 →	午辰	每午是辰 →	每午是辰
盈午巳 ↔	有巳午	每午是巳 ↔	有巳是午
有巳辰 →	有巳辰	有巳是辰 ↔	有巳是辰

同式证以反证法：

一、盈午辰	每午是辰	（大前提）
二、盈午巳	每午是巳	（小前提）
三、有巳辰	有巳是辰	（结论）
四、无巳辰	无巳是辰	（假设三号错误）
五、无午巳	无午是巳	（一、四地亨盈无无）
六、非无午巳	非无午是巳	（五号错误，违反二号）
七、非无巳辰	非无巳是辰	（五号随句错，四号引句必错）
八、有巳辰	有巳是辰	（四号错，三号必真）

参看前面注㊵，及注㉒⓪。

同式证以指解法。

指解法，也叫“喻法”，又叫例证法，指出实例，晓喻前提，证明结论。人法的“利盈盈有”，本来就是一个“喻法定律”。详见下注。参考下卷章二十四。

㊸“喻法定律”，及“指解公式”

长式：

一、盈午辰	每午是辰	（大前提）
二、盈午巳	每午是巳	（小前提）
三、有巳辰	某巳是辰	（结论）
四、盈寅午	每寅是午	（喻，午类中有寅）
五、盈寅辰	每寅是辰	（一、四结论）
六、盈寅巳	每寅是巳	（二、四结论）
七、有巳寅	有巳是寅	（二、四结论换位）
八、有巳辰	有巳是辰	（五、七号结论，证实三号）

参看注㉟⑥。

短式：

盈午辰	每午是辰	每石都硬
盈午巳	每午是巳	每石都白
有巳辰、（寅）	有巳是辰、（寅）	有白物硬，例如玉

喻：实例：有寅午，寅巳，寅辰：有寅是午，并是巳又是辰。参看注㊾。

㊹人无盈亏证自天无有亏。

人法			天法
无午辰	无午是辰 ⟶	无午是辰	无午辰
盈午巳	每午是巳 ⟵⟶	有巳是午	有巳午
亏巳辰	有巳非辰 ⟶	有巳非辰	亏巳辰

同式可以证自反证法：

一、无午辰	无午是辰	（大）
二、盈午巳	每午是巳	（小）
三、亏巳辰	有巳非辰	（结）
四、每巳辰	每巳是辰	（假设，三号错）
五、有午巳	有午是巳	（二号换位）
六、有午辰	有午是辰	（四五结论）

七、非有午辰	不是有无是辰	（六和一，矛盾，六“有假”）
八、非每巳辰	不是每巳是辰	（四号“盈假”）
九、非巳辰	有巳不是辰	（三号“亏必真”）。

参看注㉚。

55

盈午辰（零）——每午是辰 无午巳——无午是巳 无巳辰（整）——无巳是辰	每人是动物 无人是马 无马是动物	每人是动物 无人是无灵 无无灵是动物
	每马是动物	无无灵是动物

56人法，“利有盈”，或“利盈有”，都有效。参看注50，论式图。详见下注。

57利有盈有，有换盈移：

有午辰——有午是辰 盈午巳——每午是巳 有巳辰——有巳是辰	每午是巳——盈午巳 有辰是午——有辰午 有辰是巳——有辰巳
	有巳是辰——有巳辰

上式，“有午辰”，宾主换位，换成“有辰午”，移作小前提。“盈午巳”，移作大前提，即是天法论式，“利盈有”。结论是“有辰巳”，宾主换位，乃得“有巳辰”。所谓“利有盈有，有换盈移”，就是这个意思。

58利盈有有，有仍换有。

盈午辰——	每午是辰→	每午是辰——	盈午辰
有午巳——	有午是巳↔	有巳是午——	有巳午
有巳辰	有巳是辰	有巳是辰	有巳辰

参看注㊸及㊹，“反证法”与“指解法”。

㊾元亏盈亏，反证指解。

一、亏午辰——有午非辰　　（大）

二、盈午巳——每午是巳　　（小）

三、亏巳辰——有巳非辰　　（一二结论）

四、盈巳辰——每巳是辰　　（假设三号错误）

五、盈午辰——每午是辰　　（二四结论）

六、盈午辰、假　　（五号随句，错误，和一号互相矛盾）

七、盈巳辰、假　　（四号引句必错）

八、亏巳辰、真　　（四号盈假，三号亏必真）

以上是“元亏有亏”的反证法。参看注㉚。其“指解证法”如下：

㊿指解，或“例证”，也叫作“喻”。参看前注㊸，及注356。

亏午辰——有午非辰	有马非白
无午巳——每午是巳	每马是兽
亏巳辰——有巳非辰	有兽非白
喻：寅——喻：寅	喻：邻马非白

61

一、盈午辰——每午是辰	每兽有灵
二、亏午巳——有午非巳	有兽非人，（每人是兽）
三、亏巳辰——有巳非辰	有人非有灵
四、盈巳辰——每巳是辰	每人（实）有灵

（三、四）}结论矛盾

上式违犯公律第七。

㊷

一、盈午辰——每午是辰	每午是辰	每午是辰
二、亏午巳——有午非巳——→	无巳是午（不可能）	有巳是午
三、亏巳辰——有巳非辰	有巳非辰	有巳是辰
四、无巳辰——无巳是辰	无巳是辰（不可能）	有巳是辰

上式，无辞例可取。因为不能从“有午非巳”，得出“无巳是午”的假定来。反之，“有午非巳”，常暗含“每巳是午”的可能。假定的论句，既无逻辑的可能，便无实有的可能。故无实例可取。凡是辞例在亚里书中，都是指示实有界的事例。参看注㊹。

㊸上式证自“无限定证法”：

盈午辰	盈午辰
亏午巳←——	无午巳
亏巳辰←——	无巳辰

假设“亏午巳”，本是来自“无午巳”。那么“盈午辰，无午巳”，既是无效，则“盈午辰，亏午巳”，也是无效，“亏午巳”的无限定性，能指：“无午巳”，和“无巳午”。“盈午辰，无午巳”的论式无效，证明见前，注㊺。这个“证明”的效力是有限止的。参看注㊹。

㊹贞无有亏，换有得有。

无午辰——无午是辰——无午是辰——无午辰

有午巳——有午是巳←→有巳是午——有巳午

亏巳辰——有巳非辰　　有巳非辰——亏巳辰

⑥5

有午辰——有午是辰（零） 无午巳——无午是巳 亏巳辰——有巳非辰（整）	某野物是动物 无野物是人 有人不是动物	某野物是动物 无野物是知识 有知识不是动物
此式违犯公律第七	每人是动物	无知识是动物

⑥6

亏午辰 无午巳 亏巳辰	有午非辰 无午是巳 有巳非辰	某野物是动物 无野物是知识 某知识不是动物 无知识是动物	某野物是动物 无野物是人 某人不是动物 每人是动物
违犯公律第三			

⑥7同样违犯公律第三。

例一、有辞例如下：

无午辰 亏午巳 亏巳辰	无午是辰 有午非巳 有巳非辰	无白物是乌鸦 有白物不是雪：（无雪不白） 有雪不是乌鸦
无巳辰	无巳是辰	无雪是乌鸦

例二、无辞例可取：

一、无午辰	无午是辰	
二、亏午巳	有午非巳——➤有巳是午	（暗含）
三、亏巳辰	有巳非辰	
四、盈巳辰	每巳是辰（不可能）	（假设、引句）
五、有午辰	有午是辰（不可能）	（二四结论、随句，违犯一号大前提）

参看注⑥3。无限定证法。

⑱同上。

⑲公律第四：两前提都特称时，论式无效。依照注㊿论式图，排列三辞即可看得明白。

第七章　三种论法合观

⑦⓪换位论式举例：

天法		
盈乙甲 无丙乙 无丙甲	盈乙甲 无丙乙 亏甲丙	无乙丙 有甲乙 亏甲丙
无效	有效	有效

物法、贞
无丙乙
盈乙甲（有）
亏甲丙
有效

上式，原位无效，换位有效。天法上式如此，余式，满足亚里所指明的条件，也都有效。地法、人法，也是如此。参看注⑮，第十二号，天法换位论式图。和注⑲⓪，物法“贞无盈亏”式，相比较。同时注意物法贞无有亏。

⑦①反证论法，用天法的论式参看注⑤②，人法，“利盈盈有”的反证法；注⑤④，人法，贞无盈亏，反证法；并参看，注⑤②，注④⓪，注②③⓪。

⑦②地法亨式，证天法利式，用反证法：

一，盈乙甲	每乙是甲	（大）
二、有丙乙	有丙是乙	（小）
二、有丙甲	有丙是甲	（结、天法）
四、无丙甲	无丙是甲	（假设三号假：有假无必真）
五、无丙乙	无丙是乙	（一、三结论，地法）
六、无丙乙、假	无丙是乙、假	（二号）
七、无丙甲、假	无丙是甲、假	（四号，五号，六号）
八、有丙甲、真	有丙是甲、真	（七号，“无假有必真”）

⑬地法亨式，证实天法贞式，用反证法：

一、无甲	无乙是甲	(大)
二、有丙乙	有丙是乙	(小)
三、亏丙甲	有丙非甲	(结、天)
四、每丙甲	每丙是甲	(假设，三号假)
五、无丙乙	无丙是乙	(一、四、结、地)
六、无丙乙，假	无丙是乙、假	(五、二)
七、每丙甲，假	每丙是甲、假	(六、五、四)
八、亏丙甲、真	有丙非甲、真	(三、七，盈假亏真)

⑭论式约尽歌诀

“约尽”是将一切论法和论式，都约归天法、元亨利贞、四原位论式。约尽用的步骤，主要是“移”“换”两字。“移”是大小前提移调位置。“换”是论句内，宾主换位。其次，间或加用“零整律”，由整知零的推演法。“约尽”的意义是“补证”：即是说：换位，换式，换法，补充证明某结论的必然。详见，注⑮至注⑩，各论式图解。注⑪至注⑬，反证法的详解，也是为说明“约尽”的另一形式。天法换位论式，换位歌诀，便是约尽歌诀。见注⑮，表二。地法约尽歌诀，见注㉜，地法六式表。

人法诸论式，“约尽歌诀”，散见前面各注，汇聚一齐，全歌如下：

人法论式约尽歌诀：

*一、利盈盈有，盈盈换移	详见注52
二、利盈盈有，盈换得有	同上
*三、利盈盈有，反证归元	同上
*四、利盈盈有，喻指可证	详见注53

五、贞无盈亏，盈换得有	详见注㊹
六、利有盈有，有换盈移	详见注㊼
七、利盈有有，有仍换有	详见注㊽
八、元亏盈亏，反证喻指	详见注㊾
九、贞无有亏，换有得有	详见注64

去掉一、三、四，只剩二至九，六条。

附注：物法论式，详见注⑲⓪，及注⑮内七、八。

75论式的演生。

一、亚里——论式虽多，只分两类：一肯定，一否定。肯定者来自“全称定律”，否定者来自“无称定律”。都是依照“约尽歌诀”，逐步推演而来：谓之论式的演生：就是“演绎证出”的意思。全称定律的基本论式，是天法元式：即是“元连三盈”，或“元盈盈盈”，详见注①，十五号，注⑮，四号，和十二号。

否定论式，都是出自“无称定律”。它的基本论式，是天法的亨式。即是“亨无盈无”。详见注①，十五号，注⑮，十二号，图一。演生程序的逆溯，是“约尽”，将一切论法论式，都改归天法，元亨利贞。

二、现代逻辑——现代有数位数理逻辑学家，用数理推演法，推证亚里演生的一切论式。证明亚里“论式学说”的有效。并且证明亚里的学说，及其推演方法，就是数理逻辑中，“公理系统推演法”的一种：由少数的公理，依据少数的定义和规则，推演出一切可证的定理和结论。（参看图书目录）

第八章　必然论式

⑯“有态论句”的分类——用基本分类法，有态论句分三类：一是“必然论句”，用“必”字，或同义字作态辞，加在构辞上面，或加在论句的前后：例如：“甲必是乙”；“甲必定是乙”。或说：“必定甲是乙”。或说：“甲是乙是必然的”。二是“可能论句”，用“能”，或同义字作态辞，例如说：“甲能是乙”，或“可能甲是乙”，或“甲是乙，是可能的”。三是“常态论句”，用常态构辞“是”字，在“是”字，或同义构辞以外，不加用其他任何态辞。“是”字的常态是“真”，或同义字，表示论句自有的“判决”和“决定”；普通暗含在“是”的构辞里面，不明言说出，甚至许多论句，连“是”字或其他构辞都暗含在动辞或宾语里面，不明明说出来。所以，常态论句，就其有“真”字或同义字的态辞意义而言，的确是“有态论句”，那么，凡是论句都有态，但是另一方面，就常态论句，不明言态辞而言，**“常态论句”也叫作“无态论句”**。如此，总而言之，论句分无态和有态。有态论句，分常态，和“必然”及“可能”三种。这是“有态论句”的基本分类。基本分类不是完全分类。完全分类，将“有态论句”，根据“态辞与否定辞”的配合，分成四类：一是“必然论句”，二是“必不论句”，三是“不必论句”，四是“不必不论句”，这四句彼此有对立的关系，和用“能”字的态辞论句，对立关系相同，详见注⑨：态辞对立图。

有态论式的形成——大小前提有态无态必然或然，交互配合，天地人三法论式因以形成（后代物法论式，随之亦生，但非亚里所曾论及）。单就态辞配合而论，主要形式，共有八种，兹列表简示如下：（参考麦可乐著《亚里有态论式》，McCall，Storrs，ed. 1963）

有态论式，前提配合表：

大前提	小前提	论式名
一、必然	必然	必必
二、必然	常态	必常
三、常态	必然	常必
四、可能	可能	能能
五、可能	常态	常态
六、常态	可能	常能
七、必然	可能	必能
八、可能	必然	能必

上表符号说明：

一、必：代表“必然”，“不能不然”。

二、常：代表“常态”，即是“无态”。

三、能：代表“可能”，“或然”，“适然”，“偶然”，“不必不然”，“不是不可能”。

四、“必必”：两前提是必然论句的论式，其余，仿此，都是论式的名称。

五、配合计算法：每个“无态论式”能有以上八种“有态论式”。

天地人物、四论法，每法、前提态句、配合论式、总表：

天地人物		一	二	三	四	五	六	七	八	九	十	十一	十二	十三	十四	十五	十六
		大小	大小	大小	大小	大小	大小	大小	大小	大小	大小	大小	大小	大小	大小	大小	大小
论式		盈盈	盈无	盈有	盈亏	无盈	无无	无有	无亏	有盈	有无	有有	有亏	亏盈	亏无	亏有	亏亏
必常	一	必必	必必	必必	必必	必必	必必	必必	必必	必必	必必	必必	必必	必必	必必	必必	必必
	二	必常	必常	必常	必常	必常	必常	必常	必常	必常	必常	必常	必常	必常	必常	必常	必常
	三	常必	常必	常必	常必	常必	常必	常必	常必	常必	常必	常必	常必	常必	常必	常必	常必
能常	四	能能	能能	能能	能能	能能	能能	能能	能能	能能	能能	能能	能能	能能	能能	能能	能能
	五	能常	能常	能常	能常	能常	能常	能常	能常	能常	能常	能常	能常	能常	能常	能常	能常
	六	常能	常能	常能	常能	常能	常能	常能	常能	常能	常能	常能	常能	常能	常能	常能	常能
必能	七	必能	必能	必能	必能	必能	必能	必能	必能	必能	必能	必能	必能	必能	必能	必能	必能
	八	能必	能必	能必	能必	能必	能必	能必	能必	能必	能必	能必	能必	能必	能必	能必	能必

注意:“大”代表大前提,“小”代表小前提。总表论式总数:八乘十六,再乘四论法,加换位天法,共计六四〇论式,再乘以四结论,则共得二五六〇论式。

何式有效无效,详见原书正文,及以下注解。参考附录二。

有态论式和论法——天地人三个论法,每一个都有上述八类有态论式(物法亦然)。每个论式,有效无效,如何构成,如何证明,是亚里本书从本章第八,到第廿二,逐一详讨的材料:共费了十四章的篇幅,系统完整,有史以来所仅见。后人诠释、翻译、注解、研究,历代多有,最著称的,古代希腊有亚里高足弟子,德孚乐(详名“德约孚乐斯徒斯”);注解家,有亚历山(详名亚孚罗迪西亚岛人,亚历山);又有斐劳鹏(详名若望·斐劳鹏诺斯),中世纪有大亚博注解,现代有柏克尔,著《亚里可能论式学说》,又有卢雪池著《亚里论证法》。最近有鲍恒吉著《德浮乐态辞逻辑》:和亚里逻辑互相比较,并加以数理的推演。其他古今名著,详见图书目录。

“必必论式”——依照前面列出的有态论式表,大前提和小前提,都是必然论句的论式,简名“必必论式”。天地人三论法的“必必论式”,何时有效,何时无效,和无态论式相同。详见注⑮至注⑦⑤。只是在论式的“约尽”,或“演生”方面,有以下几个例外:地法“元盈亏亏”论式,约尽或补证时,在必必论式里,不能用反证法,只能用指解法:即是用喻指法。原有的无态论式歌诀,是“元盈亏亏,反证归元”,现在应改作“元盈亏亏,证以喻指”。参看注㉛,地法六式表。人法的“元亏盈亏,反证喻指”,也应为此同一理由,改作“元亏盈亏,证以喻指”。删去“反证”。参看注⑦④,人法论式,约尽歌诀,除此两点以外,其余完全相同。

第九章　天法、必然与无态、配合论式

⑦⑦天法“必、常”、配合论式总表：

			元		利		亨		贞									
大小结	必常必	常必常	盈盈盈	盈无	盈有有	盈亏	无盈无	无无	无有亏	无亏	有盈	有无	有有	有亏	亏盈	亏无	亏有	亏亏

表内，元、利、亨、贞四式，乘以二种配合，共有八式，“必常”四式，“常必”四式，都有效，余者都无效；怎样证明？答案详见本注⑦⑦至⑧⑩。注意，注⑧⑩内有“天法、必、常配合、有效论式全表”。（参考附录二，有态论式表）

论式：元必常必，利必常必，有效：

元	符号公式	是字语法	在字语法	元
必盈乙甲 常盈丙乙 必盈丙甲		每乙必甲 每丙是乙 每丙必甲	甲必在每乙 乙在每丙 甲必在每丙	必 常 必
利				利
必盈乙甲 常有丙乙 必有丙甲		每乙必甲 某丙是乙 某丙必甲	甲必在每乙 乙在某丙 甲必在某丙	必 常 必

⑦⑧亨必常必，贞必常必，有效：

亨	符号公式	是字语法	在字语法	亨
必无乙甲 常盈丙乙 必无丙甲		必无乙是甲 每个丙是乙 必无丙是甲	必无甲在乙 乙（却）在每丙 必无甲在丙	必 常 必

贞			贞
必无乙甲	必无乙是甲	必无甲在乙	必
常有丙乙	有某丙是乙	乙（却）在某丙	常
必亏丙甲	某丙必非甲	甲必不在某丙	必

⑲元、利、亨、贞，四有效论式：

元	符号公式	“是”字语法	“在”字语法
	常盈乙甲	每乙是甲	甲在每乙
	必盈丙乙	每丙必乙	乙必在每丙
	常盈丙甲	每丙是甲	甲在每丙
利			
	常盈乙甲	每乙是甲	甲在每乙
	必有丙乙	某丙必乙	乙必在某丙
	常有丙甲	某丙是甲	甲在某丙
亨			
	常无乙甲	无乙是甲	甲不在任何乙
	必盈丙乙	每丙必乙	乙必在每个丙
	常无丙甲	无丙是甲	甲不在任何丙
贞			
	常无乙甲	无乙是甲	无甲在乙
	必有丙乙	某丙必是乙	乙必在某丙
	常缺丙甲	某丙非甲	甲不在某丙

⑳元、利、亨、贞，辞例：

符合公式填辞	是字语法	态辞
常盈动物——运动	每个动物运动	无态辞
盈 必　人——动物 有	每 　人必是动物 某	必然
盈 常　人——运动 有	每 　人运动 某	无态辞

常无人——运动	无一人运动	无态辞
盈 必　白物——人 　有	每 　白物必是人 某	必然
无 常　白物——运动 　缺	无　　　运动 　白物 某　　　不运动	无态辞

天法“必常”配合有效论式全表：

常态论式	必常论式	常必论式
一、元盈盈盈	元必常必	元常必常
二、亨无盈无	亨必常必	亨常必常
三、利盈有有	利必常必	利常必常
四、贞无有亏	贞必常必	贞常必常

参看注(77)至注(80)。又参看附录二。

特别问题——审阅以上全表，可见天法“必常”配合论式、结论得句态，常随大前提，不随小前提规则是：大前提有什么句态，小前提也有什么句态，小前提有什么句态，不决定结论应有什么句态。为什么理由呢？这是逻辑史上相当严重的一个问题。因为根据“柔胜律”，真理柔弱胜刚强，前提一刚一柔，则结论必柔，显然。“必常”两态相较，必然论句，刚强；常态论句，无态、明明柔弱。依此而论，凡是“必、常”，两态配合而成的论式，其结论都应是“常态论句”，德乎乐本此理由，主张“必常必”论式，都无效：都应改成“必常常”，始能有效。参看注(122)。

然而大多数逻辑学家仍主张保持亚里原议。“必常必”论式有效。结论的句态只应随从大前提的句态。理由是“常态论句”，本质上，等于“真态论句”。小前提说：“真的，每丙是乙”，大前提既说：“必定的，每乙是甲”；则结论自然应是：“真的，每丙是乙之所必是”：即是说：“每丙必是甲”。常态论句，“每丙是乙”，等于“每丙真是乙”，也等于“每丙现实是乙”；“实际是乙”：“肯定是乙”：“断然是乙”。那么，乙的中辞作用，是用“真然、实然、断然”的决定力，将丙引荐过来，使丙和自己站在同等地位，和甲发生同等的宾主关系。“真然”的决定力，必生出这样的效果。中辞的媒介力，和引荐力，正是在此。故大前提乙甲的宾主关系，既是必然的，则结论丙甲的关系，也应是必然的。

反之，大前提是常态论句，小前提是必然论句时，结论应是常态。理由同上：小前提说：“每丙必是乙”，乙必然引丙和甲，发生甲和乙自己所有的关系。乙的中辞作用是如此。但大前提说：“每乙是甲”，只是“实然，真然”，而不是“必然”，故结论只好是：“必然的，每丙真是甲”：这就等于说真是“每丙是甲”。但，既然“真的，每丙是甲”，故此，每丙是甲。“每丙必是乙之所是”，那么，“乙真是甲”，故此，必然的：“丙真是甲”。即便说：“丙必真是甲”，也不等于：“丙真必是甲”。看清了“必真是”，和“真必是”的决定力，轻重不同，便可明见：“常必常”，不会是“常必必”：因为：“常必常”的中辞引荐力是“必真是”；不是“真必是”。既然不是“真必是”，故此结论不得是“必是”：即是，不得是一“必然论句”。但不能不是一个“真然，实然的论句”：即是“常态论句”。举个粗浅的实例如下：

大：每个第一楼的住户，必定都受了火灾； 小：每个本街的警察都（真）是第一楼的住户； 结：每个本街的警察，真是必定都受了火灾。	必 常 必
大：每个第一楼的住户“真是”都受了火灾； 小：每个本街的警察必定都是第一楼的住户； 结：每个本街的警察“必定真是”都受了火灾。	常 必 常

问题的要诀：“必定真是”等于“真是”。“真是必定”，等于“必定”；“真是”，等于“常态的是”。“必定常态的是”，等于“常

态的是”，不等于“必然的是”：不等于“真是必定是”。为了上面的理由，足见德孚乐矫正亚里，确实是矫枉过正。亚维新说得好：“柔胜律”所管辖的领域，只限于“句量”和“句性”，不可延及“句态”。参看注⑫。

从此说来：“是”字的决定力，强弱分三级：第一级是“必然是”，决定力最强，断定说：“不能不是”。第二级是“真是”，决定力较弱，是无态论句内的：“实然是”；第三级是“可能是”，决定力最弱。又分两级：第一级不否定“必然是”；只说“可能是，不必不是”；但不说：“能不是”。第二级否定“必然是”，故说：“能是能不是”：是一个模棱两可的“或然是”。那么，“是”字的决定力，共分四级：“必然”，“实然”，“可能”，“或然”。参看注⑩“可能”，等于“适然”。

⑧同注⑦。

⑧同注⑦。

⑧同注⑦。

⑧同注⑧。

第十章　地法、必然与无态、配合论式

㊻地法，“必、常”配合论式总表：

		亨		元	亨		贞									
必常	盈	盈	盈	盈	无	无	无	无	有	有	有	有	亏	亏	亏	亏
常必	盈	无	有	亏	盈	无	有	亏	盈	无	有	亏	盈	无	有	亏
		无		亏	无		亏									

表内，亨、元、亨、贞、“必常”四式，“常必”四式，何时有效，结论如何，详见注㊻，至91。及“有效论式全表”。

地法必然论式一、亨必常必、有效：

亨　符号公式	是字语法	约归天法亨无盈无	符号公式
必无乙甲	必无乙是甲 ↔	必无甲是乙	必无甲乙
常盈丙甲	每丙是甲 →	每丙是甲	常盈丙甲
必无丙乙	必无丙是乙	必无丙是乙	必无丙乙

以上是地法“必常必论式”中的“亨无盈无”。参看注32，“亨无盈无”图解。

86亨盈无无，亨常必必，无换盈移。

亨　符号公式	是字语法	约归天法亨无盈无	符号公式
常盈乙甲 必无丙甲 必无丙乙	每乙是甲 必无丙是甲	必无甲是丙 每乙是甲 必无乙是丙	必无甲丙 常盈乙甲 必无乙甲
		必无丙是乙	必无丙乙

87亨盈无无，亨必常常，无换盈移。

亨	符号公式	是字语法	约归天法亨式	符号公式
必盈乙甲		每乙必甲	无甲是丙	常无甲丙
常无丙甲		无丙是甲	每乙必甲	必盈乙甲
常无丙乙		无丙是乙	无乙是丙	常无乙丙
			无丙是乙	常无丙乙

⑧⑧反证上式：

亨	符号公式	是字语法	说　　明
一	必盈乙甲	每乙必甲	大前提，
二	常无丙甲	无丙是甲，不必然	小前提，
三	常无丙乙	无丙是乙，不必然	结论："常无"。
四	必无丙乙	必无丙是乙	假设三号"必无"，
五	必无乙丙	必无乙是丙	四号换位、大前提，
六	必有甲乙	必有甲是乙	一号换位、小前提，
七	必亏甲丙	必有甲非丙	五、六结论，天法贞式。
八	常无甲丙	无甲是丙，不必然	二号换位："不必无"，
九	能（盈/有）甲丙	丁能（每/某）甲是丙	八号的随句："可能有"。
十	不必亏甲丙	不必有甲非丙	九号真，七号必假。
十一	不必无乙丙	不必无乙是丙	七号结论假，五号大前提必假，十。
十二	不必无丙乙	不必无丙是乙	五号假，四号必假，十一。
十三	常无丙乙	无丙是乙，不必然	四号假，三号必真，十二。

上面的反证论式，可以将十三步简化，减至九步，足矣。

⑧⑨用实例证明前式：

亨	符号公式填辞	是字语法	态
必盈人——动物		每人必是动物	必然
无常白——动物		无白物是动物	（偶然），不必然
无常白——人		无白物是人	（偶然），不必然

(90)贞必常必，换无得无。

贞常必常，换无得无。

贞	符号公式	是字语法	约归天法贞式	注(78)贞式
必无乙甲		必无乙是甲 ↔	必无甲是乙	必无甲乙
常有丙甲		某丙是甲	某丙是甲	常有丙甲
必亏丙乙		某丙必非乙	某丙必非乙	必亏丙乙
贞	符号公式	是字语法	约归天法贞式	注(79)
常无乙甲		无乙是甲	无甲是乙	常无甲乙
必有丙甲		某丙必是甲	某丙必是甲	必有丙甲
常亏丙乙		某丙非乙	某丙非乙	常亏丙乙

(91)（甲）元常必常，反证喻指：

元	符号公式	是字语法	态	证　明
常盈乙甲		每乙是甲	无态辞：不必然	注(88)
必亏丙甲		某丙必非甲	必然	注(89)
常亏丙乙		某丙非乙	无态辞：不必然	

上式简证，用“非甲”作中辞，改归天法“贞常必常”如下：

无乙是“非甲”	无“非甲”是乙	常无甲乙
某丙必“非甲”	某丙必是“非甲”	必有丙甲
某丙非乙	某丙非乙	常亏丙乙

（乙）元必常常，反证喻指：

元	符号公式	是字语法	态
必盈乙甲		每乙必是甲	必然
常亏丙甲		某丙不是甲	常态：无态：不必然
常亏丙乙		某丙不是乙	常态：无态：不必然

上式改归天法元式，见注(88)，注(89)。

附志，地法“必常”配合论式全表一：

一、亨无盈无	亨降常必 亨常必常	注㉟
二、亨盈无无	亨必常常 亨常必必	注㊲ 注㊱
三、贞无有亏	贞必常必 贞常必常	注㊵ 注㊵
四、元亏盈盈	元必常常 元常必常	注㊶（乙） 注㊶（甲）

全表二：

一、亨无盈无	亨必常必	亨常必常
二、亨盈无无	亨必常常	亨常必必
三、贞无有亏	贞必常必	贞常必常
四、元盈亏亏	元必常常	元常必常

（参考附录二，有态论式表）

注意：地法“必、常”，两态配合的论式规则，最主要的只有一条：结论的句态，取决于否定的前提。两前提一肯定、一否定；同时一必然，一常态；否定者必然，则结论必然，否定者实然，则结论实然（实然，即是常态）。回观上面全表，即可明见情形确是如此，为什么理由，应当如此呢？最主要的理由是：地法论式内，中辞的媒介作用，专是证明尾辞和首辞互不相容。它们两不相容的事实之有无，及程度的深浅，全取决于中辞和它两者之一，互不相容的事实之有无，及程度的深浅。中辞和尾辞，不相容的事实，和程度，构成小前提的否定和句态。中辞和首辞不相容的事实和程度，构成大前提的否定和句态。否定论句，常指示宾主两辞的互不相容，否定句的句态，指示宾主两辞互不相容的程度深浅，或强弱。看清了这一点，便可明白为什么理由，地法诸论式内，结论的句性和句态，都是取决于否定的前提；不论否定的前提是大前提或小前提。因为关键之所在，只是“否定的前提”，不分前提是大是小。为此同一理由，前提，无论大小，如果是“必然”，但是肯定论句；则无力决定结论的句态。因之，结论只得是否定而无态，因为其余的一个前提，依地法本处的假设，是否定而无态；否定论句，作前提，决定一切；中辞的证明力，全是为证明这一点：诸有效论式，有效的理由，也就可以说只是在乎此；有些论式，可用“改归天法”的手续，加以补证。有些只可用反证法，和喻指法；但都可以证自此处指明的这个基本原理：“根据中辞的媒介作用，地法论式内，结论的句性和句态，取决于否定的前提”。

历代许多人，没有认清这一点，因而看了亚里的地法论式，自叹莫名其妙，甚至误斥论式无效；还有些人，从玄虚迂远的形上学里，去找寻论句间逻辑关系的理由；也有些人，认为问题本身不关重要；或说亚里的“态辞逻辑”，全部都是“定言论式”极无意味的，强和态辞，互相拼凑；葛藤绞合，枉费脑筋。以上这许多意见，都不全合事实，因为没有看到方才指出的基本原理：没有认出地法论式内，中辞任务的本质。

同时，看清了这一点，便可认出地法和天法的分别：异点所在，全在中辞的媒介作用。天法的中辞任务和目的，是为证明结论的句性句态，取决于大前提：引领小辞在结论里，和大辞发生宾主关系；并且发生和“中辞大辞在大前提里，互有同样关系”，可见天法和地法全不相同。纯逻辑的理由，就是在此。

总而言之：天法内，大前提决定一切；不分肯定，否定。地法内，否定的前提决定一切；不分前提大小。理由何在？全在“中辞的媒介作用”。

第十一章　人法、必然与无态、配合论式

⑫人法“必、常”配合、论式总表：

	利	贞	利	元		利	贞		
必必常	盈	无	有	亏	盈无有亏	盈	无	有亏	盈无有亏
必常必	盈	盈	盈	盈	无无无无	有	有	有有	亏亏亏亏
必	有	亏	有	亏		有	亏		

表内，“利，贞、元”各种配合论式，哪一种有效，何时有效，详见注⑫至⑯，及有效论式全表。（参看附录二，有态论式表）

人法，利盈盈有，利必必必。有效：

利　符号公式	是字语法	天法利式	符号公式
必盈丙甲 必盈丙乙 必有乙甲	每丙必甲 每丙必乙 某乙必甲	每丙必甲 某乙必丙 某乙必甲	必盈丙甲 必有乙丙 必有乙甲
利			
必盈丙甲 常盈丙乙 必有乙甲	每丙必甲 每丙是乙 某乙必甲	每丙必甲 某乙是丙 某乙必甲	必盈丙甲 常有乙丙 必有乙甲
利			
常盈丙甲 必盈丙乙 必有乙甲	每丙是甲 每丙必乙 某乙必甲	每丙必乙 某甲是丙 某甲必乙 某乙必甲	必盈丙乙 常有甲丙 必有甲乙 必有乙甲

⑨③利式：

一、利盈盈有，利必必必，盈换得有

二、利盈盈有，利必常必，盈换得有

三、利盈盈有，利常必必，盈换盈移

（以上三式）见注⑨②及注⑦④

⑨④贞式（参考注⑦④）：

贞　符号公式	是字语法	天法贞式	符号公式
必无丙甲	必无丙是甲	必无丙是甲	必无丙甲
必盈丙乙	必每丙是乙 ←→	必某乙是丙	必有乙丙
必亏乙甲	必某乙非甲	必某乙非甲	必亏乙甲
贞			
必无丙甲	必无丙是甲	必无丙是甲	必无丙甲
常盈丙乙	每丙是乙 ←→	某乙是丙	常有乙丙
必亏乙甲	必有乙非甲	必有乙非甲	必亏乙甲

⑨⑤贞常必常：

贞　符号公式	是字语法	天法贞式	符号
常无丙甲	无丙是甲	无丙是甲	常无丙甲
必盈丙乙	每丙必乙 ←→	某乙必丙	必有乙丙
常亏乙甲	某乙非甲	某乙非甲	常亏乙甲

⑨⑥贞常必常，辞例一：

贞式填亏	是字语法	天法贞式
常无马——好	无一马好	无一马好
必盈马——动物	每匹马必是动物	必有动物是马
常亏动物——好	有动物不好	有动物不好

⑨⑦贞常必常，辞例二：

贞	公式填辞	语法
常无马——醒痦		无一马醒痦
必盈马——动物		每匹马必是动物
常亏动物——醒痦		有动物不醒痦

⑱表明全部，是“指整”。中辞在两前提都作主辞，并指主体的整类，是说两前提都是全称论句：称指主体的全类每个。人法贞式的“贞无盈亏”，正是如此：

一、贞必必必，盈换得有。	注⑭
二、贞必常必，盈换得有。	注⑭
三、贞常必常，盈换得有。	注⑮～⑰

⑲利有盈有，三式有效：

利	符号	是字语法	天法	符号
必有丙甲 必盈丙乙 必有有甲		某丙必甲 每丙必乙 有乙必甲	每丙必乙 某甲必丙 某甲必乙 ↕ 某乙必甲	必盈丙乙 必有甲丙 必有甲乙 ↕ 必有乙甲
利				
必有丙甲 常盈丙乙 常有乙甲		某丙必甲 每丙是乙 有乙是甲	每丙是乙 某甲必丙 某甲是乙 ↕ 某乙是甲	常盈丙乙 必有甲丙 常有甲乙 ↕ 常有乙甲
利				
常有丙甲 必盈丙乙 必有乙甲		某丙是甲 每丙必乙 某乙必甲	每丙必乙 某甲必丙 某甲必乙 ↕ 某乙必甲	必盈丙乙 常有甲丙 常有甲乙 ↕ 常有乙甲

⑩利盈有有，三式有效：

利			天法利式
必盈丙甲 必有丙乙 必有乙甲	每丙必甲 某丙必乙 某乙必甲	每丙必甲 某丙必乙 某乙必甲	必盈丙甲 必有乙丙 必有乙甲
利			
必盈丙甲 常有丙乙 必有乙甲	每丙必甲 某丙是乙 某乙必甲	每丙必甲 某乙是丙 某乙必甲	必盈丙甲 常有乙甲 必有乙甲
利			
常盈丙甲 必有丙乙 常有乙甲	每丙是甲 某丙必乙 某乙是甲	每丙是甲 某丙必乙 某乙是甲	常盈丙甲 必有乙丙 常有乙甲

⑩利常必常，同上。

⑩利常必常辞例，形式同上。

⑩利必常常，见注⑨，注⑩。

⑩贞无有亏，三式有效。

贞			
必无丙甲 必有丙乙 必亏乙甲	必无丙是甲 必有丙是乙 必有乙非甲	必无丙是甲 必有丙是乙 必有乙非甲	必无丙甲 必有乙丙 必亏乙甲
贞			
必无丙甲 常有丙乙 必亏乙甲	必无丙是甲 有某丙是乙 必有乙非甲	必无丙是甲 有某乙是丙 必有乙非甲	必无丙甲 常有乙丙 必亏乙甲

贞				
常无丙甲 必有丙乙 常亏乙甲		无丙是甲 必有丙是乙 有乙非甲	无丙是甲 必有乙是丙 有乙非甲	常无丙甲 必有乙丙 常有乙甲

⑩⑤

元	符号	是字语法	辞例证明
必亏丙甲 必盈丙乙 必亏乙甲		某丙必非甲 每丙必是乙 某乙必非甲	某动物必非二足 每动物必运动 某动物者必非二足
元			
必亏丙甲 常盈丙乙 常亏乙甲		某丙必非甲 每丙（常）是乙 某乙（常）非甲	某动物必非二足 每个动物运动 某运动者不是二足
元			
常亏丙甲 必盈丙乙 常亏乙甲		某丙非甲 每丙必是乙 某乙非甲	某人不醒寤 每人必是动物 某动物不醒寤

⑩⑥

利		辞例
必有丙甲 常盈丙乙 常有乙甲	某丙必是甲 每丙是乙 某乙是甲	某白物必醒寤 某白物是动物 某动物醒寤
利		
常盈丙甲 必有丙乙 常有乙甲	每丙是甲 某丙必乙 某乙是甲	每白物是醒寤的 某白物必是动物 某动物醒寤

余见前注辞例。

人法“必、常”两态配合论式全表：

利	盈盈有	利	有盈有	利	盈有有
	必必必		必必必		必必必
	必常必		必常常		必常必
	常必必		常必必		常必常
贞	无盈亏	贞	无有亏	元	亏盈亏
	必必必		必必必		必必必
	必常必		必常必		必常常
	常必常		常必常		常必常

（参见附录二，有态论式表）

规则：人法“必、常”配合论式，肯定结论的句态，取决于全称的前提。理由：在人法的肯定论式内，中辞的证明力，全系于全称的前提。全称前提是结论的原因。结论是它的效果。效果的状态，取决于原因，中辞的作用，是证明这一点。改归天法，全称的前提是大前提，特称者只能是小前提，天法内结论的句态，根据那里中辞的作用，取决于大前提。

结论否定时的句态，取决于否定的前提：结论的否定生自前提的否定。前提否定的程度，是原因，决定结论内否定的程度，结论的否定及其程度，是效果，效果的状态，受决定于原因。人法的否定论式，所有的证明力，主要是来自否定的前提：它中辞的媒介作用，和目的，正是为使结论和否定前提有相同的句性和句态。

第十三章　或然论式

⑩⑦可能论句配合其他态句、诸论法及论式：回看注①，内廿八号，又看注③及注⑨。

⑩⑧回看注③及注⑨。

⑩⑨回看注⑫：从原文本段起，亚里将“可能”分成四种：

一、“必然者，故非不可能”的“可能”：即是“适然”。

二、“非必然，也非不可能”的“可能”：即是“或然”。

三、“物性惯有”的可能：有限定的可能：也是适然。

四、“事出无因，偶然而然”的可能：无限定的可能：也即是“或然”。

从此看去，“必然，适然，或然”，是相关辞，分许多等级，程度不齐：例如“必然，适然”的可能性，高于“偶然、或然”的可能性。“必然常有”的适然，高于“物性惯有”的适然。逻辑的必然，高于物性惯有的必然。程度的高低，依“推断准确”的“确然性”程度而定。关系知识论，和方法论；和形式逻辑的关系，似乎根本没有。形式逻辑，只需要分辨“适然”和“偶然”两种可能。因此，有些史家认为以上第三和第四种可能，原文从“说完了上述的种种定义，还需加上注意数点……”起，至“暂且只需讨论‘可能论句’，何时构成何样的论式”止，全段，都是后代的窜补，不是亚里的真作。参看鲍恒吉，《形式逻辑史》，及柏克尔，《亚里可能论式学说》。另一方面，既因“推断可知”

的“确然性”程度，而分辨“必然”，“适然”，“偶然”的程度，似乎就是同时分辨“是非”，“真假”，“确实”等等价值的程度：和“真假等级分多”的“形式逻辑”，不是全无关系。是非真假不分程度的逻辑，是“双价逻辑”，只有“真假”两个价值。分辨“真假”程度的逻辑，是“多价逻辑”，是现代逻辑的新课题，相当重要：不但有“至真和至假”，而且有“近真近假”。参看卢雪池，《亚里论证法》。

“或然论句”、是非调换的法则——根据本章所说：“或然性”是“必然性”的否定也是“不可能性”的否定，否定必然性，等于肯定“能无性”。否定“不可能性”，等于肯定“可能性”。那么，“或然性”便是“能无性”和“可能性”两者连合起来，共有的代名词。“或然是”是“能是能不是”；“或然有”，是“能无能有”。明白了“或然性”的这个本质，便可从本章原文中，归纳出“或然论句、是非调换法”三条：

一、可能乙是甲，等于可能乙非甲；反说亦然。

二、可能每乙是甲，等于可能每乙非甲。

三、可能某乙是甲，等于可能某乙非甲。

用符号格式表出如下：

一、能乙是甲⟷乙非甲

二、能盈乙甲⟷能无乙甲

三、能有乙甲⟷能亏乙甲

能字有三义：一指适然，一指偶然，一指或然，列表如下：

“或然表”：

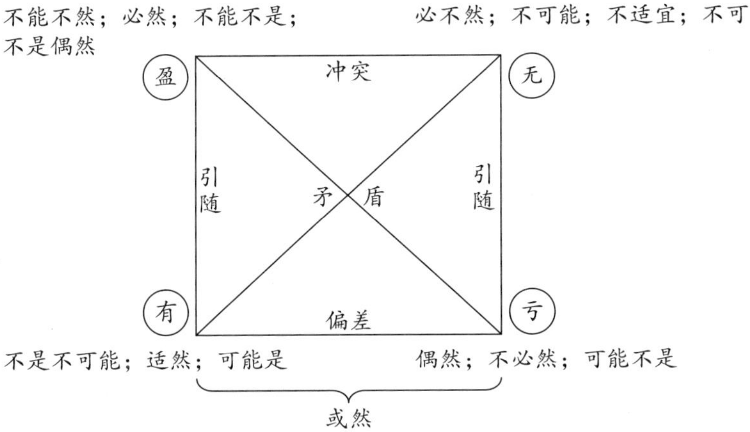

⑪天法、“能常”、配合论式总表：

			元	亨		元	元		利	贞		利	利	
能	能	常	盈	无	有亏	盈	无	有亏	盈	无	有亏	盈	无	有亏
能	常	能	盈	盈	盈盈	无	无	无无	有	有	有有	亏	亏	亏亏
能	能	能	盈	无		无	无		有	亏		亏	亏	

表内，元、亨、利、贞、“能能”、“常能”、“常能”，各种配合论式，何时有效，怎样证明，详见注⑩，至⑬，及“有效论式表”（参看附录二，有态论式表）。

天法“可能态句”的有效论式：元式：

例一：符号	是字语法	在字语法
能盈乙甲 能盈丙乙 能盈丙甲	每乙能是甲 每丙能是乙 每丙能是甲	甲能在每乙 乙能在每丙 甲能在每丙
例二：		
能盈乙甲 常盈丙乙 能盈丙甲	每乙能是甲 每丙是乙 每丙能是甲	甲能在每乙 乙在每丙 甲能在每乙

能常配合的论式总计有三：

一、能能

二、能常

三、常能

参看注⑯总表，及前注总表。附录二全表。

第十四章　天法、或然论式

⑪天法、元能能能、亨能能能：

元
能盈乙甲
能盈丙乙
能盈丙甲

见注⑩

亨		
能无乙甲		每乙能非甲
能盈丙乙		每丙能是乙
能无丙甲		每丙能非甲

⑫

符号公式	是字语法	是非对换有效	二、式、注㉑
能盈乙甲（零）	能每乙是甲	能每乙是甲	能盈乙甲
能无丙乙	能无丙是乙 ←→	能每丙是乙	能盈丙乙
能无丙甲（整）	能无丙是甲 ←→	每丙是甲	能盈丙甲
此式无效，违犯公律第七：夸大		“能无”换作“能盈”，论式有效	

⑬

符号	语法	是非对换	符号、元式
能无乙甲	能每乙非甲 →	能每乙是甲	能盈乙甲
能无丙乙	能每丙非乙 →	能每丙是乙	能盈丙乙
能无丙甲	能每丙非甲 →	能每丙是甲	能盈丙甲
无效，公律第三、“两前提否定”，		“能无”换成“能盈”，有效，元式，注⑪	

(114)

利	符号	语法
能盈乙甲		每乙能是甲
能有丙乙		有丙能是乙
能有丙甲		有丙能是甲
利		
能盈乙甲		能每乙是甲
常有丙乙		有某丙是乙
能有丙甲		某丙能是甲
利		
常盈乙甲		每乙是甲
能有丙乙		某丙能是乙
能有丙甲		某丙能是甲

(115)贞式。

此式有效：贞能能能	
能无乙甲	能无乙是甲
能有丙乙	能有丙是乙
能亏丙甲	能有丙非甲

此式无效	
能盈乙甲（零）	能每乙是甲
能亏丙乙	能有丙非乙
能亏丙甲（整）	能有丙非甲

此式有效，“能亏”换成“能有”	
能盈乙甲	利常能能见注(114)
能有丙乙	
能有丙乙	

⑯同前：无效。

⑰数无效论式。

1

能有乙甲 能盈丙乙 能有丙甲	能有乙是甲 能每丙是乙 能有丙是甲	能有白物是动物 能每人都是白物 能有人是动物
违犯公律第二：	中辞两次指零	必每人是动物

2

能亏乙甲 能无丙乙 能亏丙甲	能有乙非甲 能无丙是乙 能有丙非甲	能有白物不是动物 能无一件衣服是白物 能有一件衣服不是动物
违犯公律第三：	两前提都是否定	必无任何衣服是动物

3

能有乙甲 能无丙乙 能亏丙甲	能有乙是甲（零） 能无丙是乙 能有丙非甲（整）	能有白物是动物 能无人是白人 必定每人是动物	违犯 公律第七“夸大”

4

能亏乙甲 能盈丙乙 能亏丙甲	能有乙（零）非甲 能每丙是乙（零） 能有丙非甲	能有白物不是动物 能每人是白人 必定每人是动物	违犯 公律第二中辞一次需指整

5

能有乙甲 能有丙乙 能有丙甲
违犯公律第四和第二

6

能亏乙甲 能亏丙乙 能亏丙甲
违犯公律第四和第三（注⑮九号）

7

能乙甲 能丙乙 能丙甲	乙能是甲 丙能是乙 丙能是甲
无限定等于特称违犯公律第四故无效	肯定如此否定亦然

⑱于注⑰，参看注③，注⑨。

第十五章　天法、或然与无态、配合论式

⑲能常配合论式。

一、能常 ⎫
二、常能 ⎭ 见注⑩；注⑪；注⑱。

⑳元亨二式完善。

元式完善	语法
能盈乙甲 常盈丙乙 能盈丙甲	能每乙是甲 每丙是乙 能每丙是甲
亨式完善	语法
能无乙甲 常盈丙乙 能无丙甲	能无乙是甲 每丙是乙 能无丙是甲

	"元常能能"反证法	
一、	常盈乙甲	每乙是甲
二、	能盈丙乙	每丙能是乙
三、	能盈丙甲	每丙能是甲
四、	必亏丙甲	某丙必非甲
五、	常盈丙乙	每丙是乙
六、	常亏乙甲	某丙必非甲
七、	六错、四错、三必真	

㉑扩充律即是并变律。

一、扩充律是"自同律"的推广和引申，也是"引随律"的推广和引申。彼此相同的事物常是彼此互相引随，互相牵引。假设甲乙相同，则何处有甲，何处必有乙；同时，何处有乙，何处必有甲。反之，既然，有乙则有甲，有甲则有乙，那么，甲乙必相同。简言之：**相同，则相引；相引，则相同**，自同律和同一律，和"引随律"，三者之间，所有的必然关系和逻辑，正是如此。将这个定律推广引申起来：既说甲乙相同，甲如有某特性丙，乙

必也有特性丙，既说甲乙相随，有甲必有乙，则必说既有甲丙，必有乙丙。用符号公式，形容这些定律，如下：

自同律——甲同于甲（甲是甲自身）。

互同律——甲同于乙，乙同于甲："互同律"。

引随律——1. 甲则有乙，有甲，故有乙。

2. 甲则有乙，无乙，故无甲。

互同引随律——甲乙相同，故有甲则有乙，有乙则有甲。

相随互同律——有甲则有乙，有乙则有甲，故甲乙相同。

互同扩充律——甲乙相同，故甲有丙，则乙有丙。（甲丙和乙丙相同）

引随扩充律——有甲则有乙，故有甲丙，则有乙丙。

二、前提与结论——大前提和小前提，两个论句，合起来，代以符号甲。甲是引句。结论一句，代以符号乙，乙是随句。说有甲必有乙，即是说，有前提必有结论。既有引句，引于前，必有随句，随于后。大小前提和结论的关系，是引句和随句间的"引随关系"；和原因与效果之间的因果关系，也有时有相同之处，但不常是，并且，依理而论，因果关系不应常是自同关系，或互同关系。前提结论，如果内容或观点相同，则推证不出新知识。只有因果关系，和引随关系，及其他各种宾主关系，始足以构成有效论式，并且证出新知识。惟需注意：随句是首尾两辞构成的简单论句，引句却是包括首尾中三辞构成的大小两个前提，两个论句。为此，引句，在逻辑本质上，常是两句或数句凑成的一个复句。在语法上，引句能只说出一句，意思上，却暗含两句，或数句。纯粹的单句，只有宾主两辞，没有中辞，构不成有效的议论。对于论式说："有甲则有乙"，乙指结论，可指单句，甲常指复句，不能纯指单句。

三、扩充律的运用——"有甲则有乙，故有甲丙，则有乙丙"。例如说：色目人，是西域人，那么，有色目人，就有西域人，故此，色目人如果有碧眼高鼻，西域人也就有碧眼高鼻。“甲丙”代表碧眼高鼻的色目人，“乙丙”代表碧眼高鼻的西域人。甲代表色目人，乙代表西域人。严格依形式说去：“有色目人甲，则有西域人乙。故有碧眼高鼻的色目人，甲丙；则有碧眼高鼻的西域人，乙丙”。“既说有甲则有乙，故此，既有甲，则必说有甲丙则有乙丙”。简便的说：“有甲则有乙；有甲，故有乙”：公式分析如下：引随扩充律↓引随律↓

引随律→

<table>
<tr><td>大前提</td><td>假设</td><td>有甲则有乙。</td><td rowspan="3">有甲则有乙
有甲，故有乙。</td></tr>
<tr><td>小前提</td><td>果然</td><td>有甲</td></tr>
<tr><td>结　论</td><td>必然</td><td>有乙，</td></tr>
</table>

↑
简式
↓

引随扩充律→

大前提	假设	有甲则有乙。	有甲则有乙
小前提	果然	有甲，并是甲丙。	有甲丙，故有乙丙
结　论	必然	有乙，并是乙丙。	有乙丙

将上面两个公式，更形式化，用符号简单表示如下：

引随律式一

大	甲引乙随
小	甲引
结	乙随

式二

	引	随
大	甲	乙
小	甲	
结		乙

引随扩充律式一

大	甲引乙随
小	甲丙引
结	故乙丙随

式二

	引	随
大	甲	乙
小	甲丙	
结		乙丙

参看注[231]。

根据以上的分析，亚里运用引随扩充律，证明以下这个定理："有甲则有乙，甲有可能，则乙有可能"：

引随扩充律"可能"代替丙

引	随	
甲	乙	大
甲可能		小
	乙可能	结

换句话说："有甲则有乙。甲可能，则乙可能。甲果可能，故乙可能"。依同理，凡是论式，如果大小两前提是可能论句，用态辞"能"字，则结论也是可能论句，用同样的态辞"能"字。今果然大小前提是"可能"论句，故，结纶也是"可能"论句：不能是不用"可能"作态词的论句。反证法，证实这一点，用引随律的第二则，其公式如下：

一、"有甲则有乙，故无乙则无甲"。换言之："甲引则乙随，故乙不随，则甲不引"。或是说："甲引则乙随，故舍乙必舍甲"。参看注221及附录五，随接论法的舍舍论式。

二、引随律第二则的扩充律："有甲则有乙，故无乙丙则无甲丙"；换言之："甲引则乙随，故乙丙不随，则甲丙不引"；或是说："甲引则乙随，故舍乙丙，则必舍甲丙"；或是说："甲如何，则乙如何，故乙非丙，则甲非丙"。

将以上各项议论，总结起来：

一、有甲必有乙，有甲丙则有乙丙。如无乙丙，则必无甲丙。意思是说：甲如何，乙必如何，甲是丙故乙是丙，如果乙不是丙，则甲也必不是丙。

二、今既承认有甲丙，又说无乙；乃是说无甲丙。这是自相矛盾。故承认甲是丙，则不能又说乙非丙。

三、甲代表前提，乙代表结论，丙代表“可能论句”。构成论式同于一、二，即是反证法的议程。有前提，则有结论。前提如何，则结论如何。今既承认说前提是可能论句，则必须说结论也是可能论句。如说结论不可能，则必须说前提也是不可能：故此：既说前提可能，又说结论不可能；这就等于说：前提可能，同时又说前提不可能：明明是自相矛盾。

四、证明扩充律——扩充律，在这里，是引随律的扩充。证明它的必然，用引随律和矛盾律，即是用上述的反证法。

引随律和矛盾律是真确无疑的；故扩充律也是同样真确。为此理由，上文的结论，也是真确的：用“可能态句”的前提证出的结论，必定也是“可能态句”。回看扩充律的论式，可见它的特点是“并变律”：

五、并变律——“引随扩充律”是“并增律”，引随减缩律是扩充律的反面：例如说：“有甲丙则有乙丙。故此，有甲则有乙”；它是“并减律”，以上“并增”和“并减”两律的公名是“并变律”。引随句的并变律，是引随两项，同时并变：或同时并增，或同时并减。“并”字的意义，“是双方相比、发生关系，同时并有某一情况”。引随句的前项后项，有并变的特性：遵守并变律。此外论句间，或名辞间，许多逻辑关系，都是并变性的。例如“同一律”是并变性的：“既说甲乙相同，则必说甲丙和乙丙相同”；换言之：既说“中国人是华夏”，则必说“中国老年人便是华夏老年人”。**“前后相同者，增减相同时，仍相同”**。数学上，“等量，加等量，其和必等”；“等量减等量，余量相等”。这类的定理，是以并变律为根据。亚里，在此处，为证明“前提或然，则结论或然”，所用的理由，就是“引随关系”的“并变律”。

并变论式种种实例：

一、假设知识是猜想，那么，知识之所知，便是猜想之所知。

简式说法：知识既是猜想，则所知是所猜。（参看《辩证法》，卷二章八，卷三章六）

二、马既是兽，则马头是兽头（此例是上例的换式；格式架子相同，只是换了几个字）。

三、假设娱乐是好事，那么，大娱乐便是大好事。（形成正比例的引随关系。参考《辩证法》，卷二章十）

六、并变律运用上的限止——并变律，在骨子里，遵守“引随律”，和引随律有同样的效果，受同样的限止。最主要的限止是在“取取论式内”，取是取引句，故取随句，取是“重说”；在“句性”和“辞性”上，只限于“重说”，不许稍有变动，性质一变，则结论失真：至少，有时失真，故无明证的实效。句性，是句的肯定，或否定；间接也兼指句的本义。“辞性”，也是名辞的肯定，或否定，即是“积极”或“消极”；“完善”，或“残缺”；也是间接的兼指名辞的本义。在“舍舍论式内”，小前提内的“舍”，是舍弃随句，为能在结论内舍弃引句。舍是“否定”。它的必然效果是改变句性，但不改变辞性，也不改变名辞的本义。为了以上这个限止，并变律运用时，可用于两前提句态相同的论式，不可用于“真假配合”的论式；也不可用于句量相同的论式。

举实例说明如下：

	并变论式一：有效	论式二：有效
大	有前提如何，则有结论如何，	有前提如何，则有结论如何，
小	两前提都是必然论句，	两前提都是或然论句，
结	结论是必然论句。	结论是或然论句。

	论式三：无效	理由：参看注㊴
大	有前提如何，则有结论如何，	两前提错误，或一错一真，或全错，或半错，都能证出不错的结论。
小	两前提都是错误论句，	
结	结论是错误论句。	

注意：说结论错误，必是否定它的原有论句；故变更了论句，原有的句性，和本义，并且是违犯引随律：故论式无效。

论式四：无效 有前提如何则有结论如何，两前提都是全称，故结论是全称。	理由： 结论有时需是特称，视论法之不同而定。
论式五：无效 有前提如何，则有结论如何，一前提必然，一前提或然，故结论必然。	理由： 结论有时需是或然，或“无态”。
论式六：无效 有前提如何则有结论如何，一前提必然，一前提或然，结论或然。	理由： 结论有时只能是“无态”。
论式七：无效 有什么前提，便有什么结论，两前提都是否定，结论否定。	理由： 不能有任何结论。
论式八：无效 有什么前提，便有什么结论，前提都是特称，结论特称。	理由： 同前。
论式九：有效 有什么前提，便有什么结论，两前提都肯定，结论肯定。	理由： 必然的公律。

⑫真理柔弱胜刚强

真理的结论，常择取柔弱的论句，舍弃刚强的论句。两论句相较，肯定者刚强，否定者柔弱，全称者刚强，特称者柔弱；常态者刚强，或然者柔弱。“或然论句”是各种“可能论句”的通称。真理柔胜律，是论式公律的第八律，依此公律，每遇前提内，如有一个是“可能论句”，结论必是可能论句：原则是“宁柔勿刚”。但是在“必然”和“常态”论句配合的论式中，“必然”者，刚强；“常态”者柔弱，结论不常柔弱，却有时刚强，而必然只要不犯“夸大病”即可。参看前面许多“必常必”论式。除此例外以后，“宁柔勿刚”

的公律，确实是各论式所共遵共由的。依此公律，现有论式如下：

	元	符号	语法	说明反证法
一、	常盈乙甲		每乙是甲	大前提
二、	能盈丙乙		每丙能是乙	小前提
三、	能盈丙甲		每丙能是甲	结论
四、	必亏丙甲		有丙必非甲	（假设三号不对，作大前提）
五、	常盈丙乙		有丙是乙	（来自二号，作小前提）
六、	必亏乙甲		有乙必非甲	（四五结论，人法元式，注⑲）
七、	六号错，违反一号，四号必错，三号必真；亏假盈必真）			
八、	能盈乙甲		每乙能是甲	（假设六假，“必亏”假，“能盈”必真作大前提。）
九、	常盈丙乙		每丙是乙	（来自五号，作小前提。）
十、	能盈丙甲		每丙能是甲	（八,九，结论，天法元式：足证三号真实。）

历史上，亚里高足弟子德孚乐，曾主张“柔胜律”、贯彻到底，**一前提**是常态论句时，结论应是常态，不应是必然。为此，“必常必”论式无效；“必常常”有效。例如：

大：必盈乙甲：每乙必是甲，

小：常盈丙乙：每丙是乙，不必是乙，能不是乙，

结：常盈丙甲：每丙是甲，不必是甲，能不是甲。

阿拉伯大哲亚维新，不接受德氏之类的意见；仍保持亚里原论，声明“柔胜律”，只可施行于句性与句量，不可延及句态；更进一步主张：不但“必常必”有效，而且“必能必”也有效。例如：

大：凡能自动者，都必是动物，必盈乙甲，

小：人人能自动，能盈丙乙，

结：人人必是动物。必盈丙甲。

详察实情，可知德氏失之于不及，亚维新失之于太过。依照亚里见解，上面两例，适足以证实原论：关键全在“常态肯定”或“否

定”，及“必然”、“可能”等等名辞实有的含意，德氏原例含意如下：

大：必盈乙甲：每乙必是甲，凡是**真乙**，必定是甲，

小：常盈丙乙：每丙**真是**乙，是**真**乙，

结：必盈丙甲：每丙必是甲，**真是如乙之必是甲**。

亚维新原例含意如下：

大：必盈乙甲：能自动者，必是动物，

小：常盈丙乙：每人**真是**能自动者。

结：必盈丙甲：每人必是动物，如能自动者。

兹将三方意见，比较如下：

原例一	德孚乐	亚维新	亚里	
必盈乙甲 常盈丙乙 常盈丙甲	必盈乙甲 能亏丙乙 能亏丙甲	必盈乙甲 能盈丙乙 必盈丙甲	必盈乙甲 真盈丙乙 必盈丙甲	每乙必是甲 每丙真是乙 每丙必是甲

原例二	德孚乐	亚维新	亚里
凡能自动者必是动物 凡是人都能动 凡是人都（？）是动物	必盈乙甲 能亏丙乙 能亏丙甲	必盈乙甲 能盈丙乙 必盈丙甲	必盈乙甲 真盈丙乙 必盈丙甲

综合以上的比较，足见德孚乐以“**非必盈**”，释“常盈”；故乃“能亏”。亚里却释以“真盈”。亚维新的“能盈丙乙”，实是亚里的“真盈丙乙”，用乙代表“能自动者”：“凡是人都真是能自动者”，“能”字，在构辞“是”字后面，明明不是态辞，用符号分析起来，那个论句是“常盈丙乙”，有“真盈丙乙”的意思，没有“能盈丙乙”的意思，故不应是“能盈丙乙”。（参看注⑧⓪，特别问题的讨论）

从此看来，三方面，意见分歧，原因是德孚乐和亚维新二人对于“态辞论句”的误解。德氏误以为“无态论句”，暗含“必然性的否定”：否定“必有”，即是肯定“能无”；否定“必盈”，

即是肯定“能亏”，但“无态论句”，只是“无态”，即是“**常态**”、“**真态**”的意思：不暗含任何态辞的否定。亚维新误将宾辞中的“能”字，移置到构辞前面，因此，将不是态辞的“能”字，看成了态辞：误将“常态论句”，即是“无态论句”，看成了有态的“可能论句”。

“能”字和“不”字的位置相似；在“是”字前面或后面，关系非同小可：参看注①内三〇号，注㉓③内十一号及十三号。

⑫③图一，反证“全称论句”的常真性：

实有界	符　号	语 法	实　例	说　明
甲时	一、盈丙丁	每丙是丁	每动物是人	大前提 }引句
	二、盈丁丙	每丁是丙	每个人是动物	假设… }引句
	三、一丙丙	丙丁一类	动物、人只是一类	一、二、结论：随句
	四、盈戊丙	每戊是丙	每拉车者是动物	小前提假设
	五、盈戊丁	每戊是丁	每拉车者是人	一、四、结论
乙时	六、盈丁丙	每丁是丙	每个人是动物	大前提
	七、无丁己	无丁是己	无人是马	假设
	八、盈己丙	每己是丙	每匹马是动物	假设
	九、无己丁	无己是丁	无马是人	七号、换位
	十、亏丙丁	有丙非丁	有动物非人	九、八、结论
	十一、有丙丁	有丙是丁	有动物是人	六号、换位
	十二、亏丙己	有丙非己	有动物非马	七、六、结论
	十三、有丙己	有丙是己	有动物是马	八号换位
	十四、盈己戊	每己是戊	每马拉车	假设
	十五、亏戊丁	有戊非丁	有拉车者不是人	九、十四、结论
	十六、丙分丁戊	丁戊丙种共成丙类	一马异种共成动物一类	六～十四、结论

甲乙两时，真假互异，并且适相矛盾，图示如下：图二：（和前图合用）

前　图		甲　时	乙　时	关系说明
一号	盈丙丁	真	假	一、十矛盾
三号	一丙丁	真	假	三、十六矛盾
五号	盈戊丁	真	假	五、十五矛盾
十号	亏丙丁	假	真	见一号
十五号	亏戊丁	假	真	见五号
十六、丙分丁戊		假	真	见三号

比较以上两图的分析，可得以下这个结论："全称论句"，是普遍常真的：故是超越时间的。依同理，必也是超越空间的。"全称论句"所欲表达的定论，不受时间和空间的限制，一受限制，便由全称变成特称了。明见于上面两图。全称的有效论式，一有前提变成特称，就随着变成无效论式。全称结论，欲保持其实效与真理，它的两个前提，也必须保持着普遍常真的特性：超越时空，高出时空以外；遍在时空，深寓时空以内。这样的"全称论句"，及其普遍的真理，保含常真的必然性。无态论句或常态论句，全称的含意，是"普遍常真"。从此看来，亚里逻辑内所谈的"普遍论句"，究竟有没有"存在"的含意，有什么"存在"的含意，是两个没有解决的悬案。既超时空，怎能有时空性的存在？果无时空性的存在，怎能又深寓时空以内？这样的问题，是形上学的本体论问题。它的解决与否，关系本体论的深浅程度。不影响逻辑思考中每人可以体验的事实：例如以下这个无态论式，确实是普遍常真的，并且它的每个论句都是必然的。用"运动者"，代表运动的生物：

天（天法）	语法	辞例	必然性
盈乙甲	每乙是甲	每个运动者都是动物	必盈乙甲
盈丙乙	每丙是乙	每个人都是运动者	必盈丙乙
盈乙甲	每乙是甲	每个人都是动物	必盈乙甲

⑫4天法，亨常能能，反证法：

亨			人法利式
一、常无乙甲	无乙是甲	每丙必是甲	四、必盈丙甲
二、能盈丙乙	每丙能是乙	有丙是乙	五、常有丙乙
三、能无丙甲	能无丙是甲	有乙是甲	六、必有乙甲

说明：六号错，违反一号，故此。四号必错，三号必真。

亨			人法利式
一、常无乙甲	无乙是甲	必每丙是甲	四、必盈丙甲
二、能盈丙乙	每丙能是乙	每丙是乙	五、常盈丙乙
三、能无丙甲	能无丙是甲	必有乙是甲	六、必有乙甲

说明：六号错，则四号必错，故三号必真。

亨			
一、常无乙甲	无乙是甲	必有丙是甲	四、必有丙甲
二、能盈丙乙	每丙能是乙	每丙是乙	五、常盈丙乙
三、能无丙甲	能无丙是甲	必有乙是甲	六、必有乙甲

说明：同上。

名辞实例一：

有灵智的物体无一是乌鸦	必定每人都是乌鸦
每人能是有灵智的物体	每人是有灵智的物体
可能无任何人是乌鸦	必定有灵智物体是乌鸦

注意：在反证法内，可以用假设的办法，将“能盈”改成“常盈”，即是将“可能”改成“现实”；将“能是”改成“是”，去掉“是”前面的“能”字：因为，反证法的本质，是假设“潜能变成现实后”，前提如何，则结论必是如何。故此，这个假设是合法的。它的意思，不是说“‘可能是’，则‘现实是’”；而只是说：“既然是‘可能是’，则可以假设‘现实是’。”在“假设”的论法内，凡可以假设的论句，既然可以，就可被采用。反证法的本质正是，以“假设”作其核心。在“假设的办法”，不可用的时候，由“实

然论句”代替“或然，或可能论句”，是不合法的：因为“潜能”与“现实”，不可混而不分。在“假设”的范围以外，不可用“假设”，只可用“定言论句”，现实肯定“某某现实是如何”；不得同时肯定“某物将来能是如何”，又肯定“它已经现实是如何”。例如：同时肯定“张某是小孩子，可能长成老翁”，又说：“张某现实是小孩子，又是老翁”：是自相矛盾。

名辞实例二：

大：无一智识是运动；

小：可能每人都有知识，

结：可能无一人运动：不必定无人运动。

参看注(230)。

(125)名辞实例，同上，宜将抽象名辞，一律改成具体名辞，构成“是”字，或“在”字的正常语法。但在汉文，也无大需要。

(126)换式有效：

此式无效，结论“夸大”。“能无”换作“能每”，论式有效：元式			
常盈乙甲	每乙是甲（零）→	每乙是甲	常盈乙甲
能无丙乙	能无丙是乙	能每丙是乙	能盈丙乙
能无丙甲	能无丙是甲（整）	能每丙是甲	能盈丙甲

参看注(122)。

(127)

丙前提都否定故无效	小前提“能无”改作“能盈”：有效		亨　注(124)
常无乙甲	无乙是甲 →	无乙是甲	常无乙甲
能无丙乙	能无丙是乙	能每丙是乙	能盈丙乙
能无丙甲	能无丙是甲	能无丙是甲	能无丙甲

⑱

符号	语法	辞例
盈 能　乙甲 无	每 能　乙是甲（零） 无	每 能　动物是白的 无
常无丙乙	无丙是乙	雪 无（　　）是动物 沥青
亏 能　丙甲 无	有丙非甲 能　　　　（整） 无丙是甲	有（雪　）非白物 能 无（沥青）是白物

天法，小前提否定而无态，无论怎样，不能有效。

⑲总结以前诸注：

天法全称论式，小前提可能时，常能直接或间接证出有效的结论。一览表如下：

表 1

	元		亨	
常	盈	盈	无	无
能	盈	无	盈	无
能	盈	无	无	无
↓	↖	↓	↖	↓
常		盈		无
能		盈		盈
能		盈		无

表一：天法全称，“常能论式”常有效。

（参考附录二，有态论式全表）

表 2

	元		亨	
能 常 能	盈 盈 盈	盈 无 无	无 盈 无	无 无 无
	↓ 有 效	↓ 无 效	↓ 有 效	↓ 无 效

表二：“能常论式”小前提否定，在天法，常无效。

⑬利贞两式都有效：

利　符号	是字语法	在字语法	证明
能盈乙甲 常有丙乙 能有丙甲	能每乙是甲 有丙是乙 能有丙是甲	甲能在每乙 乙在某丙 甲能在某丙	参看注⑫反证法
贞			
能无乙甲 常有丙乙 能亏丙甲	能无乙是甲 有丙是乙 能有丙非甲	甲能不在任何乙 乙在某丙 甲能不在某丙	

⑬

利　符号公式	是字句法	在字句法	证明有效
常盈乙甲 能有丙乙 能有丙甲 →	每乙是甲 某丙能是乙 某丙能是甲	甲在每乙 乙能在某丙 甲能在某丙	注⑫
此式无效	结论“夸大”，故无效。	“能亏”改作“能有”，有效。	利（注⑬）

利 符号公式	是字句法	在字句法	证明有效
常盈乙甲	每乙是甲（零） →	每乙是甲	常盈乙甲
能亏丙乙	某丙能非乙	某丙能是乙	能有丙乙
能亏丙甲	某丙能非甲（整）	某丙能是甲	能有丙甲
	无效	有效↓	贞（注⑬⓪）
常无乙甲	无乙是甲（零） →	无乙是甲	常无乙甲
能亏丙乙	某丙能非乙	某丙能是乙	能有丙乙
能亏丙甲	某丙能非甲（整）	某丙能是甲	能亏丙甲

贞符号	是字句法	在字句法	证明有效
常无乙甲	无乙是甲	乙不在任何甲	
能有丙乙	某丙能是乙	乙能在某丙	注⑬⓪
能亏丙甲	某丙能不是甲	甲能不在某丙	注⑫④

参看注⑫⑨。

⑬②同前。

⑬③

符号	句法	改成“能每”	常无效
能$\frac{\text{盈}}{\text{无}}$乙甲	能$\frac{\text{每}}{\text{无}}$乙是甲	能每乙是甲	能亏乙甲
常亏丙乙	某丙非乙	某丙非乙	常亏丙乙
能$\frac{\text{亏}}{\text{无}}$丙甲	能$\frac{\text{有丙非}}{\text{无丙是}}$甲	能有丙非甲	能亏丙甲

名辞例证，参看注⑫⑧，改“无”作“亏”即得。“亏”字论句的无限定性，允许它的论式，和“无”字论式，用同样的证明，基于零整定律：“无真则亏真”。

(134)诸无效论式表：

表一：此八式无效：二四得八。

	1	2	3	4	1	2			
大	有	有	亏	亏	常	能	乙—甲	动物—白	动物—白
小	盈	无	盈	无	能	常	丙—乙	雪—动物	沥青—动物
结	有	亏	亏	亏	能	能	丙—甲	雪——白	沥青—白

表二：此十六式无效：四四一十六。

	1	2	3	4	1	2	3	4			
大	常	常	能	能	有	有	亏	亏	乙—甲	动物—白	动物—白
小	常	能	常	能	有	亏	有	亏	丙—乙	雪—动物	沥青—动物
结	常	能	能	能	有	亏	亏	亏	丙—甲	雪——白	沥青—白

天法“能、常”配合，有效论式表：

原式有效	元	盈盈盈	亨	无盈无	利	盈有有	贞	无有亏
	一	能能能		能能能		能能能		能能能
	二	能常能		能常能		能常能		能常能
	三	常能能		常能能		常能能		常能能
换式有效注(129)，(109)								
	元	盈无无			利	盈亏亏	贞	无无亏
	一	能能能				能能能		能能能
	二	常能能				常能能		常能能
	元	无无无	亨	无无无	利	无无亏	贞	无亏亏
	一	能能能		常能能		能能能		能能能
								常能能
					利	无亏亏		
						能能能		

（参考附录二，有态论式表）

第十六章　天法、或然与必然、配合论式

(135)天法“能、必”配合，可能论式总表：（二乘十六，共得三十二式）

		元	亨			元				利	贞			利	贞		
能	必	盈	无	有	亏	盈	无	有	亏	盈	无	有	亏	盈	无	有	亏
必	能	盈	盈	盈	盈	无	无	无	无	有	有	有	有	亏	亏	亏	亏
		盈	无			无				有	亏			亏	亏		

表内，各式，何时有效，无效，怎样证明，详见注(135)至(143)，及“有效论式表”。凡标名元、亨、利、贞的论式，都是有效的。

兹将“能必”，及“必能”诸论式，逐一分析如下：

元	符号	句　法	反证以地法	元必必必
一、必盈乙甲		每乙必是甲 →	每乙必是甲	四、必盈乙甲
二、能盈丙乙		每丙能是乙	某丙必非甲	五、必亏丙甲
三、能盈丙甲		每丙能是甲	某丙必非乙	六、必亏丙乙

解释：六号错，违反二号。五号必错。故三号必真。参看注(130)、(124)。

	元	符号	句　法
能	盈	乙甲	每乙能是甲
必	盈	丙乙	每丙必是乙
能	盈	丙甲	每丙能是甲

上式完善，不证自明。

⑬⑥

态	亨	符号	句法	反证法、大前提换位	元法亨/贞式
一、必无乙甲			必无乙是甲←→	必无甲是乙	四、必无甲乙
二、能盈丙乙			能每丙是乙	每/某丙是甲	五、常盈/有丙甲
三、常无丙甲			故无丙是甲	必无/有丙是/非乙	六、必无/亏丙乙

⑬⑦

亨	符号	句法	证明	说明
一、必无乙甲		必无乙是甲	四、常无丙甲	注⑬⑥，三号。引句
二、能盈丙乙		能每丙是乙	↓	本表内，三号即是五号
三、能无丙甲		能无丙是甲	五、能无丙甲	并是四号的必然随局

解释："无丙是甲"既然是常真，故"无丙是甲"是可能的。简言之：既然"常无丙甲"，则必定"能无丙甲"。

⑬⑧"亨能必能"论式有效，而完善。

1	亨	符号	句法	论式完善，反证无效	
一、能无乙甲			能无乙是甲	四、能无乙是甲	七、能每乙是甲
二、必盈丙乙			每丙必是乙	五、某丙是甲	
三、能无丙甲			能无丙是甲	六、能某丙非乙	八、能某丙是乙

解释：六号有八号的含义，和二号没有矛盾，故此反证法不能生效。"四、五、六"论式证不出"某丙必非乙"的结论来：故不能和"每丙必是乙"发生矛盾。换句话说："能某丙非乙"，对于"每丙必是乙"，没有不相容的地方。这就是说，因为四号是可能论句，五号的假设，产生不出"错误"的结论。实际上，五号和三号，也不真是互相矛盾；故从各方面说：反证法的条件，

无法满足，故不能生效。本处“亨能必能”一式，是一个不能证明，不需要证明，并且是不证自明的完善论式。其他三式分析如下：

2	此式无效，“能无”改作“能盈”，乃变为有效：元、式		
必盈乙甲	必每乙是甲	必每乙是甲	必盈乙甲
能无丙乙	能无丙是乙	能每丙是乙	能盈丙乙
能无丙甲	能无丙是甲	能每丙是甲	能盈丙甲

3	此式结论夸大，故无效
能盈乙甲	能每乙是甲（零）
必无丙乙	必无丙是乙
能无丙甲	能无丙是甲（整）

4	此式小前提“必无”，或违犯公律第三，或第七，故无效，辞例明显		
能无乙甲	能每/无乙是甲	动物——白	动物——白
必无丙乙	无必丙是乙	雪——动物	沥青——动物
能无丙甲	能每/无丙是甲	雪——白	沥青——白

(139)贞必能常，贞必能能，反证有效。

1	贞	符号	句法	反证一	地法亨式注(86)
一、必无乙甲			必无乙是甲	四、常每丙是甲	常盈丙甲
二、能有丙乙			能有丙是乙	五、必无乙是甲	必无乙甲
三、	常亏丙甲		常有丙非甲	六、必无乙是丙	必无乙丙
	能亏丙甲		能有丙非甲	必无丙是乙	必无丙乙

2	贞	符号	句法	反证二	地法亨式注(85)
一、必无乙甲			必无乙是甲	四、必无乙是甲	必无乙甲
二、能有丙乙			能有丙是乙	五、常每丙非甲	常盈丙甲
三、	常亏丙甲		常有丙非甲	六、必无丙是乙	必无丙乙
	能亏丙甲		能有丙非甲		

表1：六号错，违反二号，四号必错，三号必真。

表2：六号错，违反二号，五号必错，三号必真。

(140)

贞	句　法	证　明
能无乙甲	能无乙是甲	参看注(138)：证明此类论式完善，不证自明。
必有丙乙	必有丙是乙	
能亏丙甲	能有丙非甲	

利　符号	句　法	反　证	地法亨式
必盈乙甲	一、必每乙是甲	四、必每乙是甲	必盈乙甲
能有丙乙	二、能有丙是乙	五、必无丙是甲	必无丙甲
能有丙甲	三、能有丙是甲	六、必无丙是乙	必无丙乙

↑解释：六号错误，违反二号，五号必错，故三号必真。

(141)“必在”等于“必盈”，或“必有”：即是说：“必是”；必然肯定的全称或特称论句，叫作“必在”。所谓“不能在”，即是“不能是”或“必不是”，指示必然否定论句。论式分析如下：

1符号	句　法	辞　例	辞　例
必有乙甲	其乙（零）必是甲	白（零）——动物	白——动物
能盈丙乙	每丙能是乙（零）	人——白（零）	衣——白
能有丙甲	某丙能是甲	人（必是）——动物	衣（必不是）——动物

2符号	句　法	辞　例	辞　例
必有乙甲	某乙必是甲	白（零）——动物	白——动物
能无丙乙	能无丙是乙	人——白（零）	衣——白
常/能盈丙甲	某丙常/能非甲	人（必是）——动物	衣（必不是）——动物

3~4 符号	句　法	辞　例	辞　例
必亏乙甲	某乙必非甲	白（零）——动物	白——动物
能盈/无丙甲	能每/无丙是乙	人——白（零）	衣——白
常/能亏丙甲	某丙常/能非甲	人（必是）——动物	衣（必不是）——动物

以上四式，都无效，理由见注(134)。

(142)四无效论式：

1 符号公式	句　法	辞　例	辞　例
能有乙甲	某乙能是甲	白——动物	白——动物
必无丙乙	必无丙是乙	乌鸦——白	松胶——白
能亏丙甲	能有丙非甲	乌鸦（是）——动物	松胶（不是）——动物
2			
能亏乙甲	某乙能非甲		
必无丙乙	必无丙是乙	同上	同上
能亏丙甲	某丙能非甲		
3 和 4			
能有/亏乙甲	能有乙是/非甲	白——动物	白——动物
必盈丙乙	必每丙是乙	鹅——白	雪——白
而有/亏丙甲	某丙能是/非甲	鹅（是）——动物	雪（不是）——动物

以上四式无效，理由同前注(141)。

(143)特称论式，无效：

能　辞		论　式	符　号	辞例“肯定”	辞例“否定”
1	2	3 4 5 6			
能	必	有有亏亏	乙—甲	白——动物	白——动物
必	能	有亏有亏	丙—乙	人——白	无灵——白
能	常能	有亏亏亏	丙—甲	人——动物	无灵——动物

以上“能必”四式，“必能”四式，共八式，都无效。

态辞		符号	论式				辞例
1	2		1	2	3	4	
能	必	乙—甲	肯定	肯定	否定	否定	同前
必	能	丙—乙	肯定	否定	肯定	否定	
能	常能	丙—甲	肯定	否定	否定	否定	

以无限定“能必”和“必能”，各四式，共八式，和上述特称论式，相等：故都无效。

天法“能、必”配合，有效论式全表：

天法	论式	能必能	必能能	必能常
直接有效	元	盈盈盈	盈盈盈	↓必能能
	亨	无盈无	无盈无	无盈无
	利	盈有有	盈有有	
	贞	无有亏	无有亏	无有亏
间接有效	元	无盈无	盈无无	盈无无
	利	无有亏	盈亏亏	盈亏亏
	亨		无无无	无无无
	贞		无亏亏	无亏亏

（参考附录二，有态论式全表）

第十七章　地法、或然论式

(144)见注(119)和(130)，章十五。

(145)见章十三，及章内诸注。

(146)辞例：

能无乙甲 能盈丙甲 能无丙乙 ↓ 能盈丙乙	能无人是白的 能每马是白的 能无马是人 ↓ 能每马是人	能每人是白的 无马能是人

地法论式一览表：（能能配合：无一有效）

		1	2	3	4	5	6	7	8	9	10	11	12	13	14	15	16		
大	能	盈	盈	盈	盈	无	无	无	无	有	有	有	有	亏	亏	亏	亏	能	常
小	能	盈	无	有	亏	盈	无	有	亏	盈	无	有	亏	盈	无	有	亏	常	能
结	能	盈	无	有	亏	无	无	亏	亏	有	亏	有	亏	亏	亏	亏	亏	能	能
	能	无	盈	无	盈	盈	盈	有	有	亏	有	亏	有	有	有	有	有		
	能	有	有	盈	无	亏	亏	盈	盈	盈	盈	盈	盈	盈	盈	盈	盈		
	能	亏	亏	亏	盈	有	有	无	无	无	无	无	无	无	无	无	无		
			亨			亨	亨	贞	贞		贞								

表内亨贞数式，能有效；何时有效，详见注(149)至(156)。

(147)前注一览表：地法，"能、能"配合，常无效。

第十八章　地法、或然与无态、配合论式

⑱同上，能亏，能无，诸论式，和常态“盈、有”配合。

⑲亨式：

无	盈	无
常	能	能

有效，见上表“常能”，五号，“无盈亏”，间接有效。“无真”则“亏真”。

亨　符号	句法	换位、天法	亨　符号
常无乙甲	无乙是甲 →	无甲是乙	常无甲乙
能盈丙甲	每丙能是甲	每丙能是甲	能盈丙甲
能无丙乙	能无丙是乙	能无丙是乙	能无丙乙

⑳

亨　式一无效			
常盈乙甲	常每乙是甲	能无甲是丙	能无甲丙
能无丙甲	能无丙是甲	常每乙是甲	常盈乙甲
能无丙乙	能无丙是乙	能无乙是丙 能无丙是乙	能无乙丙 能无丙乙
亨　式二有效	有效		
能盈乙甲	能每乙是甲	常无甲是丙	常无甲丙
常无丙甲	常无丙是甲	能每乙是甲	能盈乙甲
能无丙乙	能无丙是乙	能无乙是丙	能无乙丙
		能无丙是乙	能无丙乙

观察：以上“亨盈无无，常能能”，和“能常能”两式，都有效，证法和注⑲，办法不同。⑲只是常态论句，“无乙是甲”，宾主换位，换成“无甲是乙”。⑳，亨式一，却是将可能论句，“能无丙是甲”，

宾主换位，换成“能无甲是丙”。这个换位法是有问题的。用“能”字的全称否定论句，不能用这样的简单换位法。但亚里却说(149)和(150)，诸论式有效，证明的“情形相同”。后代注解家，多无异议。详见前章，亚里为“能无”论句不得换位所举出的理由。但用“天法换位亨式”证明本处亨式第二便无难处；用物法亨式也可；图表如下：

能盈乙甲	常无甲丙
常无丙甲	能盈乙甲
能无丙乙	能无丙乙

(151)

论式一：

1　此式无效	“能无”换成“能盈”，遂变有效	亨　注(150)
能无乙甲	能无乙是甲→能每乙是甲	能盈乙甲
常无丙甲	常无丙是甲　常无丙是甲	无常丙甲
能无丙乙	能无丙是乙　能无丙是乙	能无丙乙

论式二：

2	参看注(149)
常无乙甲	常无乙甲
能无丙甲	能盈丙甲
能无丙乙	能无丙乙
无效	有效

(152)此式无效：违犯公律第二。

符号公式	句法	辞例：“肯定”	辞例：“否定”
能盈乙甲	能每乙是甲（零）	能每动物健康	能每马健康
常盈丙甲	（常）每丙是甲（零）	（常）每人健康	（常）每人健康
能盈丙乙	能每丙是乙	能每人是动物	能每人是马
		（每人必是动物	每人必非马）

⑮③八无效论式：

论式 1234		辞例："肯定"	辞例："否定"
能有盈亏无 常盈有盈有 能有有亏亏	乙甲 丙甲 丙乙	同注⑮②	同左
论式 l234			
常盈有盈有 能有盈亏无 能有有亏亏	乙甲 丙甲 丙乙	同上	同上

参看注⑭⑥至⑭⑧。

⑮④

公式无效	句法：无效	句法换式：有效	公式
能有乙甲	能有乙（零）是甲	常无丙是甲	常无丙甲
常无丙甲	（常）无丙是甲	能有乙是甲	能有乙甲
能亏丙乙	能有丙非乙（整）	能有乙非丙	能亏乙丙

贞	公式有效	句法	句法换位：天法	贞式：完善
常无乙甲 能有丙甲 能亏丙乙		总无乙是甲 能有丙是甲 能有丙非乙	总无甲是乙 能有丙是甲 能有丙非乙	常无甲乙 能有丙甲 能亏丙乙

参看注⑬①及⑫⑨。

常亏乙甲	有某乙（零）非甲	此式无效
能盈丙甲	能每丙是甲	
能亏丙乙	能有丙非乙（整）	

⑮⑤否定持特称论式：

1 公式无效	句法无效	是非换位	无法证明有效
能无乙甲	能无乙是甲	能每乙是甲	能盈乙甲
常亏丙甲	有某丙非甲	有某丙非甲	常亏丙甲
能亏丙乙	有某丙非乙	有某丙非乙	能亏丙乙

2 公式无效	句法无效	前提换位，是非换位	无法证明有效
常亏乙甲	有某乙非甲	能每丙是甲	能盈丙甲
能无丙甲	能无丙是甲	有某乙非甲	常亏乙甲
能亏丙乙	能有丙非乙	能有乙非丙	能亏乙丙

3 公式无效	句法无效	宾主换位，是非调换	贞式，天法，完善
常无乙甲	总无乙是甲	总无甲是乙	常无甲乙
能亏丙甲	能有丙非甲	能有丙是甲	能有丙甲
能亏丙乙	能有丙非乙	能有丙非乙	能亏丙乙

⑯两前提都特称，总无效：

1	2	1	2	3	4		价值
常	能	有	亏	有	亏	乙—甲	都无效
能	常	有	亏	亏	有	丙—甲	
能	能	有	亏	亏	亏	丙—乙	

无限定论式等于特称论式，故亦无效。

	1	2	3	4	1	2	价值
乙—甲	肯定	否定	肯定	否定	能	常	都无效
丙—甲	肯定	否定	否定	肯定	常	能	
丙—乙	肯定	否定	否定	否定	能	能	

地法“能、常”，配合有效论式总表：

	亨		贞
直接有效	○ 无盈无 常能能	○ 盈无无 能常能	○ 无有亏 常能能
间接或变式有效	无盈亏 常能能	盈无亏 能常能	无亏亏 常能能
	无无无 常能能	无无无 能常能	有无亏 能常能
	无无亏 常能能		

常能	能常
常能能	能常能
○ 无盈无	○ 盈无无
无盈亏	盈无亏
无无无	有无亏
无无亏	无无无
○ 无有亏	
无亏亏	

小圈标明直接有效论式（参考附录二，全表）。

第十九章　地法、或然与必然、配合论式

⑮地法“必、能”，配合论式总表：（二乘十六、共得三十二式）

		一	二	三	四	五	六	七	八	九	十	十一	十二	十三	十四	十五	十六
1	2		亨		贞	亨	亨	贞	贞								
		盈盈	盈无无	盈有	盈亏亏	无盈无	无无无	无有亏	无亏亏	有盈	有无	有有	有亏	亏盈	亏无	亏有	亏亏

表内诸式何时有效，详见本注⑮至⑯。参考附录二，有态论式全表。

亨、式一：有效

	亨　公式符号	句法	换位句法：天法	亨	说明
一	必无乙甲	必无乙是甲	必无甲是乙	必无甲乙	大前提
二	能盈丙甲	能每丙是甲	能每丙是甲	能盈丙甲	小前提
三	常无丙乙	（总）无丙是乙	无一丙是乙	常无丙乙	结论一
四	能无丙乙	能无丙是乙	能无丙是乙	能无丙乙	结论二
五	常有丙乙	有某丙是乙	假设三号错误		
六	必亏丙甲	必有丙非甲	一、五结论一		
	必亏丙乙	有丙不能甲	一、五结论二		
七	六号错误，五号必错，故三号必真，四号必真随之。				

亨式二无效		前提换位成亨式三，仍无效	
必盈乙甲	必每乙是甲	能无丙是甲	能无丙甲
能无丙甲	能无丙是甲	必每乙是甲	必盈乙甲
常无丙乙	无一丙是乙	无一丙是乙	常无丙乙
能无丙乙	能无丙是乙	能无丙是乙	能无丙乙

亨式四有效	句法换位	天法亨式	
能盈乙甲 必无丙甲 常无丙乙	能每乙是甲 必无丙是甲 无一丙是乙	必无甲是丙 能每乙是甲 常无乙是丙	必无甲丙 能盈乙甲 常无乙丙
↓ 能无丙乙	↓ 能无丙是乙	常无丙是乙 能无丙是乙	↓ 常无丙乙 ↓ 能无丙乙

反证同上，亨式一。参看天法亨式，注⑬⑥。

⑮⑧亨能必能、亨无盈无，无效。

此式无效			
能无乙甲	能无乙是甲	能每乙是甲	能盈乙甲
必盈丙甲	必每丙是甲	必每丙是甲	必盈丙甲
常 能无丙乙	无一 能能丙是乙	常 能每丙是乙	常 能盈丙乙

同上	辞例一	辞例二
能无乙甲 必盈丙甲 常 能无丙乙	能无人色白 必每鹅色白 常无 能无鹅是人	能无动物运动 每次醒觉（动作）必是运动 无一 能无醒觉是动物
	无鹅能是人	每个醒觉者必是动物
	必无鹅是人	每个醒觉者必不能不是动物

⑮⑨亨必能能，亨盈无无无效。

公式	句法	辞例一	辞例二
必盈乙甲	必每乙是甲	鹅——白	醒者——生者
能无丙甲	能无丙是甲	人——白	动物——生者
能无丙乙	能无丙是乙	人——鹅	动物——醒者

⑯⓪ 亨能必常
亨能必常 ，亨无无无，换成亨盈无无。

式一：

态	亨　无无	无效	有效	亨　盈无无
能 必	无乙甲 无丙甲	能无乙是甲 ——→ 必无丙是甲	能每乙是甲 必无丙是甲	能盈乙甲 必无丙甲
常能	无丙乙	常 能无丙是乙	常 能无丙是乙	常 能无丙乙

式二 贞必能常
贞必能能 ，贞无无无换成贞无盈无，有效。

⑯以下两式无效：

1	2			
必	能	盈乙——甲	鹅——白	醒——生
能	必	盈丙——甲	人——白	动物——生
常能	常能	盈丙——乙	人——鹅	动物—醒

以上两论式中辞每次指零，违犯公律，故无效。

⑯贞无有亏，贞必能常，贞必能能，有效。

贞　　公式	句法有效	天法贞式、句法	公式
必无乙—甲 能有丙—甲	必无乙是甲 能有丙是甲	必无甲是乙 能有丙是甲	必无乙甲 能有丙甲
常 能亏丙—乙	常 能有丙非乙	常 能有丙非乙	常 能亏丙乙

以下三式无效，或至少不常有效。

1			辞例
能有乙甲 必无丙甲 常 能亏丙乙		能有乙是甲 必无丙是甲 常 能有丙非乙	能有动物色白 必无乌鸦色白 常 能有乌鸦不是动物

2	公式	表面有效，实际	“是非”调换后，无效
公式 必每乙是甲 能有丙非甲		必盈乙甲 必盈乙甲 能有丙是甲	必每乙是甲 能亏丙甲 能有丙甲

3	公式	表面有效	辞例“是非”调换后
无效		能无乙甲	能无乙是甲
能无人是白人		能每人是白人	必有丙甲
必有丙是甲		必有鹅是白鹅	必有鹅是白鹅

⑯以下四式均无效。

1		表面有效“是非”	调换后：实际无效	
必盈乙甲		必每乙是甲	必每乙是甲	必盈乙甲
能亏丙甲		能有丙非甲 →	能有丙是甲	能有丙甲
常 能亏丙乙		常 能有丙非乙	常 能有丙是甲	常 能有丙乙

2		表面无效	实际也无效	
能亏乙甲		能有乙非甲 →	能有乙是甲	有乙甲
必盈丙甲		必每丙是甲	必每丙是甲	必盈丙甲
常 能亏丙乙		能有丙非乙	能有丙是乙	能有丙乙

3		表面有效，实际无效，辞例：无法证明有效		
能盈乙甲		能每乙是甲	能每动物色白	
必亏丙甲		必有丙非甲	必有石非白	能有石是动物
能亏丙乙		能有丙非乙	能有石非动物 →	必无石是动物

参看注⑮“能盈，常亏”。

4	公式	句法：无效
必亏乙甲		必有乙（零）非甲
能盈丙甲		能每丙是甲
常 能亏丙乙		常 能有丙非乙（整）

⑯④以下四式无效。

1	2	1	2	
必	能	盈	有	乙——甲零
能	必	有	盈	丙——甲零
能	能	有	有	丙——乙

⑯⑤

1 表面无效能改	“是非”“亏有”调换	人法：换位	注⑬⑨有效
必无乙甲	必无乙甲	必无乙甲 →	必无甲乙
能亏丙甲 →	能有丙甲 →	能有甲丙 →	能有丙甲
常 能亏丙乙	常 能亏丙乙	常 能亏丙乙	常 能亏丙乙
2 无效	无效：调换	有效同右上	注⑬⑨
能亏乙甲 →	能有乙甲 ↘	↗ 必无丙甲 →	必无甲丙
必无丙甲	必无丙甲 ↗	↘ 能有乙甲	能有乙甲
常 能亏丙乙	常 能亏丙乙	常 能亏乙丙	常 能亏乙丙

以上式一，间接有效。式二间接有效的结论“亏乙丙”，不是原式的结论“亏丙乙”。故此可说式二无效。

⑯⑥两前提都特称的论式无效。两前提都无限定者，等于都特称：故此也是无效。总表简示如下：

态		论式				辞位	辞例一	辞例二
1	2	1	2	3	4			
必	能	有	亏	有	亏	乙—甲	人——白	动物——白
能	必	有	亏	亏	有	丙—甲	鹅——白	乌鸦——白
常	常	有	亏	亏	亏	丙—乙	鹅——人	乌鸦——动物

地法“能、必”，配合有效论式全表：

直接有效	亨						贞			
	无	盈	无	盈	无	无	无	有	亏	
	必	能	常	能	必	常	必	能	常	1
间接或变式有效	必	能	能	能	必	能	必	能	能	2
	无	无	无	无	无	无	无	亏	亏	
				能	必	常	必	能	常	1
				能	必	能	必	能	能	2
							亏	无	亏	
							能	必	常	1
							能	必	能	2
	大	小	结	大	小	结	大	小	结	

地法“必能”，“能必”，“能常”，“常能”等有效论式，可证明直接有效者，只有六个，总表如下：

亨	1	2			
盈无无亨	能常能	能必常能	贞		
无盈无	3 常能能	4 必能常能	无有盈	5 常能能	6 必能常能

←公式详图

贞常能能	
亨常能能	
贞无有亏	
亨无盈无	
亨能必能	贞必能能
亨能必常	亨必能能
亨能常能	贞必能常
亨盈无无	亨必能常

←公式详图

第二十章　人法、或然论式

⑯⑦

人法论式，“能、能”配合总表：

态	一	二	三	四	五	六	七	八	九	十	十一	十二	十三	十四	十五	十六
能	盈	盈	盈	盈	无	无	无	无	有	有	有	有	亏	亏	亏	亏
能	盈	无	有	亏	盈	无	有	亏	盈	无	有	亏	盈	无	有	亏
能	有	亏	有	亏	亏	无	亏	亏	有	亏			亏	亏		

表内何式有效，详见本注⑯⑦至⑰①。参考附录二，有态论式全表。

人法，利式有效。

利　公式	句法	换位	利
能盈丙甲	能每丙是甲	能每丙是甲	能盈丙甲
能亏丙乙	能每丙是乙	能有乙是丙	能有乙丙
能有乙甲	能有乙是甲	能有乙是甲	能有乙甲

⑯⑧人法贞式有效。

贞　公式	句法	换位	贞
能无丙甲	能无丙是甲	能无丙是甲	能无丙甲
能盈丙乙	能每丙是乙	能有乙是丙	能有乙丙
能亏乙甲	能有乙非甲	能有乙非甲	能亏乙甲

⑯⑨

1	无效	无效	换性有效	有效、利式
能无丙甲		能无丙是甲	能盈丙是甲	能盈丙甲
能无丙乙		能无丙是乙	能盈丙是乙	能盈丙乙
能无乙甲		能无乙是甲	能有乙是甲	能有乙甲

2	无效	换性有效	有效、贞式
能无丙甲		能无丙甲	能无丙甲
能无丙乙		能盈丙乙	能有乙丙
能无乙甲		能亏乙甲	能亏乙甲

换性：肯定和否定互换。

3	无效	换性无效	换位有效
能无丙甲		能盈丙甲	能无丙乙
能无丙乙		能无丙乙	能有甲丙
能无乙甲		能亏乙甲	能亏甲乙

⑰⓪利我有效。

利	公式	句法	换位	利
能盈丙甲		能每丙是甲	能每丙是甲	能盈丙甲
能有丙乙		能有丙是乙	能有乙是丙	能有乙丙
能有乙甲		能有乙是甲	能有乙是甲	能有乙甲
利	公式	句法	移位、换位	利
能有丙甲		能有丙是甲	能每丙是乙	能盈丙乙
能盈丙乙		能每丙是乙	能有甲是丙	能有甲丙
能有乙甲		能有乙是甲	能 有甲是乙 / 有乙是甲	能有 甲乙 / 乙甲

⑰①表一：三式：

1	无效	换性有效贞式	换位：天法贞式	参考
能无丙甲 能亏丙乙 能亏乙甲		能无丙甲 能有乙丙 能亏乙甲	能无丙甲 能有乙丙 能亏乙甲	注⑯⑨第二式 注⑪⑤
2	无效	无法有效		
能无丙甲 能亏丙乙 能亏乙甲		能盈丙甲 能亏丙乙 能亏乙甲		
3	无效	换性有效	天法利式	
能无丙甲 能亏丙乙 能亏乙甲		能盈丙甲 能有丙乙 能有乙甲	能盈丙甲 能有甲乙 能有乙甲	注⑰⓪ 注⑪④

人法“能、能”，有效论式总表：

详表：

利能能能			贞能能能	
盈盈有 无无亏	盈有有 无无无	有盈有 无有亏	无盈亏	无有亏
有无亏	无亏亏	亏无亏		
无盈亏	盈亏亏			

注意：小圈下，一行五式，都直接有效，余者，间接或变式有效。“贞无盈亏”，直接有效，变式，成为“利盈盈有”，仍是有效。参考附录二。

表二：四式：

态	论式				辞位	辞例一	辞例二
	1	2	3	4			
能	有	有	亏	亏	丙甲	白——动物	白——马
能	有	亏	有	亏	丙乙	白——人	白——人
能	有	亏	亏	亏	乙甲	人——动物	人——马

以上四式无效。

第二十一章　人法、或然与无态、配合论式

⑰人法“能、常”，配合论式总表：

1	2	一	二	三	四	五	六	七	八	九	十	十一	十二	十三	十四	十五	十六
能	常	盈	盈	盈	盈	无	无	无	无	有	有	有	有	亏	亏	亏	亏
常	能	盈	无	有	亏	盈	无	有	亏	盈	无	有	亏	盈	无	有	亏
能	能	有	亏	有	亏	亏	无	亏	亏	有	亏			亏	亏		

表内何式有效，详见本注⑰至⑰。参考附录二。

利、贞诸式：

利　人法		换位	天法
能盈丙甲 常盈丙乙 能有乙甲	能每丙是甲 每个丙是乙 能有乙是甲	能每丙是甲 有某乙是丙 能有乙是甲	能盈丙甲 常有乙丙 能有乙甲
利		换位	
常盈丙甲 能盈丙乙 能有乙甲	每个丙是甲 能每丙是乙 能有乙是甲	每个丙是甲 能有乙是丙 能有乙是甲	常盈丙甲 能有丙乙 能有乙甲
贞		换位	
能无丙甲 常盈丙乙 能亏乙甲	能无丙是甲 每个丙是乙 能有乙非甲	能每丙非甲 有某乙是丙 能有乙非甲	能无丙甲 常有乙丙 能亏乙甲
贞			
常无丙甲 能盈丙乙 能亏乙甲	无一丙是甲 能每丙是乙 能有乙非甲	无一丙是甲 能有乙是丙 能有乙非甲	常无丙甲 能有乙丙 能亏乙甲

参看注⑫。

⑰③

	1	2		
常	盈	无	丙甲	
能	无	无	丙乙	无效
能	无	无	乙甲	
常	盈	无	丙甲	
能	盈	盈	丙乙	有效，利贞
能	有	亏	乙甲	

⑰④四个表：

一、利式		人法公式	有效 句法	换位证明	天法利式	
1	2					
常	能	盈丙甲	每丙是甲	每丙是甲	盈丙甲	表 1
能	常	有丙乙	有丙是乙→	有乙是丙	有乙丙	
能	能	有乙甲	有乙是甲	有乙是甲	有乙甲	

二、利式		人法公式	大小前提移位	宾主换位	天法换位利式	
1	2					
常	能	有丙—甲	盈丙—乙	盈丙—乙	盈丙—乙	表 2
能	常	盈丙—乙	有丙—甲→	有甲—丙	有甲—丙	
能	能	有乙—甲	有甲—乙	有甲—乙→	有乙—甲	

三、贞式		人　法	有　效	换　位		
1	2					
常	能	无丙甲	无丙是甲	无丙是甲	无丙甲	表 3
能	常	有丙乙	有丙是乙→	有乙是丙	有乙丙	
能	能	亏乙甲	有乙非甲	有乙非甲	亏乙甲	

		无效	无效	移换有效	有效：贞式	
常	能	有丙甲	能有丙是甲（零）	无一丙是乙	常无丙乙	表 4
能	常	无丙乙	无一丙是乙	能有丙是甲	能有甲丙	
能	能	亏乙甲	能有乙非甲（整）	能有甲非乙	能亏甲乙	

⑰人法元式两个有效。

元式		有效	句法	反证法	说明
1	2				
一、常	能	亏丙甲	有丙非甲	四、必每乙是甲	假设三号错
二、能	常	盈丙乙	每丙是乙	五、能 常每丙是乙	二号保留如故
三、能	能	亏乙甲	有乙非甲	六、能 常每丙是甲	四、五、结论

注意：六号违犯一号前提，故是错误。六号错，则四号必错，故三号必真。

⑯特称或无限定，八式无效：

态		论　式				符号	辞例一	辞例二
1	2	1	2	3	4			
常	能	有	有	亏	亏	丙—甲	白——动物	白——马
能	常	有	亏	有	亏	丙—乙	白——人	白——人
能	能	有	亏	亏	亏	乙—甲	人——动物	人——马

参看注⑪，表二。两注大同小异。

人法“能、常”，配合有效论式总表：（共二十一式）

	利		贞		元	
直接有效	能常能	常能能	能常能	常能能	能常能	常能能
	盈盈有	盈盈有	无盈亏	无盈亏	亏盈亏	亏盈亏
	盈有有	盈有有	无有亏	无有亏		
	有盈有	有盈有				
间接或变式有效	无盈亏	盈无亏		无无亏		亏无亏
	无有亏	盈亏亏		无亏亏		
	亏盈亏	有无亏				

注意：直接有效者，十二式；能常论式、贞无盈亏，及贞无有亏，直接有效，改成利盈盈有，和利盈有有，仍是有效。

第二十二章　人法、或然与必然、配合论式

⑰人法“能、必”，配合论式总表：

一	二	一	二	三	四	五	六	七	八	九	十	十一	十二	十三	十四	十五	十六
必	能	盈	盈	盈	盈	无	无	无	无	有	有	有	有	亏	亏	亏	亏
能	必	盈	无	有	亏	盈	无	有	亏	盈	无	有	亏	盈	无	有	亏
?	?	有	亏	有	亏	亏	亏	亏	亏	有	亏			亏	亏		

将上表诸式，分析如下：

利式有效：

利　公式	句　法	换位天法	利　式
必盈丙甲 能盈丙乙 能有乙甲	每丙必是甲 每丙能是乙 有乙能是甲	每丙必是甲 有乙能是丙 有乙能是甲	必盈丙甲 能有乙丙 能有乙甲
利			
能盈丙甲 必盈丙乙 能有乙甲	每丙能是甲 每丙必是乙 有乙能是甲	每丙能是甲 有乙必是丙 有乙能是甲	能盈丙甲 必有乙丙 能有乙甲

参看⑭。

⑱贞式有效。

贞　公式	句法	换位、天法	贞式
能无丙甲 必盈丙乙 能亏乙甲	能无丙是甲 必每丙是乙 能有乙非甲	能无丙是甲 必有乙是丙 能有乙非甲	能无丙甲 必有乙丙 能亏乙甲

贞			
必无丙甲 能盈丙乙 能 　亏乙甲 常	必无丙是甲 能每丙是乙 能 　有乙非甲 常	必无丙是甲 能有乙是丙 能有乙甲	必无丙甲 能有乙丙 能 　亏乙甲 常

参看注⑬⑨。

⑰⑨数无效论式。

必盈丙甲 或无丙乙 　无 能　乙甲 　亏	必每丙是甲（零） 能无丙是乙 　无乙是甲 能　　　　（整） 　有乙非甲	必每丙是甲 能每丙是乙 能有乙是甲	必盈丙甲 能盈丙乙 能有乙甲
公式无效	无效	“是非”调换：有效	利式
能盈丙甲 必无丙乙 常无 　　乙甲 能亏	能每丙是甲（零） 必无丙是乙 常无　是甲（整） 　　乙 能有　非甲	能每丙是甲 必无乙是丙 无　是甲 　乙 有　非甲	能盈丙甲 必无乙丙 常无 　　乙甲 能亏
无效	无效	无效	无效

⑱⓪“能、必”四式无效。

小大前提	公式	句法	辞例一	辞例二
	能盈丙—甲 必无丙—乙	能每丙是甲（零） 必无丙是乙	人——睡觉 人——睡马	人——睡觉 人——醒马
四可能的结论都无效	常无乙—甲 常亏乙—甲 能无乙—甲 能亏乙—甲	无一乙是甲（整） 有某乙非甲 能无乙是甲 能有乙非甲	睡马—睡觉 睡马—睡觉 睡马—睡觉 睡马—睡觉	醒马—睡觉 醒马—睡觉 醒马—睡觉 醒马—睡觉

上式违犯公律第二，故不会生效，见注⑮，九号

⑱利式有效。

利　公式	句法	换位，天法	利
能盈丙甲 必有丙乙 能有乙甲	能每丙是甲 必有丙是乙 能有乙是甲	能每丙是甲 必有乙是丙 能有乙是甲	能盈丙甲 必有乙丙 能有乙甲
利			
必盈丙甲 能有丙乙 能有乙甲	必每丙是甲 能有丙是乙 能有乙是甲	必每丙是甲 能有乙是丙 能有乙是甲	必盈丙甲 能有乙丙 能有乙甲

参看注⑭。

利			
能有丙甲 必盈丙乙 能有乙甲	能有丙是甲 必每丙是乙 能有乙是甲	必每丙是乙 能有甲是丙 能有甲是乙 能有乙是甲	必盈丙乙 能有甲丙 能有甲乙 能有乙甲
利			
必有丙甲 能盈丙乙 能有乙甲	必有丙是甲 能每丙是乙 能有乙是甲	能每丙是乙 必有甲是丙 能有甲是乙	能盈丙乙 必有甲丙 能有甲乙
		能有乙是甲	能有乙甲

参看注⑭

⑱贞式有效。

贞　公式	句法	换位，天法	贞
能无丙甲 必有丙乙 能亏乙甲	能无丙是甲 必有丙是乙 能有乙非甲	能无丙是甲 必有乙是丙 能有乙非甲	能无丙甲 必有乙丙 能亏乙甲
贞			贞
必无丙甲 能有丙乙 常亏乙甲 能亏乙甲	必无丙是甲 能有丙是乙 有某乙非甲 能有乙非甲	必无丙是甲 能有乙是丙 有某乙非甲 能有乙非甲	必无丙甲 能有乙丙 常亏乙甲 能亏乙甲

参看注⑭⓪。

⑱③

1　无效	句法	辞例一	辞例二
能有丙甲	能有丙是甲（零）	人　睡觉	人　睡觉
必无丙乙	必无丙是乙	人　睡马	人　醒马
能亏乙甲 常亏乙甲	有某乙非甲（整） 能有乙非甲	睡马　睡觉 睡马　睡觉	醒马　睡觉 醒马　睡觉
2　无效	是非调换大小前提移位宾主换位		利天法有效
必有丙甲	必有丙是甲	能每丙是乙	能盈丙乙
能无丙乙	能无丙是乙	必有甲是丙	必有甲丙
能亏乙甲	能有乙非甲	能有甲是乙 能有乙是甲	能有甲乙 能有乙甲

参看注⑱⓪。

人法“能、必”配合，有效论式总表：

	利		贞		元	
直接有效	能必能	必能能	能必能	必能常	能必能	必能常
	盈盈有	盈盈有	无盈亏	必能能	亏盈亏	
	盈有有	盈有有	无有亏	无盈亏		必能能
	有盈有	有盈有		无有亏		亏盈亏
间接有效	无盈亏	盈无亏		无无亏		
	无有亏	盈亏亏		无亏亏		
	亏盈亏	有无亏				

注意：表内，能必论式，大前提全称时，利、贞可以互变；大前提特称时，利元可以互变。除互变者外，其余论式，只能间接有效：原式表面无效；变式则有效。物法见注⑲⓪。

第二十三章　各种论法与天法、总论

⑱④无理乞赖的强辩或诡辩一：

公　式	句法一	句法二
前提：盈乙甲 结论：盈乙甲	每乙是甲 每乙是甲	因为每乙是甲 所以每乙是甲

⑱⑤无理乞赖的强辩和诡辩二：

公　式	句法一	句法二
前提：盈丙甲 结论：盈乙甲	每丙是甲 每乙是甲	因为每丙是甲 故此每乙是甲

⑱⑥举例：天法元式，完善：

公　式	句法一	句法二
大前提：盈丙甲	每丙是甲	因为每丙既是甲
小前提：盈乙丙	每乙是丙	同时每乙又是丙
结论：盈乙甲	每乙是甲	故此每乙必是甲

⑱⑦无理强辩或诡辩三和四。

公　式	句法一	句法二
大前提：盈丙甲 小前提：盈甲丁 结论：盈乙甲	甲在每丙 丁在每甲 甲在每乙	因为每亏既是甲 同时每甲又是丁 故此每乙必是甲
大前提：盈丙甲 小前提：盈丙丁 结论：盈乙甲	甲在每丙 丁在每丙 甲在每乙	因为每丙既是甲 同时每丙又是丁 故此每乙必是甲

以上两式违犯公律第一。见注⑮九号中辞丙说明了甲丁的关系，没有说明乙甲的关系。前提说丁，结论说乙：是前言不答后语。

⑱⑧无理强辩或诡辩之五。

联证法	公式		
大前提：	盈丙甲	甲在每丙	因为每丙是甲
小前提一：	盈丁丙	丙在每丁	同时每丁是丙
小前提二：	盈戊丁	丁在每戊	并且每戊是丁
小前提三至若干。总不提乙；		加上每……是……（不提乙）	
结论：	盈乙甲	甲在每乙	故此每乙是甲

以上是联证法犯了无理强辩的过错。前提里，谈丁谈戊，但未谈乙。结论却谈起乙来。前提里，丙丁等一连串的中辞，都没有说到乙甲之间有什么关系。故此结论说“每乙是甲”，便是没有根据。

⑱⑨详见天地人三法诸有效论式。附录二。

⑲⓪详见注⑮，七～八号。

亚里只说论法有三种，因为他在类级系统里，上中下三级，只能允许有三种宾主关系。第四种，上下倒置，不是天法的换位论式，便是地人两法的改装，似乎没有成立的必要。但如纯以中辞的位置及三辞排列的形式为标准，既有“上中下”，便有“下中上”，再加上“中上下”、“上下中”，便是四式。于是后代人认为论法必须有四种。天法结论能有“盈无有亏”四种论句。地法只能有“无亏”两种。人法只能有“有亏”两种，物法能有“无有亏”三种，但不能有“盈”。详见注⑮及以“物法”总表：

物法论式总表：

元	贞	利		亨					贞							论式 / 论法
1	2	3	4	5	6	7	8	9	10	11	12	13	14	15	16	
盈	无	有	亏	盈	无	有	亏	盈	无	有	亏	盈	无	有	亏	甲 乙
盈	盈	盈	盈	无	无	无	无	有	有	有	有	亏	亏	亏	亏	乙 丙
有	亏	有		无					亏							丙 甲
				亏												弱式

物法论式，“元贞利亨贞”五个有效，加上弱式，“亨盈无亏”，共算六个，表内其余诸式都无效，它的有效论式是不完善论式，需要依换位移位等等方法，改归天法，以得补充证实。详表如下：

1 元式	句法（前提移位结论宾主换位）	移位换位得“有”	天法元式	
盈甲乙 盈乙丙 有丙甲	每甲是乙 每乙是丙 有丙是甲	每乙是丙 每甲是乙 每甲是丙 有丙是甲	盈乙丙 盈甲乙 盈甲丙 有丙甲	
2 贞式	句法（“无”句宾主换位）	人法贞式（盈句宾主换位）	换“无” 换“盈”	天法贞式
无甲乙 盈乙丙 亏丙甲	无甲是乙 每乙是丙 有丙非甲	无乙是甲 每乙是丙 有丙非甲	无乙是甲 有丙是乙 有丙非甲	无乙甲 有丙乙 亏丙甲
3 利式	句法（大小前提移）	移前提换结论得有	天法利式	解释
有甲乙 盈乙丙 有丙甲	有甲是乙 每乙是丙 有丙是甲	每乙是丙 有甲是乙 有甲是丙 有丙是甲	盈乙丙 有甲乙 有甲丙 有丙甲	结论“有甲丙”宾主换位得“有丙甲”

4	无效	句法	前提指零，结论指整	辞例
亏甲乙 盈乙丙 盈丙甲		有甲（零）非乙 每乙是丙 有丙非甲（整）	违犯公律第 二，见注⑮ 九号	实体——人 人——动物 动物—实体
5	亨式	句法（前提移位 结论换位）	移换得无 无必生亏	天法亨式
盈甲乙		每甲是乙	无乙是丙	无乙丙
无乙丙		无乙是丙	每甲是乙	无甲乙
无丙甲 ↓ 亏丙甲		无丙是甲 ↓ 有丙非甲	无甲是丙 ↓ 无丙是甲 有丙非甲	无甲丙 ↓ 无丙甲 亏丙甲
6	无效	句法两前提否定		辞例一
辞例二 无矿物是人 无人是柳		无甲乙 无乙丙 无丙甲	无甲是乙 无乙是丙 无丙是甲	无植物是人 无人是柳 无柳是植物

7	无效	违犯公律第七
有甲乙 无乙丙 亏丙甲		有甲（零）是乙 无乙是丙 有丙非甲（整）
8	无效	违犯公律第三
无甲乙 无乙丙 亏丙甲		有甲非乙 无乙是丙 有丙非甲
9	无效	违犯公律第二
盈甲乙 有乙丙 有丙甲		每甲是乙（零） 有乙（零）是丙 有丙是甲

	10	贞	换无换有	天法	贞式
	无	甲乙	无甲是乙——→	无乙是甲	无乙甲
	有	乙丙	有乙是丙——→	有丙是乙	有丙乙
	亏	丙甲	有丙非甲	有丙非甲	亏丙甲

	11	12	13	14	15	16	论式 / 论法
	有 有 有	亏 有 亏	盈 亏 亏	无 亏 亏	有 亏 亏	亏 亏 亏	甲乙丙 乙丙甲
违犯了的公律	第四	第四，第七	第二	第三	第四，第七	第四，第三，第七	11 至 16 六式都无效。详明分析仿 7~10 读者可自为之

⑲定理：“对角线和边线不同分”。证明：

一、明证——用天法元式：大前提：

大前提：凡是奇偶两数都不同分，

小前提：凡是对角线和边线的两数都是奇偶；

结　论：凡是对角线和边线都不同分。

设令：乙代表“奇偶两数”，

甲代表“不同分”，（同一除数除不尽的两数叫作不同分）

丙代表“对角线和边线（的两数）”。论式如下：

元　公式	句法一	句法二
盈　乙　甲	每乙是甲	既然每乙是甲
盈　丙　乙	每丙是乙	每丙又是乙
盈　丙　甲	每丙是甲	故每丙是甲

二、反证

天法元式	句法	假设的矛盾论法	人法元式
一、盈乙甲	每乙是甲	四、有丙非甲	亏丙甲
二、盈丙乙	每丙是乙	五、每丙是乙	盈丙乙
三、盈丙甲	每丙是甲	六、有乙非甲	亏乙甲

解释：1. 四号是三号的矛盾句；并是错误；但假设有人认为它真实。

2. 六号是四号和五号必生的结论。五号来自二号，是原来承认的小前提和事实。

3. 六号错误，因为它违犯一号。一号是大前提，是原来承认的公理。一号真则六号必错："盈真亏必假"。

4. 四号必错。六号是结论，又是错误。结论的错误，必定来自前提。不是来自五号小前提，故此，只能是来自四号的大前提。

5. 四号错，三号必真："亏错盈必真"，"非亏必盈"。三号是原需证明的结论：明证，即是直证，用天法元式。反证用了人法元式。

6. 勿论明证反证，都用天地人三法之一：出不了三法的范围。这是必然而无疑的。

第二十四章　论式的质与量

(192)论法公律第四，前提不可都特称。原文明白。不待注解。参看注⑮，第八号。本注(202)是专为补充注⑮而设。几何学举例图解如下：

定理："等边角底线上的对角相等"；证明如下：

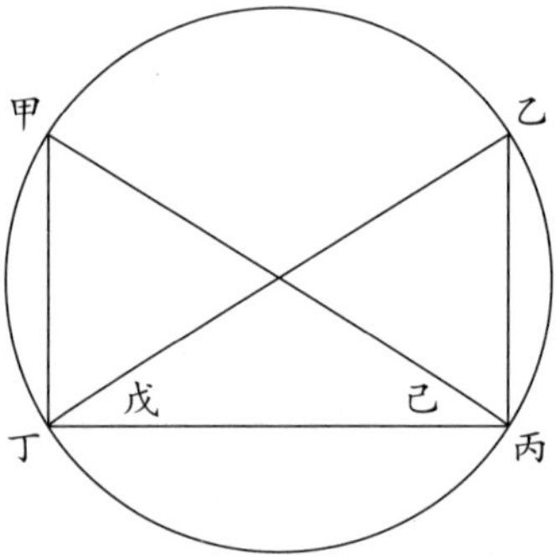

论式一

大：凡是半圆都相等

小：凡是平角都是半圆

结：凡是平角都相等

论式二

大：凡是平角都相等

小："甲丙" 和 "乙丁" 是两个平角

结："甲丙" 和 "乙丁" 相等

论式三

大：凡是弧线对角都相等

小：丙和丁是两个弧线对角

结：丙和丁两角相等

论式四

凡是等数减等数余数相等

戊己两角各是圆周减等数的余数

戊己两角彼此相等

说明：1. 戊是圆周减乙丁平角和丁弧线角。

2. 己是圆周减甲丙平角和丙弧线角。

3. "乙丁" 平角加弧线角丁：总数等于 "甲丙" 加丙。

4. 戊己各是圆周减等数的余数。

5. 戊和己两角相等。

6. 戊和己是等边角底线上的两个对角。

7. 故此：等边角底线上对角相等。

论式五：

大：凡是等数减等数，余数相等

小：等边角底线上的对角各是等数减等数的余数

结：等边角底线上的对角都相等

请注意：究竟亚里怎样证明上述的几何定理，原文抄本不一致。历代学者意见，也有许多各不相同。但都是大同小异，各从所好。参看欧克利德《几何学》，卷三，章十六，定理三一。并参考书录所举各家译本及注解。

以上五个论式，每个都有全称论句作大前提。两个前提不都是特称。前提不用全称论句，说不出论式所应根据的原理，结论不会有效。说不出原理而坚持某结论，叫作“无理乞赖”，是不逻辑的。这是亚里在此处特别证明的要点。从此可见论法公律第四的重要。

第二十五章　论式成分的定额比例

⑲名辞数目，在三个以上，必定构成许多论式，不只是一个。那许多论式，或只用不同的中辞，分头直接证明同样的结论；或只有一个主要论式，其余都是补证论式，补证主式的大前提或小前提，如此间接证明主式的结论；或是那许多中辞，属于一个范畴，彼此类级不同，依种类高下的品级，排成系统，首辞在最首，尾辞在末尾，其余依次排列在中间，构成联证法；或是那许多名辞，构成许多彼此无关的论式，各用**不同的中辞，证明不同的结论**。如此，估计，共有四种可能，依次分别举例说明如下：

例一：丑卯两中辞，同证子寅

甲：盈丑寅	每丑是寅	丙：盈卯寅	每卯是寅	大前提
乙：盈子丑	每子是丑	丁：盈子卯	每子是卯	小前提
戊：盈子寅	每子是寅	戊：盈子寅	每子是寅	结论

例二：补证论式

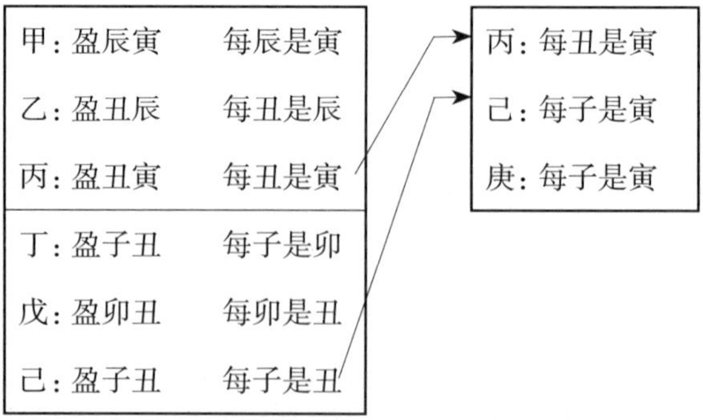

例三：联证法（天法）

论式					中间诸结论		
元	亨	利	贞				
盈	无	盈	无	丑寅			各级
盈	盈	盈	盈	卯丑	卯寅		前提
盈	盈	盈	盈	辰卯	辰丑	辰寅	
盈	盈	有	有	子辰	子卯	子丑	（子寅）
盈	无	有	亏	子寅	最后的结论		

元式	语法前提	结论：中间的		最后的
释例一	每丑是寅			
	每卯是丑	每卯是寅		
	每辰是卯	每辰是丑	每辰是寅	
	每子是辰	每子是卯	每子是丑	每子是寅

亨式	语法前提	结论：中间的		最后的
释例二	无丑是寅			
	每卯是丑	无卯是寅		
	每辰是卯	每辰是丑	无辰是寅	
	每子是辰	每子是卯	每子是丑	每子是寅

利贞二式的语法释例仿此。

规则：只有第一前提能是否定的（例如亨、贞二式）。只有最后前提能是特称的（例如利、贞）。倒装语法的论式规则，也倒换过去：只有第一前提是特称的，只有最后前提能是否定的。例如：某子属于辰，每辰属于卯，每卯属于丑，无丑属于寅，所以某子不属于寅。

例四：第一步：论句总数

甲：盈子丑	每子是丑
乙：盈丑寅	每丑是寅
丙：盈子卯	每子是卯
丁：盈丑辰	每丑是辰
戊：盈卯丑	每卯是丑
己：盈辰寅	每辰是寅
庚：盈子寅	每子是寅
辛：盈卯辰	每卯是辰

第二步：主要论式

甲：盈子丑	每子是丑
乙：盈丑寅	每丑是寅
庚：盈子寅	每子是寅

第三步：补证大前提乙

己：盈辰寅	每辰是寅
丁：盈丑辰	每丑是辰
乙：盈丑寅	每丑是寅

第四步：补证小前提甲

戊：盈卯丑	每卯是丑
丙：盈子卯	每子是卯
甲：盈子丑	每子是丑

第五步：无关论式

丁：盈丑辰	每丑是辰
戊：盈卯丑	每卯是丑
辛：盈卯辰	每卯是辰

第六步：联证法第一

丙：盈子卯	每子是卯
戊：盈卯丑	每卯是丑
乙：盈丑寅	每丑是寅
庚：盈子寅	每子是寅

第七步：联证法第二

甲：盈子丑	每子是丑
丁：盈丑辰	每丑是辰
己：盈辰寅	每辰是寅
庚：盈子寅	每子是寅

第八步：补证己：加新中辞

壬：盈辰巳	每辰是巳
癸：盈巳寅	每巳是寅
己：盈辰寅	每辰是寅

第九步：其他，仿上

联证补证左补右补，目的全在证出最后的主要结论：每子是寅。

⑭参考卷二，章廿三，注㉛～㉟。

⑮亚里，《辩证法》，卷八，章一：为说服人破除迷信或成见，先劝人依理接受许多前提，暂不泄露结论。待人已接受前提并信心坚强，始促其由前提推演出必然的结论，不得不承认结论真确，因而破除昔日错误的成见。为克胜人心理方面的障碍，不可真理直说，惟需用娓曲婉转的开导技术，和循循善诱的教育方法。为此种种目的，议论言谈时，需要在人心理准备未成熟以前，不向人声明最后的结论。这就是隐瞒结论的埋伏法。

⑯详见注⑬。

⑰详见注⑬，例四，论式五。

⑱计算举例：

一、简单论式
- 前提二：数偶：大，小。
- 名辞三：数奇：首尾中
- 结论一：二数之半

例：

大：	盈丑寅
小：	盈子丑
结：	盈子寅

二、补证的论式
- 前提六：数偶
- 名辞九：数奇
- 结论三：六数之半

例：

大：盈辰寅	
小：盈丑辰	
结：盈丑寅 →	大：盈丑寅
大：盈午丑	小：盈子丑
小：盈子午	结：盈子寅
结：盈子丑 → （小）	

⑲联证法举例计算：

例一：前提	结论		计算		
盈甲乙			名辞	前提	结论
盈乙丙	盈甲丙		三	二	一
盈丙丁	盈乙丁	盈甲丁	四	三	二

例二：前提	结论和计算				计算		
盈甲乙					名	前提	结论
盈乙丙	盈甲丙				三	二	一
盈丙丁	盈乙丁	盈甲丁			四	三	二

盈丁戊	盈丙戊	盈乙戊	盈甲戊		五	四	三
盈戊己	盈丁己	盈丙己	盈乙己	盈甲己	六	五	四
盈己庚	盈戊庚	盈丁庚	盈丙庚	盈乙庚	七	六	五
					盈甲庚		
总计：名辞：七。前提：六。结论：十五。							

例三：有盈式	结论总数：十				计算		
有甲乙					名辞	前提	结论
盈乙丙	有甲丙				三	二	一
盈丙丁	盈乙丁	有甲丁			四	三	二
盈丁戊	盈丙戊	盈乙戊	有甲戊		五	四	三
盈戊己	盈丁己	盈丙己	盈乙己	有甲己	六	五	四

例四：盈无式	结论总数：十				计算		
盈甲乙					名十	前提	结论
盈乙丙	盈甲丙				三	二	一
盈丙丁	盈乙丁	盈甲乙			四	三	二
盈丁戊	盈丙戊	盈乙戊	盈甲戊		五	四	三
无戊己	无丁己	无丙己	无乙己	无甲己	六	五	四

例五：有亏式	结论总数：六			计算		
有甲乙				名辞	前提	结论
盈乙丙	有甲丙			三	二	一
盈丙丁	盈乙丁	有甲丁		四	三	二
无丁戊	无丙戊	无乙戊	亏甲戊	五	四	三

联证法，共有以上四式总表简示如下：

盈盈式：	第一前提，中间诸前提，一切结论都是“盈”。
盈无式：	第一前提，中间诸前提及结论是“盈”。最后前提和结论却是“无”。

有有式：	第一前提是“有”，最后结论是“有”；中间前提都是盈。
有亏式：	第一前提是“有”，中间是“盈”，最后结论是“亏”。中间有些结论是无，有些是“有”。

规则：

一、只有第一前提能是“有”。

二、只有最后前提能是“无”。回阅注⑲③。

中间前提都需是“盈”。数目可增至甚多。但不可增至无限。无限多的前提，等于没有前提，因为永不会证出结论。“追本溯源”，不能永无止境。永无止境，等于“无本无源”。结论无由成立。以上是“传统的亚里联证法”。

上述联证四论式，都能用倒装语法排列。形式举例如下：例五的倒装：

无戊己				
无丁戊	无丁己			
无丙丁	盈丙戊	无丙己		
盈乙丙	盈乙丁	盈乙戊	无乙己	
有甲乙	有甲丙	有甲丁	有甲戊	亏甲己

倒装的联证法史称“高可兰式亚里联证法”，其论式简表及规则如下：

一、盈盈式			二、有有式			三、盈无式	四、有亏式
前提	一	盈己庚	前提	一	盈戊己	无戊己	无戊己
	二	盈戊己		二	盈丁戊	盈丁戊	盈丁戊
	三	盈丁戊		三	盈丙丁	盈丙丁	盈丙丁
	四	盈丙丁		四	盈乙丙	盈乙丙	盈乙丙
	五	盈乙丙		五	有甲乙	盈甲乙	有甲乙
	六	盈甲乙	结：有甲己			无甲己	亏甲己
结：盈甲庚前							

规则：一、只有最后前提能是“有”

二、只有第一前提能是“无”

三、中间前提都须是“盈”，不能多至无限

第二十七章　中辞寻找法、总论

⑳亚里，《分析学后编》，明证法之分析，卷一，章十九至廿二；参看亚里，《范畴集》及《形上学》。

波非俚树——逻辑史中，人人皆知的“波非俚树”，是波非俚，为名辞类级系统所制定的一个“类谱”。它的构造形式，好像是一个“家谱”，由始祖以下，支派繁殖，宗族蔓延，有主流、有别脉；画在纸上，像是一棵树，有干，有枝。西方各国惯称“家谱”为“家树”，即是“族系表”。因此，波非俚的“类谱”，西史也称之为波非俚树。这“树”的作用，是说各级类名间的宾主关系，内容丰富至极，形式却简单，被誉为亚里全部逻辑的撮要。并且所根据的“分类秩序”和现代符号逻辑，或“逻辑代数”，适相符合：可以说是“类系逻辑的菁华”。故用具体名辞举例，将其树模绘如下，以供参考：

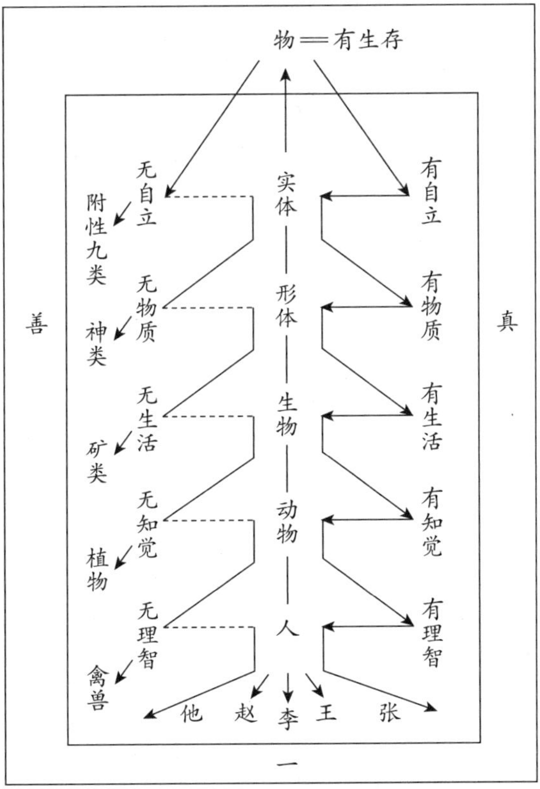

类谱：波非俚树：简图举例：

类谱略说——一、类谱的形上学意义，是生存的“分赋”情形。物非纯无，必有生存，或实或虚。实者充实，盈极圆满，现实无缺。虚者空虚亏乏，有领受盈极的潜能，没有盈极的现实。物有现实的生存，始有现实的存在。存在是在知识的范围内，或在时空的范围内，占一个位置。物先有生存，而后始能占领位置。实际上，生存和存在，一时俱来，无时间先后的距离。但在逻辑的次第上，即是在理论和思想的次第上，物先有生存，然后，吾人始能想它占领位置。物无生存，而能占领位置，是不堪设想的。生存有自立或不自立。自立者是实体。不自立者是附性：附着在实体上。附性分九类：一、数量，二、品质，三、关系，四、施动，五、受动，六、时间，七、空间，八、姿态（坐，立），九、衣物（服，具）。附性九类，实体一类，共是十大类，叫作十范畴。在这十大类中，每类分许多种，种下又分种，从最高类、最高种，经过许多中间各级的种和类，降而至于最低类和最低种。在最低种以下，只有单位的个体。个体内，分赋着种有的公共性体和生存，种界物体又分赋着类界共有的性体和生存。最高类，实体和附性分赋着物大公名所指的理：物性和生存，分别赋界在各类实体中。有些实体有形，有些无形。形体又分有生或无生。无生活的形体，是矿物之类。有生活的形体是生物。生物分有觉和无觉。无觉性的生物，无知觉，叫作植物。例如杨柳。有知觉的生物是动物。动物分有理性和无理性。无理性的动物是兽类，例如牛马。有理性的动物是人类。人类是类界最低狭的种。其下分张王李赵等单立的个体。私名所指的个体，是在种界以内。同时禀赋着各级类名所指的性理，并且禀赋着物大公名所指的生存、真实、美善、单位统一等等。这些大公名所指的性理和生存，寓存在个体内。大公名是“超类名辞”；超越十大物类的界限，同时寓存在每类的个体中。性理和生存的分赋情形，是“类谱”的形上学意义。波非俚本人的学说，在“生存分赋”的问题上，包含着柏拉图思想的成分，和亚里的本旨不尽相合。亚里首重类谱的逻辑意义略示如下。

二、类谱的逻辑意义——亚里，在本章说得清楚：依本体自然的宾主关系而论：

1. 个体私名只作主辞，不作宾辞。

2. 最高类及超类公名，只作宾辞，不作主辞。

3. 中间的诸级类名种名，对上，作主辞；对下，作宾辞。例如“人”：“人是动物”。“张某是人”。

4. 附性名辞，严格地说，只作宾辞，不作主辞。

这四个原则说明了名辞间，依物类本体，自然必有的宾主关系。这样的关系，叫作“本体自然的宾主关系”。例如说：“动物是形体”：因为动物本体自然就是形体。但如说：“形体是动物”，便不是本体自然的句法。它说出的宾主关系也不是本体自然的关系：因为形体依其性理的本体，不必须是生物或动物。

类级系统——类在上，在前；种在下，在后。类名是种名的宾辞。种名是类名的主辞。主辞的主辞是宾辞的主辞。宾辞的宾辞是主辞的宾辞。宾辞是随辞。主辞是引辞。主引宾随。宾主关系是引随关系。主引则宾随，宾不随，则主不引。详见注①，及注⑫①。

最高类名，超性公名，个体私名，有说明，但无定义。因为定义是在类名上，加种别名，而构成种名的定义：例如“人是理性动物”，“人”是种名，“动物”是类名。“理性”是种别名。严格的说：只有种名才有定义。最高类以下，个体以上，各级类名，对上说，都是种名；对下说：都是类名。上级种，对于下级的“分种”说：也是有类与种的关系。各级类，上下互为宾主，构成肯定论句，或全称，或特称。类下分出异种的种名，互为宾主，构成否定论句。例如人不是牛马。越级的异类亦然，例如人不是金石，人不是草木。类名对于种名，则可构成特称论句，或肯定，或否定；越级，亦然：例如：有动物是人，有动物不是人。有些形体是牛马，有些不是。种对类说，却是全称肯定论句：例如说：凡是人都是动物。凡是牛马都是动物。异类异种，相宾称，则是全称否定。例如：无一人是马，无一石是人等等。总而言之，凡“有无盈亏”四种论句及其彼此间直接和间接的宾主关系，和推演关系，都包括在“类谱”之内。“类谱”的用途之广，可以表现一斑了。除了“类谱”以外，还有“驴桥”。所谓“驴桥”，乃是“中辞类谱”图，图中排列着各级类名，助人察寻肯定或否定结论所需要的中辞；胜过议论时“没有中辞”的难关。图形似桥。“驴”象征“愚人”。助愚人寻找中辞，渡过难关的桥，史称“驴桥”。详见下面注㉓。并参考章三七，及㉖。

㉑参看注内十号至十五号。

㉒宾辞分五类：

1. 种名：个体私名共有的公名是种名。例如“张某，王某都是人”。“人”是种名。

2. 类名：许多种名共有的公名，是类名，例如：“人和马都是动物”。“人”和“马”是两个种名。动物是类名。

3. 种别名：种名必有的性理，和性理表现的特征名叫作种别名。它是“种别因素”名。种别因素，划分种别，将某类分成许多种。例如“牛马无理性”。“牛马是无理性的动物”。“张某、王某，是有理性的动物”，“无理性”是种别名，“有理性”也是种别名。“动物”是类名。“无理性的动物”是“兽类”的定义。“有理性的动物”是“人类”的定义。类名，种别名，和定义都能作种名和个体私名的宾辞。

4. 常有的附性宾辞：特性名：某种某类本性特有的品质名，是它必有而常有的，叫作“特性名”。物本体必有的特性，来自物之种别名所指的性理，或来自类名所指的物质；是本体常有的附性。这样的附性名叫作“特性名”，都是物本体常有的附性宾辞。例如说：“人会笑能言”。又说“人圆颅方趾”。“会笑能言”，是人的特性，来自人本体具备的性理。人本体具备的性理是“理智”，“理智”也叫作“理性”。“圆颅方趾”也是人的特性，却来自“动物”类名所指的“高等动物”特有的“方圆”状貌：即是来自人的物质身躯。

5. 屡有附性宾辞：附性名：物本体不常有、不常无的状况，都是附性。附性名有时可以作宾辞：叫作屡有或偶有的宾辞。屡有者，不稀有。偶有者，能是屡有，或稀有，或绝无仅有。

以上五类宾辞的分类法，是后人注解亚里之所为。著名者，首推波非俚，次则鲍也西，参考下文。亚里个人只将宾辞分成四类：

一是偶有附性名，或屡有，或稀有，或仅有。

二是特性名；特性是本体常有、和必有的附性。

三是种名：种名，指示性体。性体属于本体。种名和特性名可以互为宾主。

四是类名。类名之下，包括种别名。种别名隶属于类名之类，不自立一类。详见于亚里，《辩证法》，卷一，章四，章五，及章九；《范畴集》，章四；《物理学》，卷一，章七；卷五，章一；《形上学》，卷四，章七（另版卷三）；卷二，章三（另版卷一）；《伦理学》，卷一，章四；《分析学》，《后编》，卷一，章二十二。

《名理探》——后代逻辑教科书，或专书中，屡见的“五名论”，就是讨论以上五类宾辞和主辞间的逻辑关系，简名“五宾称”：是现代符号逻辑内“类系逻辑”的前身。葡萄牙高因孛来大学逻辑课本，在明朝末叶，（崇祯四年，一六三一年）由傅泛际和李之藻译成汉文，刻印题名《名理探》，其书内第一部分，所说的《五公论》，就是“五名论”；第二部分所谈的《十伦论》，乃是《十范畴论》；其后第三～五等部分讨论其他，未曾刊印。《五公论》，将公名，分成“宗、类、殊、独、依”五种，相当于“类名、种名、种别名、特性名、附性名”五个宾辞关系的总类。《十论》，将物类名辞分归十大类：“自立体，几何，互视，何似，施作，承受，体势，何居，暂久，得有”：以上“五公、十伦”，历代汉文译名，言人人殊。中外各家著述，溯推本原，皆归宗于亚里原著：和亚里原著，不尽相同，也不大相异。

超类名辞、超类宾辞——十范畴，是十个最高的总类：根据事物生存的实况，将宾辞的种类都归纳到这十个总类中去。宾辞形容事物生存的实况；因此，亚里主张是：事物的生存情况，既分十总类；那么，宾辞也随着分归十总类，同时构辞的指义作用，即是“是”字的用法，也是分归十总类。每个总类的公名是一类名，并且是最高广的类名宾辞。详见波非俚树。现在的问题是：这十个总类的总类合成一个总体，有没有全体共有的大公名？有多少？是不是类名宾辞？

“物体”是大公名——十总类的大公名有许多，第一是“物”，泛指“实有而非纯无”的事体和物体：和“事事物物”的宽广意义相同。第二是“一”，第三是“真”，第四是“善”，第五是“此某”，第六是“事物”。以上这六个大公名的范围，同样广狭：包括十范畴的总体。每一范畴的任何类名，及其任何主体，都能用以上任何大公名作自己的宾辞：例如：“实体是物体”、“马是物体”、“马的白色是物体”，或简说：“马的白色是此某”，或“此某一物”。“马是一事物，马的白色也是一事物，马和马白是两个不同的事物，但都是事物”。历史上，大公名也叫“达名”：通达万类，能作各种类名，种名，和私名的宾辞。公孙龙所谓“天下与其所产焉，物也”：这里的“物”字便是“大公名”。墨子所说的“名、达、类、私”，又说“名，物，达也……马，类也……臧，私也”；也是用“物”字，作达名，即是大公名。“马”是类名。“臧”是一个人，或一匹马的“私名”，或专名。王充《论衡》,《物势篇》,“万物生天地间，皆一实也”。这里的“物”和“实”，即是“真实”，也都是大公名。荀子《正名篇》称大公名为“大共名”，用以遍举万物：“万物虽众，有时而欲遍举之，故谓之物，推而共之，共则（又）有共，至于无共，而后止”。大共名也叫作“洪名”，或“皆名”：《春秋繁露》,《天地阴阳篇》：“万物载名而生，圣人（作名辞），因其象而命之……正名以名义也。物也，洪名也，皆名也”。又指出和私名的分别说：“而物有私名，此物也，非夫物”。意思是说：“此物的私名，只指示此某一物，已经不是物大公名了”。大公名，遍举万物。私名偏私，偏指某类某个。亚里所谓的中级类名，和各级种名，也叫作“大别名”，和“大共名”相对：是在总类下，分类，分种。假设“动物”是全类公名，“鸟兽”是动物分类的“大别名”，偏举动物的一部分。故荀子曾说：“有时而欲偏举之，故谓之鸟兽。鸟兽也者，大别名也。推而别之，别则（又）有别，至于无别而后止”。如此说来：物大公名，是“**遍举名**”；“鸟兽”之类，是“**偏举名**”，名分公私：互有“**遍、偏**”之别。

物大公名，不是类名宾辞，而是超类宾辞，这是亚里特有的创见：高明确实，开后世之所宗。他并且对于这个见解有逻辑性的证明，曾举出以下这个论式：

大前提：凡是种别名都能用物大公名作宾辞。

小前提：凡是种别名都不能用类名作宾辞。

结论：故此，凡是大公名都不是类名，类名也不是大公名。（用大公名指超类公名）

换式证之：

大：凡是大公名都能作种别名的宾辞。

小：无一类名能作种别名的宾辞。

结：无一类名是大公名，凡是大公名都不是类名。

用符号的表格证之：

地法亨式		天法亨式	
盈甲乙	每甲是乙	无乙是丙	无乙丙
无丙乙	无丙是乙	每甲是乙	盈甲乙
无丙甲	无丙是甲	无甲是丙	无甲丙
↓无甲丙	↓无甲是丙	↓无丙是甲	↓无丙甲

甲：代表“大公名”：“物”及其他。

乙：代表“能作种别名的宾辞”。例如，“理性动物”的“理性”。

丙：代表“类名”，总类名，及其他以下任何类名。例如，“动物”。

超类宾辞的指义作用——是“同名通指”，也是“比类遍举”；不是“同名异指”，也不是“同名喻指”，也不是“同名同指”。换言之：超类辞是“通指辞”，也是“比类辞”；不是“异指辞”，也不是“喻指辞”，也不是“同指辞”。这些宾辞指义作用互有的分别，历代学者讨论甚详，意见也甚繁多。最明确简要的一段讲解，可见之于圣多玛斯，《性体因素论》，章六，简要举例，略述如下：

同指辞——同名同义：凡是类名，对其主体，都是同名同指的宾辞：“马是动物”，“人是动物”。动物这一个名辞，用同样意义作宾辞，形容同类的主体，人、马等等类名如此。种名亦然。“张三是人”，“李四是人”。人是种名，在这里作同名同指的宾辞。

异指辞——同名异义：相同的名辞指示异类的主体；指示完全不相同的物性和定义。“贼心毒辣”，“胡椒毒辣”，一指精神的心术，一指物质的性情。又例如说：“天上有牛郎织女”，“人间也有牛郎织女”，一指星宿，一指人物。名辞却相同，都是“牵牛郎”和“织丝女”。

喻指辞——同样的名辞，指示异类的性情，因人间语言的比拟方法，借物喻人，借一类，喻指另一类。例如说：“冰清玉洁”、“人格清洁如冰似玉”，用冰玉的清洁比拟人格的清洁。两方面的仿佛相似，在客观上，没有根据；在人的主观上，用语言的比拟方法作形容的根据。客观上，物质块然清洁，和人格精神的圣洁，没有相似之处，但比拟起来，有比例上的相似处：犹如冰玉无污染，谓之清洁；人格无罪恶的污染，也可谓之清洁。

通指辞——同名通指的宾辞，形容许多主辞，指示许多不同的意义和定义；同时，这些意义和定义，彼此之间，在某首要的中心点上，有情通意连之处。它们共有的中心点，有时是共求的目的，有时是共有的原因（施动的原因），有时是共有的主体，有时是在客观的情况上，比例相同。例如：“身体健康”、“面色健康”、“饮料健康”。健康是通指性的宾辞：首要的中心意义，指人身体的生活状况，适合卫生的条件；次指面色是人健康的象征，饮料是人健康的原因：健康是三者共同追求的目的。（参考《形上学》，卷四）

物体是有生存的主体。“生存”二字，在这里意义宽广高深：广于“生活”，深于“存在”，深于“实体”内在的物质、物理，和性体。万物生生不息，都有生存：但不是都有“生活”。“有生物”，有生存，兼有生活。“无生物”，没有生活，只有生存。还没有死灭了的火，是生着的火，这就是说：“火，没有灭，有火的生存，保持着自己天生固有的火性，即便燃烧的行动，能是隐而不显，但仍有火性的本体，及本体固有的燃烧能力，具有最低限度的燃烧作用”。如此说来，**“生存”的原始意义**，可能是首指**“生物的生活，及其生活的持续”，但后起的意义，是从生物界，转**

借过来，泛指万物，不分有生，无生，共同所有的生存：即是物体非无，非灭，既有仍有，未亡未去的内在现实。它所指示的现实内容，深在实体的根底；从根底的深处，建立实体。物质因物理而得生存。物理是物的性理，它结合物质，将生存授于物质，物质结合性理而成“性体”，性体是生存的容器：性体结合生存而成实体。实体是生存的主体，也有时兼是附性的主体：它是“物体”意义，最纯正、最真实的主辞：“物体”二字的真义首指“实体”。实体，是物质物性合成性体，而领受生存的主体。生存，因性理，从根底深处建立实体。物质因性理，从根底深处领受生存。领自外在的原因。实体产生时：物质，性理，性体，生存，一时俱来。最高的外在原因，是万物生存的根源：是造物者。固然，亚里《形上学》内，只谈“第一原因”是万物化生的最高动因；没有提到，从“无中造生万有”的造物者，但无论如何，“生存”二字，乃是专指最高原因促成万物化生，在每物实体中所产生的最深的第一效果。**最高原因的最高效果，是物的生存**。物的生存是每物和最高原因，在因果关系上，所有的联系：维持这个联系，便得生存，并保全生存；割断这个联系，便丧失生存。在实体最深的根底，每一物和最高原因，在生存上，发生存亡的密切关系：在生机上，是相交通的。简单的说：生存是万物和最高原因，互相交通的生机：生存是万物天赋的生机。万物化生，是这个“生机”的流行。

本着以上这番意思，“生存”深在实体的根底，不但深于物质和物性，并且深于“存在”。“存在”是在实行界占领位置，和实有界发生关系。在时间的次第上，没有先后的分别：但在思想的次第上，有先后的分别：物先有本体绝对的生存，而后始能相对的，和实有界发生关系：这个关系，仿佛是一个随在本体以后，附加到本体以外的事件；叫作“存在”，不是从本体内部，建立实体的生存，或生机。故此，“生存”不是“存在”，但深于“存在”。物的本体，即是性体，领受生存，而后始有存在：在实有界占领位置。为能占领位置，必须先有生存。思想次第的先后，必是如此。否则，不堪思议。为更明了“生存”和“存在”的分别，请注意，许多消极名辞，指示实际存在的消极事物。它们的存在，不是“生存”，因为它们的存在正是某些积极事物生存的否定或缺乏：例如“真空”、“空位”、“空虚”、“残缺”、“蹶子缺腿”、“瞎人无目”等等这些“缺性名辞”，指示某些积极事物缺乏生存，或缺乏其美满所需的条件：指示生存的否定，不指示存在的否定：因为那些消极事物都有存在，而没有生存。何况生存是动力和动作的根源。“存在”能是空虚无物的静止，死板空虚的停留：不是生动活泼的生存，更称不起是生机。

大公名，“物体”、“真实”、“美善”、“单位独立”、“统一”等等，都指示不但有存在，而且有生存的主体，首先指实体。其次，指附性。实体是有自立生存的物体。附性事物，是依附实体而分享生存的物体。实体是一范畴，附性九种，分作九范畴，共是十范畴，论句内，用“是”字作构辞，连合主辞宾辞，形容主体，其目的是形容主体各范畴不相同的生存实况。物体生存实况，分十范畴；论句的形容，以及宾辞的实义，也随着各有所指，分成十范畴。十范畴内所列举的事物，都有生存，或是实体，自立而生存；或是附性依附实体而有生存。凡是有生存的主体，都是一物。例如：“马是一物”、“马的白色也是一物”。

“物”字大公名，作十范畴内外，任何实有物的宾辞，即是可以作任何物名、类名、种名，和个体私名的宾辞。但是话又说回去，将“物”大公名和“类名”相比较，凡是类名，只能作其本类主体的宾辞，不能作其本类以内，种别名的宾辞。这一点极值得注意。因为大公名和类名不相同，两者互有的区别点，正是在此。论式详情见前。用具体名辞举例说明如下：

“人是理性动物”，“人”是种名。“理性”是“种别名”，“动物”是类名。“物”是大公名：构成论式：

大前提：大公名可以作“理性”的宾辞：可以说：“理性是一物”。

小前提：类名不可以作“理性”的宾辞：不可以说：“理性是动物”。

结论：类名不是大公名。大公名也不是类名。

“一物”两字，大公名是如此；其余，凡是大公名，也无不如此。（详论，参考拙译亚里《形上学》卷四，及各家注解，特别是圣多玛斯。）

如此说来，十范畴的每一范畴，是一至高无上的总类。十总类合在一起，是万物的总体，但不是**“总类的总类”**。它的名称也不是类名，而是大公名。大公名范围的统一，不是总类类界的统一；而是超类宾辞，同名通指范围的统一：这样的统一，是泛称通指的统一，它的作用是比较异类会合异义，标明许多主辞情通意连之处，著明万类合有的公性：简言之，是“比类合谊”的统一，即是“比类万物”，指万物总体共有的所以然。因此，通指辞，也叫作**“比类辞”**，墨子所谓“论求群言之比，……比类万物……比事嘱辞”等语，和亚里通指辞的学说，不是全相契合，但至少是声气相投，可以互相印证。请参看，亚里，《形上学》，卷三，及卷四，并看圣多玛斯《注解》，号四三二至四四三。

大公名的宾辞价值——大公名不指示事物的性体，或性体的任何部分；不是性体定义的要素，不会有定义的效用。例如问：“此某物是什么？”答者如只说：“此某物是物”，或说它是任何其他大公名的主辞：例如说：“此某物是实物、美物、善物”等等，都没有答复原有的问题：没有说出“此某物（例如窗前的大树）是什么”；是杨或是柳或其他？没有指出它的性体。因此，对于性体定义说，大公名是无效用、无意义的宾辞；不是有定义作用的宾辞。给任何事物下定义时，不可用大公名，理由就是：因为大公名超越范畴，超越类界种界，不会指定事物的类界种界，不会发生定义的效用，大公名自己没有定义，也不给任何物名作定义。虽然如此，大公名作宾辞时，并不是全无意义。每一个大公名都各有所指：“物”指“实物而非纯无”；“真”指“合理而非虚妄”等等逻辑思想的最高公律，例如矛盾律、排中律、自同律、因果律等等，是极有意义的原理：都是用大公名表达出来，形容大公名必有的属性。从此可见，大公名不但不是全无意义，而且具有最崇高的逻辑价值，并有高深的认识论，和本体论的含意。去掉了大公名及其所指，知识界，任何思想或论句，无法形成；本体界，没有了任何实物和美善，只剩空洞虚无。大公名价值的有无，关系事物的有无，并关系思想或知识的有无。**大公名作宾辞，指示事物的生存，不指示事物的性体**，大公名的宾辞价值，就是在乎此。亚里《形上学》卷四（另版卷三）对于这些问题有更详细的讨论。（请参看拙译《形上学》，卷四：《论物之大公名理》）

第二十八章　中辞寻找法、分论（一）

㉓中辞寻找法：驴桥

驴桥：图一：

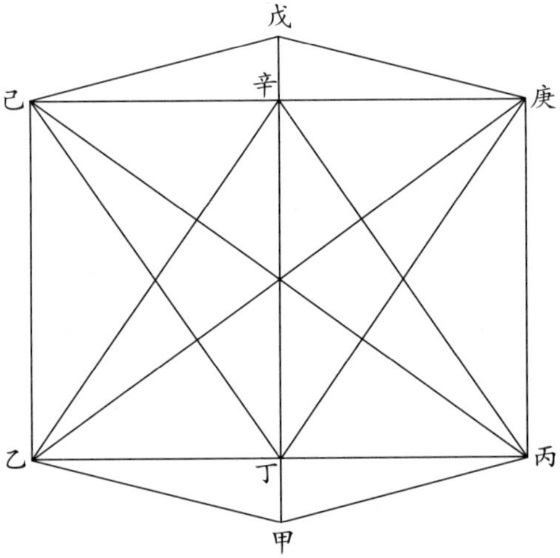

驴桥：图二：

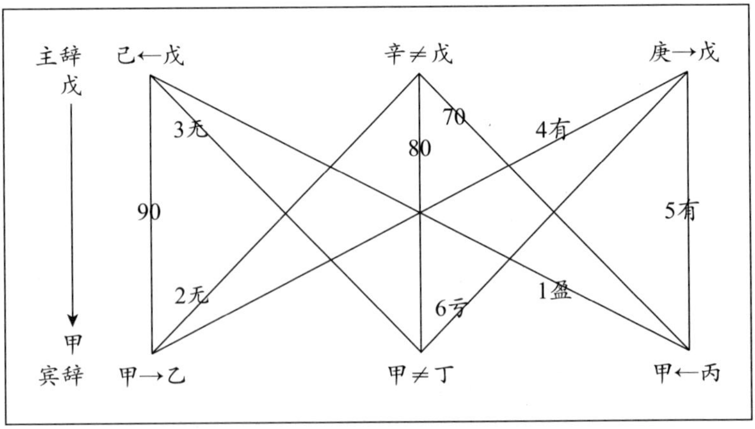

驴桥的用法——例如，为证明“人皆有死”，寻找理由，即是寻找中辞，应将“人”能有的许多宾辞放在上排；将“有死”

能有的许多主辞放在下排；然后，同有于上下两排的名辞，便是中辞。可以用它构成天法元式，如下：

每戊是己	己丙相同	
人人是：		
理性的， 动物，生动， 会笑的， 形体， 能被解散， 能腐化的，	马、犬、鸟， 能腐化的， 能被解散， 生物， 动物， 会跑的， 数学家	
	每丙是甲	有死

论式一：	己丙相同
人人是动物，	每戊是己
动物都有死，	每丙是甲
人人都有死。	每戊是甲

论式二：

人人是能腐化的生物，

能腐化的生物都有死，

人人都有死。

参看注304

又例如，为证明“人不是猴子”，能用两种论法的论式；或用天法亨式，或地法亨式。如用天法亨式，则应将人能有的宾辞，放在上排。猴子不能有的主辞，放在下排。两排共有的那些名辞，便是中辞；有些正确；有些错误：

人人是：	每戊是己	己丁相同	
	有毛发的， 理性动物， 会攀树的， 会学几何的， 会说理的， 会克己的， 形体，有二足， 生物，动物	生物，动物 形体， 有二足者， 有毛发的， 有长尾的， 理性动物， 会说理的， 会攀树的，	
	无丁是甲	不是猴子	无戊是甲

论式一：

凡理性动物都不是猴子，

凡人都是理性动物，

故，没有人是猴子。

论式二：

凡会说理的动物都不是猴子，

凡是人都会说理，

凡是人都不是猴子。

参看注206

上面的论式，排列成地法亨式：

例如：

辞例	符号
凡是猴子都不会讲理， 凡是人都会讲理， 凡是人都不是猴子。	无甲是丁， 凡戊是己， 〉己丁相同。 无戊是甲。

那么，搜集宾辞时，猴子不得有的宾辞，列在上排。人人都有的宾辞，列在下排：形式如下，参看注206：

甲　猴子都不是		戊　人人都是
理性动物， 有翅的， 有角的，	←→	理性动物 二足动物
丁		己

为证明不同的论法，和论式的各种结论，驴桥供给各自不同的方法和步骤，不但有一定不移的形式和规则，用符号代替语言，将许多复杂的议论程序，明确分析，并指出极简易的格律和轨道，人人可以利用遵循，训练自己寻找中辞的技巧。人的聪明伶俐，在于思想神速，理论敏捷：此中秘诀，全在心中，会用“驴桥”，寻见所需的中辞；找到充足的理由，对答人的询问，证明自己的理论。亚里怎样分析驴桥的用法？详见下文注解。

204参看注205至208。画表如下：

盈　丙　己 盈　己　丙	丙　己　同 同　是　壬	丙　己　相　同 同　是　一　壬	1盈：天法元式、壬作中辞
盈　丙　甲 盈　戊　己 盈　戊　甲	盈　壬　甲 盈　戊　壬 盈　戊　甲	每　壬　是　甲 每　戊　是　壬 每　戊　是　甲	盈　壬　甲 盈　戊　壬 盈　戊　甲

表内数目例如“1盈”，来自驴桥图二。回看前注。

㉟205

盈　丙　庚 盈　庚　丙	丙　庚　同 同　是　癸	丙庚相同 同是一癸	人法→天法	5有：天法利式、癸作中辞
盈　丙　甲 盈　庚　戊 有　戊　甲	盈　癸　甲 盈　癸　戊 有　戊　甲	每癸是甲 每癸是戊 有戊是甲	每癸是甲 有戊是癸 有戊是甲	盈　癸　甲 有　戊　癸 有　戊　甲

206桥式一：

盈丁己 盈己丁	丁己同 同是子 代以子	3无 地法，一	二	天法亨式
无甲丁 盈戊己 无戊甲	无甲子 盈戊子 无戊甲	无甲是子 每戊是子 无戊是甲	每戊是子 无甲是子 无戊是甲	无子是甲 每戊是子 无戊是甲

桥式二：

盈丁己 盈己丁	丁己同 代以子	6亏3无 人法	天法	贞式
无丁甲 盈己戊 亏戊甲	无子甲 盈子戊 亏戊甲	无子是甲 每子是戊 有戊非甲	无子是甲 有戊是子 有戊非甲	无子甲 有戊子 亏戊甲

207

盈乙辛 盈辛乙	乙辛同 代以丑	2无 地法一	二	天法亨式
盈甲乙	盈甲丑	每甲是丑	无戊是丑	无丑是戊
无戊辛	无戊丑	无戊是丑	每甲是丑	每甲是丑
无戊甲	无戊甲	无戊是甲	无甲是戊	无甲是戊
			无戊是甲	无戊是甲

⑳

盈丁庚 盈庚丁	丁庚同 代以庚	6 亏 人法	天法	贞式
无丁甲 盈庚戊 亏戊甲	无庚甲 盈庚戊 亏戊甲	无庚是甲 每庚是戊 有戊非甲	无庚是甲 有戊是庚 有戊非甲	无庚甲 有戊庚 亏戊甲

盈乙庚 盈庚乙	乙庚同 代以乙	4 有 天法元式	物法元式	天法利式
盈甲乙 盈庚戊 盈甲戊 ↓ 有戊甲	盈甲乙 盈乙戊 盈甲戊 ↓ 有戊甲	每甲是乙 每乙是戊 每甲是戊 ↓ 有戊是甲	每甲是乙 每乙是戊 有戊是甲	盈乙戊 有乙甲 有甲戊 ↓ 有戊甲

驴桥简例：按上述规则和定格，将每对主宾两辞，各自能有的许多随辞、引辞和异类辞，排成两排；相当繁复。今只选择数个名辞、付式排列起来，为驴桥举一个简单的实例，指出驴桥的用法。如下注⑳。

⑳

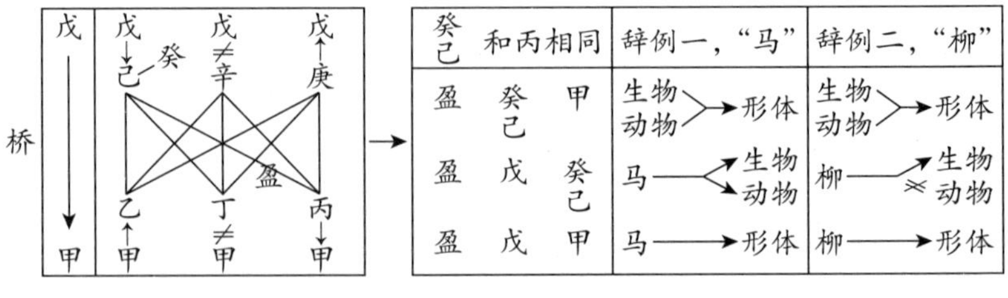

⑳既然己或癸，或己癸一同，都是丙，丙又是甲，戊则必然是甲：因为戊是己癸丙，或只是其一，或并是其二，或三者

都是。参看注㉙，注㉘，附录“1 盈线”，及㉔。

㉑见注㉕及注㉘，附录。

㉒见注㉖及注㉘，附录。

㉓见注㉘，及附录。

㉔回见注㉓，图内“90 线”，参看注㉘，

附录：

盈戊乙	动物——实体（零）
盈甲乙	形体——实体（零）
盈甲戊	形体——动物

上式无效，违犯公律第二，见注⑮，九号。

㉕同注㉔。

㉖回见注㉓及注㉘，附录，图内“70 线”，及所举辞例。

㉗同上，图内“80 线”。

㉘同上，图内“90 线”，产生不出否定论式。即便有时产生了，也是出于偶然，即是出于“乙辛相同”。原因全在“2 无线”，不在“90 线”自身。例如：

乙	己相异	
乙	辛相同	乙辛都代表日光
盈	甲—乙	自然的光明——日光
无	戊—乙	灯光——日光
无	戊—甲	灯光——自然的光明

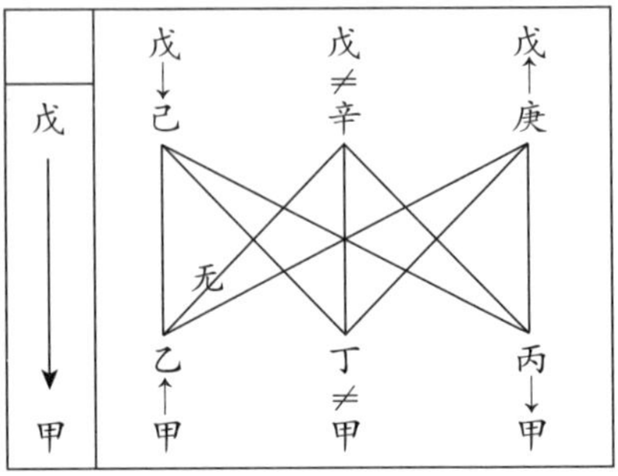

注意：“盈戊己”：凡是灯光都是人造的光明。和乙相反。

㉑⑨

无乙庚	日光不是烛光
有乙辛	某处的光是日光
盈甲乙	自然的光明都是日光
亏戊乙	某屋中的灯光不是日光
亏戊甲	某屋中的灯光不是自然的

驴桥小图同上。庚代表烛光。

注意：乙代表自然的宇宙光明，“有乙辛”是说有某宇宙的光明是日光。“无乙庚”：自然的宇宙光明，都不是人工制造的蜡烛的光明。

从上面，注㉓至㉑⑨的分析，可以归纳出四个简便的方法，为寻找各种结论所需的中辞。首先需记得，结论只有“盈无有亏”四种可能：

一、为证明“盈丙甲”、“每丙是甲”，应考察甲能有的主辞，和丙能有的宾辞，遇到相同的一个名辞，它既是丙的宾辞，又是甲的主辞，故此是中辞。用它来构成天法元式，证出全称肯定的结论。

二、证明“有丙甲”、“有丙是甲”，应考察丙甲两辞所能有的许多主辞。其中遇到一个既是丙的主辞，又是甲的主辞，便能作中辞，构成人法肯定论式，证出特称肯定的结论：既有人法，则能改成天法：都是“利式”；也能构成物法。

三、证明“无丙甲”、“无丙是甲”，需要考察甲所不有的宾辞，和丙所有的宾辞。遇到一个宾辞，是甲之所有，同时是丙之所有，就可用它作中辞，构成地法亨式；丙甲次序调换一下，也是一样：一个宾辞是甲之所不有，而是丙之所有，则可作中辞构成地法亨式；既有地法，就能改成天法，或物法。为直接用天法证明“无丙是甲”，只有采取甲所不有的主辞，和丙所有的宾辞：两辞是一个相同的名辞时，便是中辞。能构成有效论式，证出全称否定的结论。

四、为证明“亏丙甲”，“有丙非甲”，应考察甲所不有的主辞，和某丙所有的宾辞；其中一名辞相同，既不作甲的主辞，又作某丙的宾辞，故可作中辞，用天法证出特称否定的结论：“有丙非甲”。或者更普遍一些说：需要考察甲所不能有的主辞，和丙所能有的主辞；其中有名辞相同者，就可作中辞，构成人法，证出“有丙非甲”。既得人法，即能改成天、地、物诸法。

如此说来，寻找中辞，本不甚难；以上四法简便易行，比“驴桥”还更容易。那么，何苦要用“驴桥”呢？驴桥的优点有三个，一是符号化，二是形式化，三是平面化。用符号排列成形式，将首中尾三辞间的关系全部平铺在面前，仿佛是一张地图，给人指出山川形势，使观者一目了然；用惯了，是一个逻辑的机器，十分准确迅速。驴桥图形内，各种符号间的直线、斜线所指出的宾主关系，和以上简便四法所指出的路线相同。前后两相对照，将各条路线走熟了，便感觉驴桥的精明巧妙。将以上简便四法和驴桥，用熟以后，再去将它们两者和“类谱”相比较，乃可理会到“类谱”也是“寻找中辞”的一个妙法：只要认清类谱内各条直线、斜线、横线、竖线所指的各种宾主关系。

最后注意，不但定言论法，而且假言论法，也需要用“驴桥”之类的方法。亚里认为，反证法是假言论法的一种，因为它用对方“错误的结论”作假设，并作前提，构成论式，推演出对方认为不可能的新结论。不论如何，凡是假言论法，都在某些部分或步骤中，依靠定言论句的真理和论式：因此，都需要用驴桥去寻找中辞。亚里在此处进一步讨论各种假言论法，说明到处寻找中辞，都能使用驴桥。详见以下注㉒⓪至㉒④。参看注⑳⓪类谱。

第二十九章　中辞寻找法、分论（二）

(220)论反证法，参看 注⑤至注⑧。
注⑩及⑪，
注㊵，㊹，
注(54)，(59)，
注(71)，(73)，
注(88)，(91)，
注(131)内四号，
注(122)，(124)，
注(135)至(140)，
注(175)，(191)内二号，
注(296)。

特别注意：以下论式，十二个，分三组，三个一组，每组以内的三个论式，可以用反证法，互相证明：

	第一组	第二组	第三组	第四组
天法	元盈盈盈	亨无盈无	利盈有有	贞无有亏
地法	元盈亏亏	贞无有亏	亨盈无无	亨无盈无
人法	元亏盈亏	利有盈有	贞无有亏	利盈有有

详察上表，足见天、地、人三法中，无一法能用本法的两论式，互相反证；必须引用本法以外的某法论式；惟有“物法”例外：它可以不出本身范围以外，用自己的某一论式，反证另某论式。例：

一、盈甲乙	每甲是乙	无丙是甲	四、无丙甲
二、盈乙丙	每乙是丙	每甲是乙	五、盈甲乙
三、有丙甲	有丙是甲	某乙非丙	六、亏乙丙

六号错，则四号错；故三号必真。物法，利、贞互相反证。

一、盈甲乙	每甲是乙	有丙是甲	四、有丙甲
二、无乙丙	无乙是丙	每甲是乙	五、盈甲乙
三、无丙甲	无丙是甲	有乙是丙	六、有乙丙

六号错，则四号错；故三号必真。物法亨、利互相反证。

㉑假言论法分多少种，是古今逻辑的一个重要问题，系于假言复句所用的逻辑接词，共有多少种。详论不便，略说载于附录五，以供展阅参考。

㉒归纳法的格式：肯定式：

（丙庚相同，同是壬一或壬二）	
壬一和壬二都是甲 →	每个丙/庚是甲
每戊（只）是壬一或壬二 →	每个戊是丙/庚
每戊是甲	每个戊是甲
注意：大前提用“和”，小前提用“或”。	

驴桥解释上式：

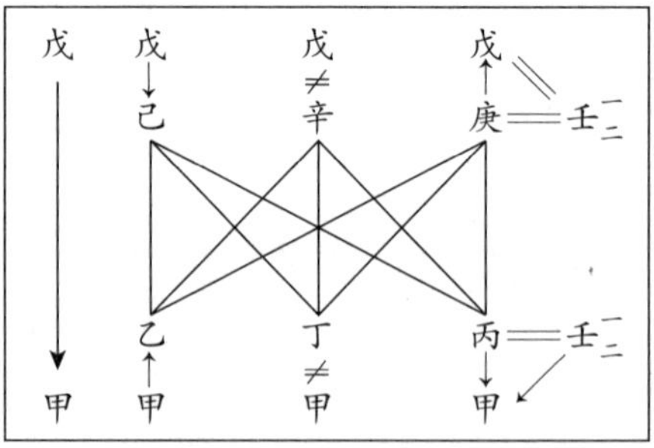

辞例解释上式：

每人和每兽都有知觉，
每个动物只是人或兽，
每个动物都有知觉。

壬一代表人，壬二代表兽。

归纳法的否定式：

丁庚相同，同是癸一或癸二	
癸一和癸二都不是甲	无一丁/庚是甲
每戊只是癸一或癸二	每戊是丁/庚
无一戊是甲	无一戊是甲

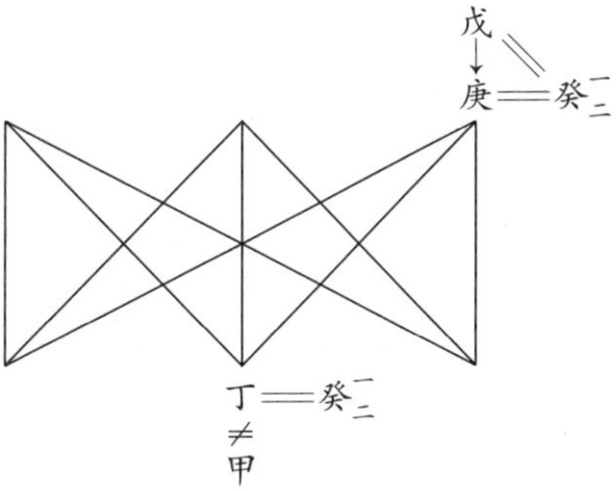

辞例：

大：每铁和每石都无情，

小：每个矿物只是铁或石，

结：无一矿物有情。

参看注㉟②至㉟③，详论归纳法。

㉒③各种论法论式，不论演绎或归纳、定言或假言、明证或反证、有态或无态、必然或不必然，寻找中辞时，都可用“驴桥”所代表的方法。（回看注⑳③）

第三十一章　评柏拉图派的分类法

㉔某主辞有某类名或某定义作实辞构成的论句，只可作前提或假设；不能作结论：是不可证明的论句。“实体”是最高类名。“物之所是，果是何物”，简称“性体”，或“本质”，或“本体”；就是物本体必有的定义：都是不证自明的事实或假设。有人误以为它们可以证明，并想用“矛盾二分”的分类法去勉强证明，结果都不成功。

第三十二章　议程换式法

㉕详见注⑮。

第三十七章　本体宾辞与附性宾辞

㉖详见亚里所著《范畴集》，参看注⑳；类谱，波非俚树；及图书目录。

第四十一章　无限定论句

㉗参看注⑮，号九，论法公律第四；注①，号七。

㉘详见注⑨；注⑮，十号。

第四十四章　假言论法：设证法、驳证法

㉙详见注㉑，注⑫，二号。

㉚详见注⑳。

㉛对立论句，真错推演法，是直接的推演，详见注①，号十七。

第四十五章　论式的换式法

㉜参看天地人物四论法诸论式，改归天法全称论式所用的换式法。凡是换式，都有改式补证或另证的作用。详见注⑮～注⑮。

第四十六章　有限否定和无限肯定的对立

㉝（比较注①，号十七：论句对立图）

一、本章所谈，是“有限肯定、否定”，和“无限肯定、否定”的关系。四者互相对立，和“盈无有亏”的对立，形势相仿。但问题是：“哪一方是哪一方的矛盾、冲突，或偏差，或零整间的对立者？”换言之：“哪两方互有对立的关系？有什么对立的关系？是矛盾，或是冲突，或是偏差，或是引随？”在希腊文中，有人误以为“无限肯定”和“有限否定”彼此没有分别：都是“有限肯定”的矛盾。果如此，则“无限否定”也需要和“有限肯定”相同：因为任何甲乙两者，如果和同一的第三者丙有矛盾关系，甲乙彼此必是相同。参看注㊻、㊼：“同仇者，相友”之类的定律。如此，必犯“以上四者，关系混乱”的错误。这样的错误极容易发生，不只是希腊文如此，各国文字也都大致相同。汉文尤其如此：因为“无限肯定”和“有限否定”的直接语法，彼此确实好似没有分别；同样，“有限肯定”和“无限否定”也是彼此没有分别，兹举实例如下：

甲　“张三是好的”，　　　　是一“有限肯定句”。

乙　“张三不是好的”，　　　是一“有限否定句”。

丙　“张三是‘不好的’”，　　是一“无限肯定句”

丁　“张三不是‘不好的’”，　是一“无限否定句”。

以上丙丁两句是“无限论句”，因为“不好的”三字，是一个“无限名辞”。请看，乙丙两句，意思颇似，是完全相同。甲丁也是一样。它们彼此极易混淆，不是没有理由：因为既然预先认定了张三是实有界的一分子，然后，将这整个实有界分成“好的”，和“不好的”两大半：自然的结果是张三只好不属于“好的”这一边，便属于“不好的”那一边。至于语法上说他“是不好的”，或说他“不是好的”，在实际上，不会说出什么大分别来：图示如右。

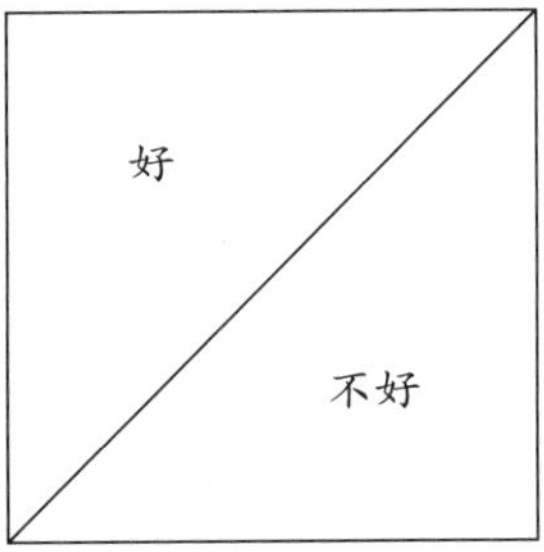

二、实有界只分两半：“好的”、“不好的”。张三是实有物：张三在其中，必是“或好或不好”。假设他“又不好，又不不好”，他就不属于实有界了。实有界以外，根本没有“主体”，不能作主辞，不能说是“好”，或“不好”。何况谈话人原意故有的预定，是认为张三属于实有界。在这个预定的范围内，说他“是不好的”，和说他“不是好的”；两个语法虽然不同，一说“是不”、一说“不是”；两句所指的意思却完全没有分别：都是说：“他虽然属于实有界，但是他不属于好的那一边”。说“张三是不好东西”，和说“张三是东西而不好”，站在实有界内说话，两句的意思相同：都是“有限否定”。反过去说：“张三是好的”，和“张三不是不好的”，也是意思相同：都是“有限肯定”：肯定“他属于实界，并属于好的那一边”：足见两个语法极易混为一谈。

三、即便退一步将界限放宽，用“不好的”泛指实有界以内和以外的任何主辞之所指：凡是“好的”以外，都是不好的，或实有，或虚幻。依同理，用“好的”二字，泛指“不好的”外面任何主辞之所指，或实有，或虚幻：图示如右。

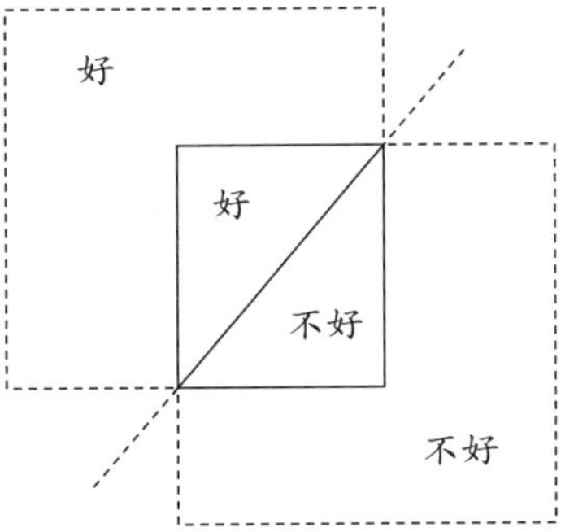

实线指“实有界”，虚线指“虚幻界”。“好”的一角，兼含实有界和虚幻界的“好”。“不好的”一角，兼含两界的“不好”。

那么“是好的”和“不是不好的”：一“无限肯定”，一“无限否定”：语法不同，意思仍相同，都是指示“实好”和“虚好”的总体。“不是好”，和“是不好”，一“无限否定”，一“无限肯定”，仍是意思相同：都是指示“实不好”和“虚不好”的总体；例如“醒时实苦”，和“梦时虚苦”：同属于苦的总体。（不过，总体内包含实与虚之间的矛盾！）

四、综合上述：“张三是好的”，和“张三不是不好的”：意思相同。“张三不是好的”和“张三是不好的”，意思也相同，因为，各句指示的意思，范围相同，境界相同。彼此对立，只有一个关系：即是“矛盾对立”：图示如下：

图一：一切论句都是无限论句：

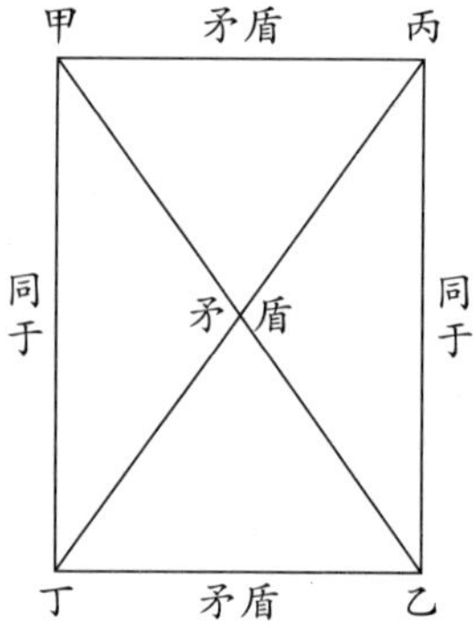

甲：无限肯定：“是好的”，兼指“实好”和“虚好”：都是好。

乙：无限否定：“不是好的”：否定甲。

丙：无限否定：“是不好的”，同于乙。

丁：无限否定的否定：丙之否定：等于甲：无限肯定。

图二：一切论句都是有限论句：

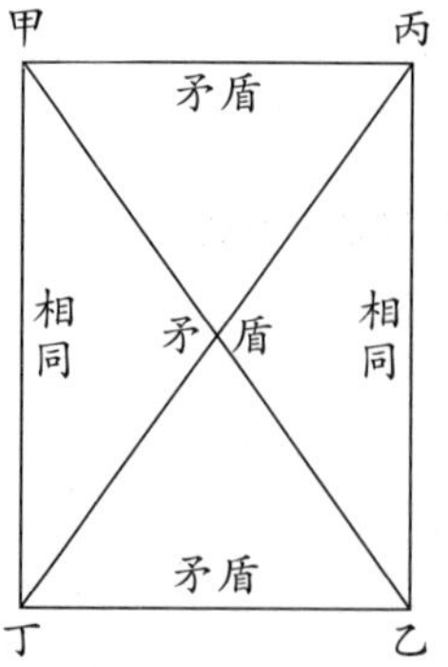

甲：有限肯定：“是好的”。

乙：有限否定：“不是好的”。

丙：有限否定：“是不好的”，假设和乙同。

丁：有限否定之否定：丙之否定：有限肯定等于甲。

从此可见，无限的肯定否定，两相矛盾；有限的肯定、否定也是两相矛盾。上二图指出，日常易生的错误（至少在汉文）似乎是有两个：第一个错误是：将“有限肯定”和“有限否定”都看作“无限论句”。因此，将“有限肯定”和“无限否定”看成了相同。就是认为甲丁相同。同时“有限否定”和“无限肯定”就是乙和丙也就彼此没有了分别。第二个错误，是：将“无限肯定”（丁）看作“有限肯定”（甲）的矛盾；同时，将“无限否定”（丙）看作“有限否定”（乙）的矛盾。这第二个错误是效果。第一个错误是原因。假设有人在汉文，或任何语文，认定第一个错误不是错误；那么，第二个错误也就不是错误了。在“超越虚实，和有无的境界”，一切论句都是“无限论句”；当然，第二个错误就不是错误了：甲丁相同，丙乙相同，成了必然的。那么，“甲丙矛盾”和“丁乙矛盾”还有什么错误呢？在这超然的境界里，只有“是非矛盾”，没有其他关系的对立：就是说：没有“冲突的对立”，也没有“偏差的对立”。

五、但在日常言谈最易发生的错乱，是“有限”和“无限”论句，错综配合时，仍被人认为，有不错综配合时，所有的关系。在错综配合时，最惯用的有以下这个形式：可以叫作“有限、无限论句配合图”：

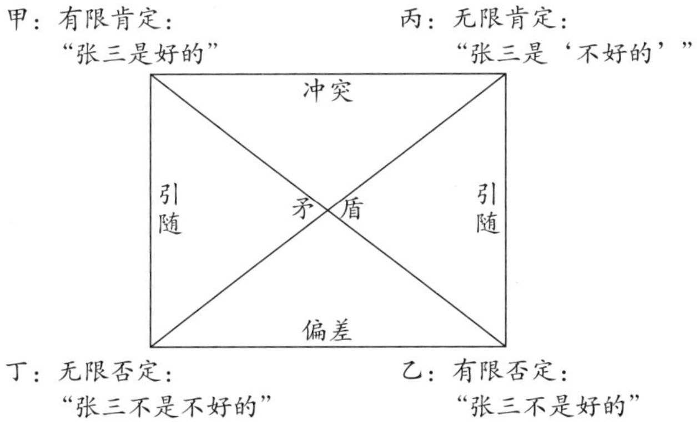

根据上图，假设“张三是好的”，以及同类的“简单定言论句”，只是“有限肯定”，其中的“好”字，只限于指示实有界内好的那角。当然，它的“矛盾句”只是“有限否定”，而不是“无限肯定”：换言之：只是乙，而不是丙。如此，丙乙既和同一甲有不同的对立关系，故此，丙乙也就不相同了。为了同一理由，再进一步，足见甲丁也不相同。因为丁是丙的矛盾，甲不是丙的矛盾。另一方面，甲和丙不能同有于一个主体。丙不但否定实有界的“好”，而且否定“虚幻界”的“好”。但能同无于某主体，换句话说：甲丙能同假，不能同真。这样的关系是“冲突”的对立。对立的两端同假时，尚有第三者能是真的：例如“虚幻界，（龙王殿，水晶宫中）张三是好的”。这个“好的张三”，既无实有界的“好”，又不是无限的不好。现在，既知道了甲乙矛盾，和甲丙冲突；又知丙乙不相同；便可推断丁乙之间的关系，不是冲突，不是引随；而只剩是“偏差的对立”：两者能同真，不能同假。那么甲丁之间的关系也不是相同，而是“引随”：犹如“整零间”的引随：“整真，则零必真”（回看注①内十六）。甲是整，丁是零：甲引丁随。丙乙也是一样，丙引则乙随：丙真则乙真。为证明以上这些结论是亚里本章本段的目的：为纠正日常言谈间易犯的错误，免使人误认甲丁相同；丙乙相同：或误认丁乙互相冲突，而不是“偏差”；或误认甲乙是冲突，而不是矛盾。亚里的逻辑眼光，可谓高明至极。

六、汉语的“无限语法”——汉语的“无限语法”有许多。最显著而惯用的两个是“东西”，和“什么”。这两个名辞，有绝对无限的指义作用；如把“什么”附加在某某类界狭小的名辞上，便构成“相对的无限语法”。凡是“无限语法”，不分绝对或相对，都具有显著的“无限名辞”特性，图示如下：

图一、绝对无限语法：用“东西”二字，或同义字。

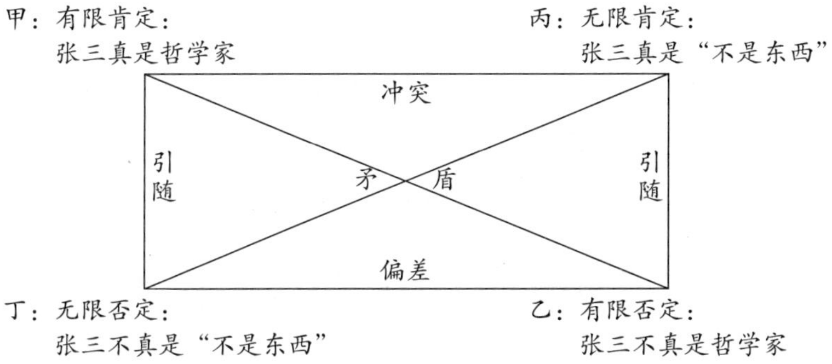

图二：改用“什么”，其余同上。绝对的说：“什么也不是”。

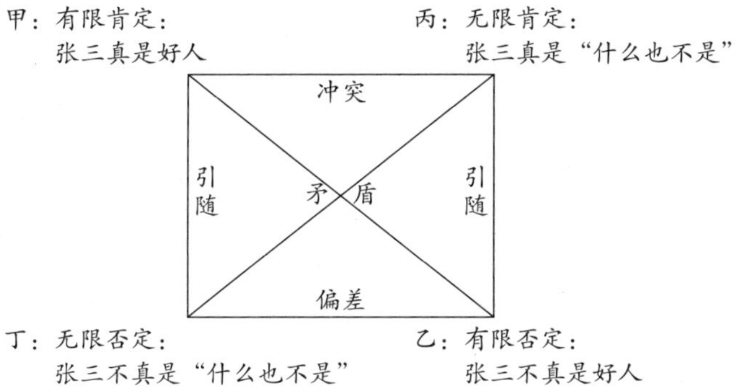

图三：相对的无限语法，用“什么”加“类名”。

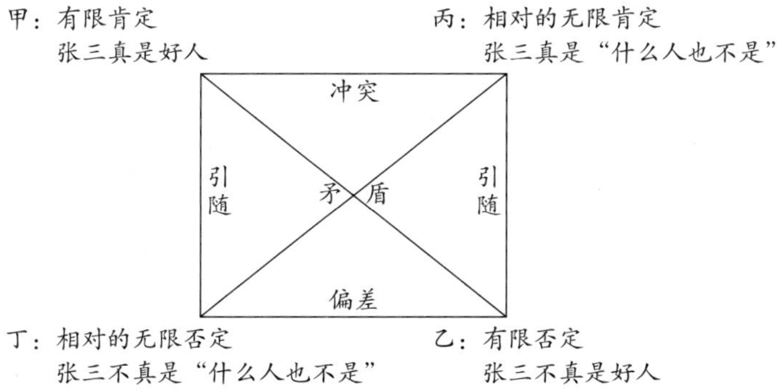

七、上图将“什么人也不是”，改作“什么好东西也不是”，或“什么好人也不是”，“什么好处都没有”；甲乙丙丁四角，仍保持同样的关系：和原图没有分别。

八、依照亚里本章原文的指示：以上诸方图，“甲乙丙丁”四角排列的形式如下：

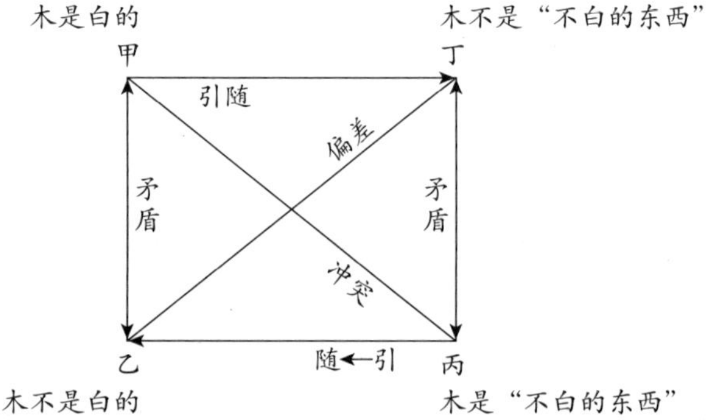

九、“残缺名辞”——指示残缺、恶劣之类的名辞，叫作“残缺名辞”，也就是“缺性名辞”：不指示实有的物性，或品质；而指示“应有品性”的缺乏；许多次和“否定名辞”相同；认真去分辨：否定名辞，指示“纯无”；缺性名辞，不指示纯无，而指示有某主体，缺乏它本性应有的，或能有而未有的，某品性。例如：愚蠢、病弱、怯弱、残暴之类。都是“缺性名辞”。

和“缺性名辞”矛盾对立的名辞，是在它们每个名辞上加否定辞。例如：“残暴的”矛盾是“不残暴”。和“缺性名辞”冲突对立的名辞，是和“缺性名辞”积极相反的名辞，例如：“宽仁”对“残暴”：许多次，有人犯错误，将下图所示的对立关系，颠倒错乱：误认“不宽仁”，等于“残暴”。

缺性名辞对立图：例用“残暴”代替“不同等”。原文“不同等”有“粗糙不平滑”的意思。“宽仁”代替“平滑（同等）”。

图一：

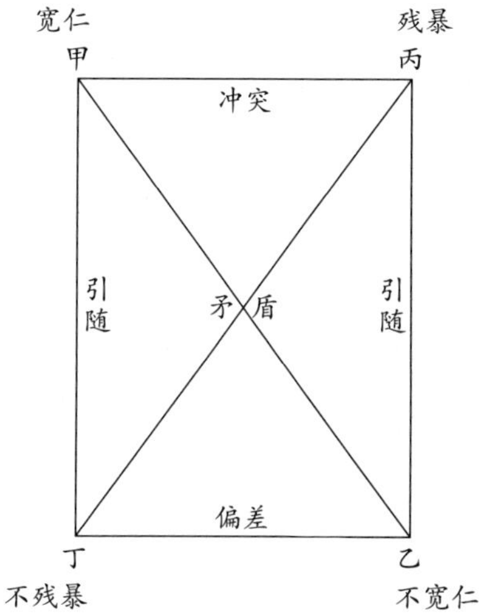

图二：关系同上。

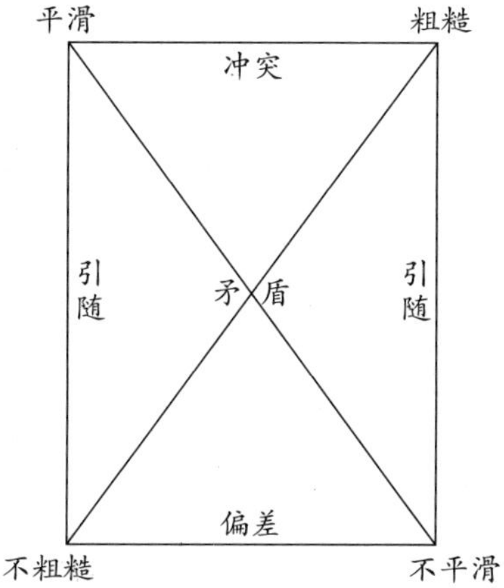

参考亚里《辩证法》卷二、章八，卷三、章六，《句解》章十。

缺性名辞都是“丑名”、“恶名”；和缺性名辞冲突对立的名辞，都是“美名”、“好名”，善名。“丑名”，指贬黜，“美名”指“赞美”、“褒扬”。那么，上面的“缺性名辞对立图”，便是“褒贬对立图”。注意“褒贬对立”，是冲突对立不是矛盾对立；在两者之间，有“既不褒扬、又不贬黜”的中立立场：

褒贬对立图：

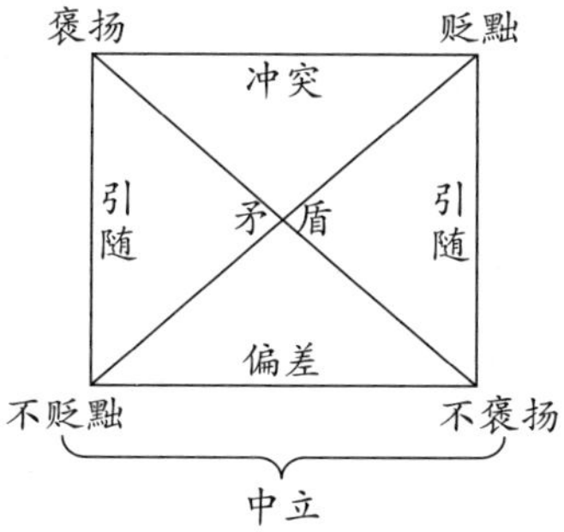

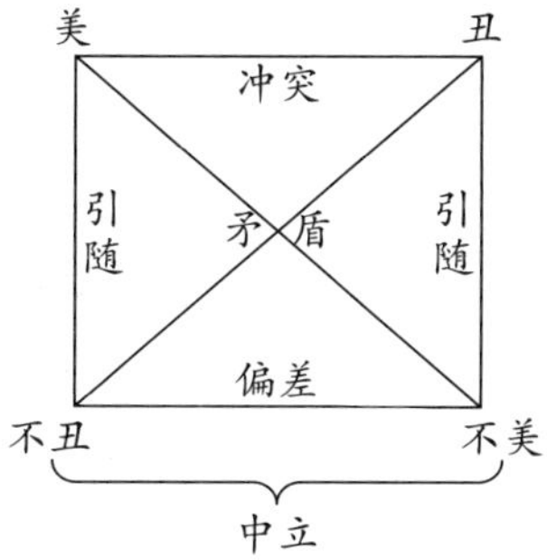

“赏罚对立”和“升降对立”图：

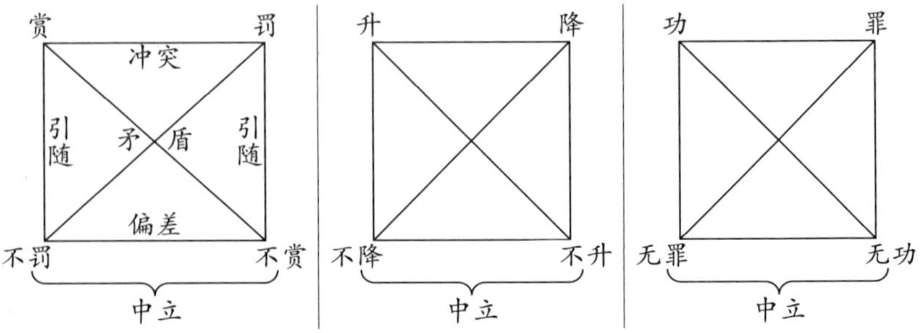

参考《论语》(正名);荀子《正名篇》、《解蔽篇》;墨子,《经》上下,《经说》;公孙龙《名实篇》;谭戒甫,《墨辩发微》;尹文子(毁誉,况谓,褒贬)。

爱恨对立,和仇友对立:

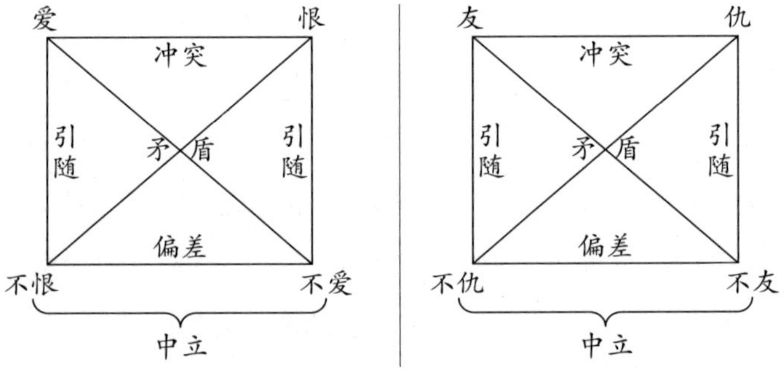

上下对立,优劣对立,亲疏对立:

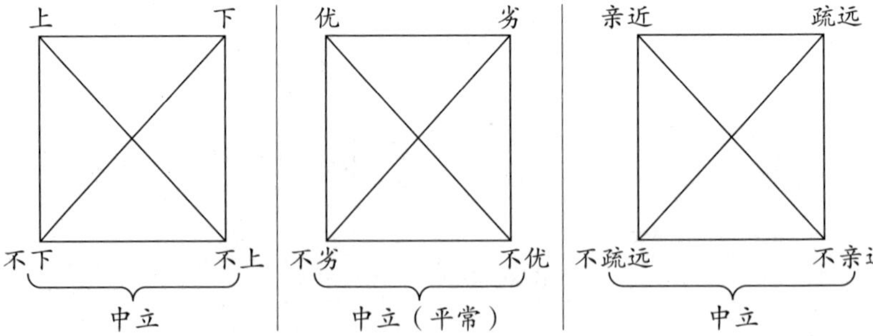

事物的本体上,善恶之间有无中立可能,是形上的本体论问题。但在人的思想内和语言内,确有不善不恶的中间立场:是逻

辑学内不可忽视的一点。

以上诸图，是甲乙丙丁互相对立的关系正确图。今在下面，试画一四者关系错乱图：比较本注内前面四号。

优劣对立错乱图：

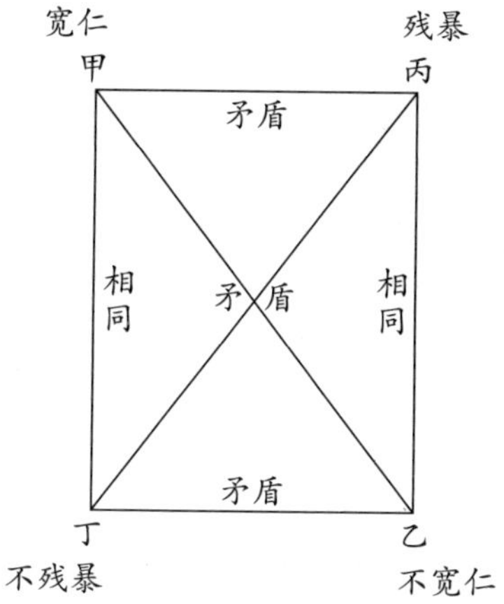

以上，五号至本处九号所讨论的对立关系，适合于单数或多数主辞的论句。单数主辞的论句，叫作“单称论句”，例如“张三是好的”。多数主辞的论句，分全称和特称。详见下节。

十、加用全称语法的论式，图解如下：

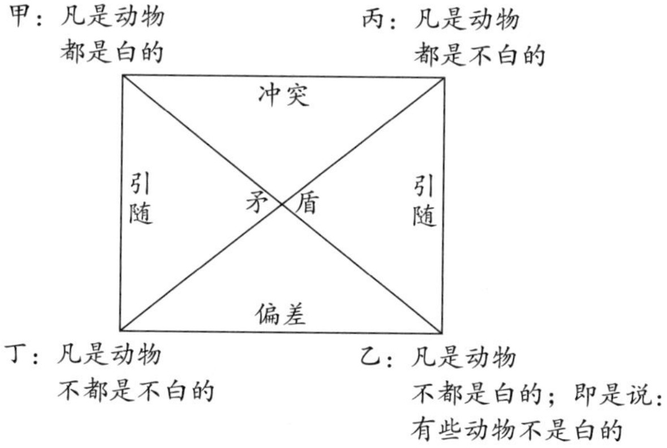

注意：甲丙丁三句是全称，乙是特称。回看注①内十七，盈亏对立。

十一、用“真”字的论句，有限、无限、肯定、否定对立配合起来，形式如下图：

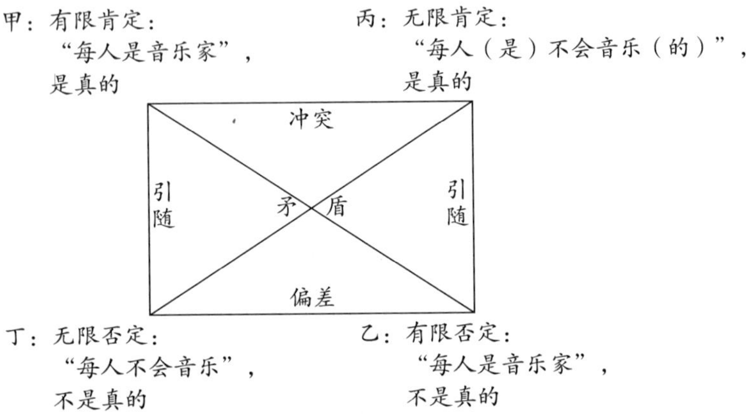

有限、无限、肯定、否定配合对立总图：

对立关系图

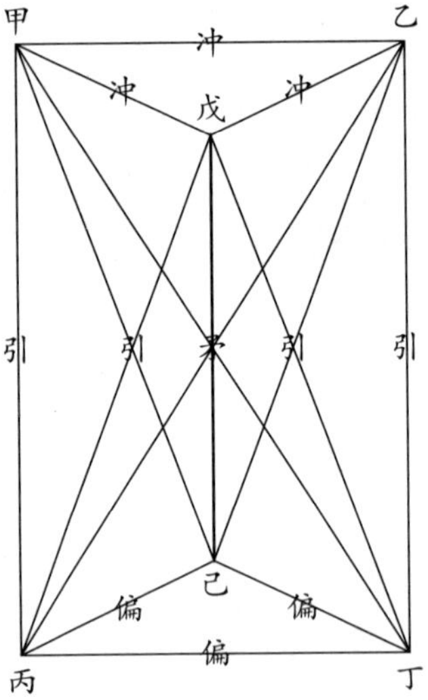

真假推算表

		甲	乙	丙	丁	戊	己
1（真）	戊	0	0	1	1	1	0
	己	?	?	?	?	0	1
	甲	1	0	1	0	0	1
	乙	0	1	0	1	0	1
	丙	?	0	1	?	?	?
	丁	0	?	?	1	?	?
0（假）	甲	0	?	?	1	?	?
	乙	?	0	1	?	?	?
	丙	0	1	0	1	0	1
	丁	1	0	1	0	0	1
	戊	?	?	?	?	0	1
	己	0	0	1	1	1	0

上图符号说明：

矛：矛盾：甲丁、乙丙、戊己，每对二者互相矛盾。

冲：冲突：甲乙、甲戊、戊乙，每对二者互相冲突。

偏：偏差：丙丁、丙己、己丁，每对二者互相偏差。

引：引随：甲丙、甲己、戊丙，乙丁、乙己、戊丁，每对二者，前引后随：有“甲真则丙真；丙假则甲假”的“则”字逻辑关系。参看注㉑第五号。举例：

甲：某某是好人。

乙：某某是不好的人。

丙：某某不是不好的人。

丁：某某不是好人。

戊：某某是不好又不不好的人。

己：某某不是不好又不不好的人。

“不好又不不好”：指“不好也不坏”，有“能好也能坏”的含意。

根据以上各图，证明有限肯定和无限肯定两论句都用天法元式：

论式一：有限肯定：	二、无限肯定：
大：凡是动物都会音乐	凡是动物都是“不会音乐的”
小：凡是人都是动物	凡是人都是动物
结：凡是人都会音乐	凡是人都是“不会音乐的”。

注意：“是真的”，或类似语法，可简单加上，或减去，不改变“定言论句”的本意。惟需分辨“否定字”的位置：将否定字放在“是”，或“是真的”前面：形成“有限否定”；放在“是”，或“是真的”后面，形成“无限肯定”，不是否定。参看注①、内三○，否定字与构字的位置。下节讨论对立关系推演的步骤及种种论式。

十二、对立推演论式的步骤，和图解如下：

论式一：论句对立推演公式之一：

前提	结论
一、甲乙矛盾	四、乙引丁随
二、丙丁矛盾	五、甲丁偏差
三、丙引甲随	六、乙丙冲突

图一：

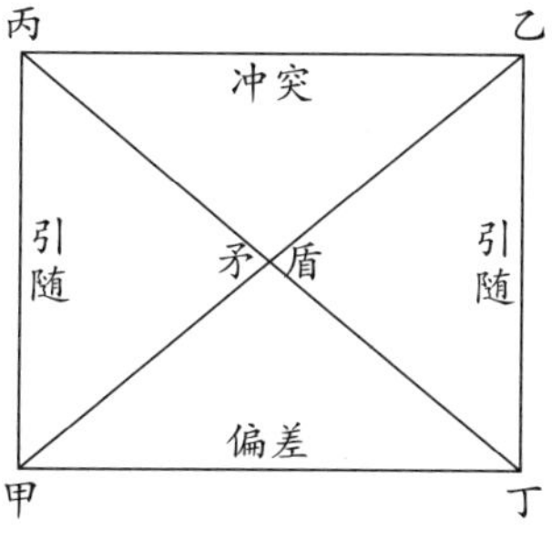

注意：本节图一将“甲乙丙丁”的次序，依亚里原文，改作“丙丁乙甲”。

图二：亚里原文指示的“论句对立推演图”，和上图相同，只是“矛盾分万物”一点，显然图中比较详细：

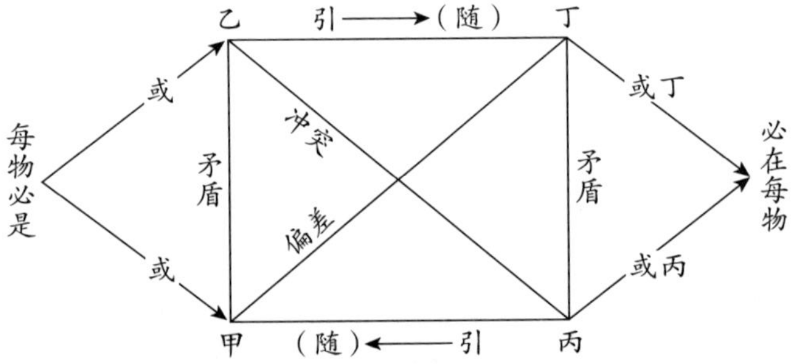

论式二：证“乙引丁随”：即是详证论式一的第一结论。

论式二：

原式		详证原式	理由
前提	一、甲丁矛盾 二、丙丁矛盾	五、或丙或丁，心在每物。此如不在。彼则必在。	矛盾律二
	三、丙引甲随	六、丙乙冲突，丙不能在乙。	三、一
结论	四、乙引丁随	七、故丁在乙：丁随乙。	五、六

论式三：详证原式第二结论：“甲丁偏差”。

原式		详证	理由
前提	一、甲乙矛盾	五、丙之所不在，必有丁在	二：矛盾律
	二、丙丁矛盾	六，丙不随甲，有甲不必有丙	三：引随律
	三、丙引甲随	七、丙能不在甲	六
结论	四、甲丁偏差	八、丁能在甲，甲丁能同真。此即是甲丁偏差：能同真，不能同假。同上、四	七、五

论式四：详证第三结论：“乙丙冲突”。

原式		反证		理由
大	一、甲乙矛盾	四、乙能在丙	七、乙不能在甲	一
小	二、丙引甲随	五、丙能在甲	八、丙能在甲	二、五
结	三、乙丙冲突	六、乙能在甲	九、乙不能在丙	七、八

论式五：附证前面第一结论："丁不引乙"，用"丁甲偏差"。

原式		反证		理由
大	一、甲乙矛盾	四、丁引乙随	七、甲乙偏差：错	一
小	二、甲丁偏差	五、甲丁偏差	八、甲乙偏差：真	二、五
结	三、丁不引乙	六、甲乙偏差	九、丁引乙随：错	七、八

注意：在论式四、五，反证法仍守普通格式，回看注[220]。

论式六：			论式七：	论式八：
前提	一、	甲乙矛盾	甲乙矛盾	甲乙矛盾
	二、	丙丁矛盾	丙丁矛盾	丙丁矛盾
	三、	乙引丁随	甲丁偏差	乙丙冲突
结论	四、	丙引甲随	乙引丁随	甲丁偏差
	五、	甲丁偏差	丙引甲随	乙引丁随
	六、	乙丙冲突	乙丙冲突	丙引甲随

论式九：			论式十：	论式十一：
前提	一、	甲乙矛盾	甲乙矛盾	甲乙矛盾
	二、	丙引甲随	丙引甲随	丙引甲随
	三、	乙引丁随	甲丁偏差	乙丙冲突
结论	四、	丙丁矛盾	丙丁矛盾	无结论
	五、	甲丁偏差	乙引丁随	
	六、	乙丙冲突	乙丙冲突	

上面论式第十一无效，因为前提里缺少丁句，因此，甲乙丙丁四句间的对立关系，无法推证出来。总说起来：每次前提有甲乙丙丁四句全体出现时，始有能力证出结论。四句对立起来，建

立任何三种关系，便能推演出其余的三种关系。论句对立图中，只包含六种关系：或“盈无有亏”四句对立的六种关系；或“有限、无限、肯定、否定”综合配成的六种对立关系，用“对立图”画图推演，便甚容易。兹不赘述。还有许多无限论式，不生于某句的缺少，而生于名辞或论句，选择失当，详见下文。

十三、名辞或论句，选择失当，而生出的无效论式之一：结论内，名辞或论句选择失当，措置失当：

前提	一、甲乙矛盾 二、丙丁矛盾 三、丙引甲随	左式结论，应是“乙引丁随”，误将关系倒置，是它错误的原因。它的前提里，本来没有错误。回看十二号，论式第二，参看同号论式第一，第五。
结论	四、乙引丁随	

十四、

图一：己辛怪诞图

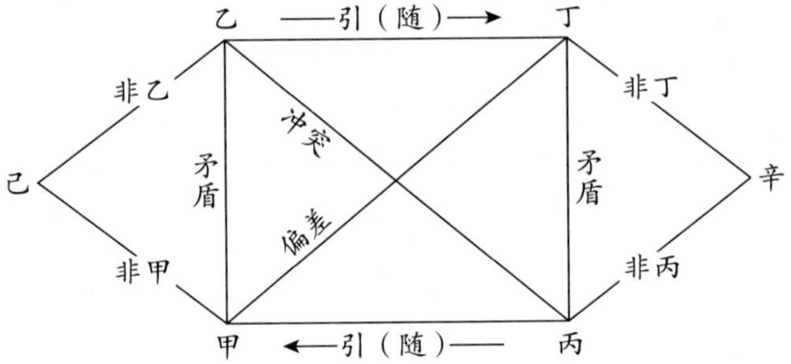

注意 1.“甲乙矛盾、丙丁矛盾，乙丙冲突，甲丁偏差、甲引丙随、乙引丁随”。

2.“己”代表“非乙非甲”：是一个“荒谬怪诞”的概念符号。

“辛”代表“非丁非丙”，荒谬怪诞，同上。矛盾分万物。万物就是实有，能有，或至少，是可以思想，不自相矛盾的事物之总体。万物的总体以外，只剩“自相矛盾”，连思都不可思的“荒谬怪诞”，“狂妄无似”。己辛两个符号，就是代表这样不堪思议的“假设”：“什么都不是的一回事”。

论式一：

前提
- 一、甲己矛盾
- 二、丙辛矛盾
- 三、丙引甲随

结论
- 四、己引辛随

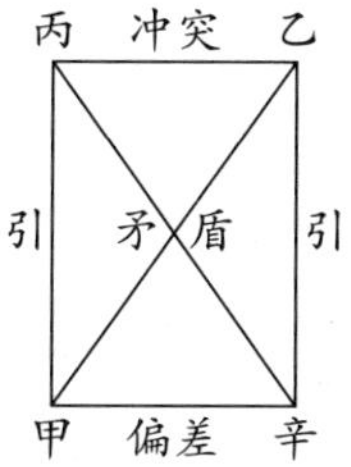

论式二：用上式已证的“己引辛随”作前提，继续往下推演，推出上面十三号错误的结论：违犯图一。

前提
- 一、己乙矛盾
- 二、辛丁矛盾
- 三、己辛引随

结论
- 四、丁引乙随

图解本式：

乙引辛随。

丁引乙随：

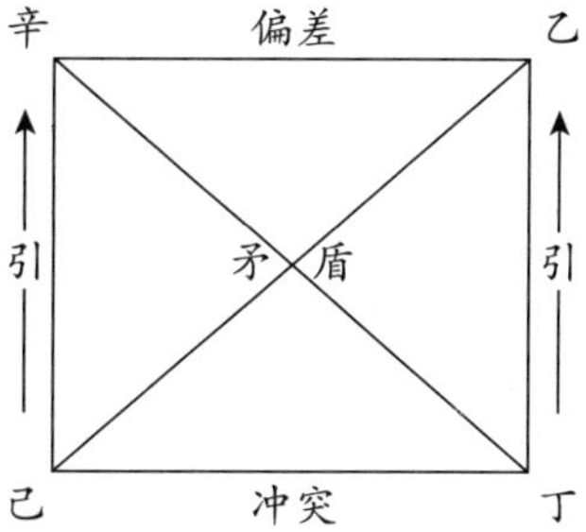

论式三：用反证法证明“丁随乙引”是真的：回看十二号内，论式五。

十五、注意：“无限论句”和“无限定论句”的分别——简单地说：“无限定论句”是没有句量的论句。一个论句有宾、主、构三辞，但无“量辞”，即是没有指定“句量”，是全称（指类界的全部）；或是特称（不指类界的全部，只指一部分）。详看注①内十七号。

“无限论句”是用“否定宾辞”的论句。它的宾辞是一“否定名辞”；有“否定辞”，例如“不”字之类，附加在构辞的下面，和宾辞自身的上面这样的宾辞是“无限的”，因为“否定名辞”不积极指定某某种名或类名，及其界限，例如说：“马是一个不是牛的东西”，是一无限肯定论句。“马不是牛”是一有限否定论句；“马是动物”是一有限肯定论句。“马不是一个不是牛的东西”是一无限否定论句。但这些论句不论有限无限，都是“无限定论句”，因为都没指明句量是“全称与否”。又例如“凡是马都是一个不是牛的东西”，是一个“有限定的无限肯定论句”，因为它指明了自己的“句量”是全称的。如此说来，足见：“有限定论句”是“有量辞论句”；“无限定论句”是“无量辞的论句”；“有限论句”是用肯定名辞作宾辞的论句。“肯定名辞”都肯定其意义的范围和界限：故此都是“有限名辞”。用有限名辞的论句，是“有限论句”，不论其构辞是否肯定。反之，用“否定名辞”作宾辞的论句是“无限论句”；因为“否定的名辞”都是“无限名辞”：用“无限宾辞”的论句是“无限论句”，不论其构辞是否肯定。惟需注意：宾主二辞都是“无限名辞”的论句，是“无所谓的论句”：例如说：“凡是一个不是马的东西，都是一个不是牛的东西”：这句话极无所谓：不能传达确定的意义；并且是宾主两辞互相矛盾的。能引人构成自相矛盾的论式：例如说：

大前提：凡是一个不是马的东西都是一个不是牛的东西。

小前提：每一个牛都是个不是马的东西，

结论：每一个牛都是一个不是牛的东西。

上面的结论自相矛盾，因为大前提自相矛盾。小前提是正确而真实的论句：所以结论的荒谬，全是来自大前提：定律是：“结论错，前提必有一错，不在小前提，故在大前提”。故此，至少“全称肯定的宾主无限论句”是荒谬的。其余类似的无限论句，即便自身不是荒谬，也都是“无所谓”、“无确义”的。但不是全无用途。特称否定句用“宾主无限句法”，可以“宾主换位”；是“并变换位法”。回看注④。特需注意，“宾主无限句法”只是在“特称”论句内，始能避免句意自相矛盾的荒谬性。

十六、附志：各种对立关系中，否定辞“不”字或同义字应占的位置，图示如下：

图一：句量的对立：

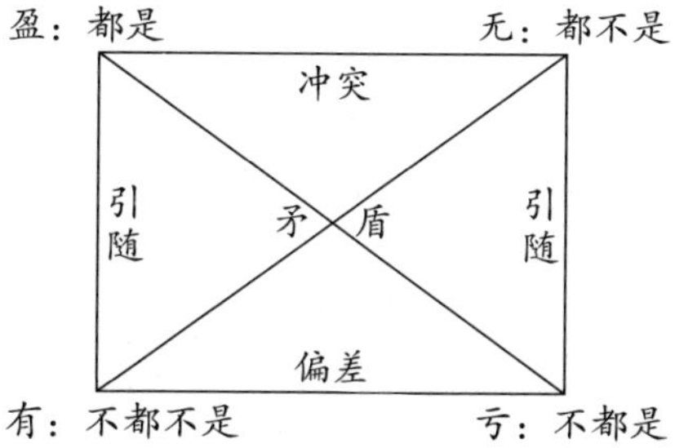

图二：构辞的对立：

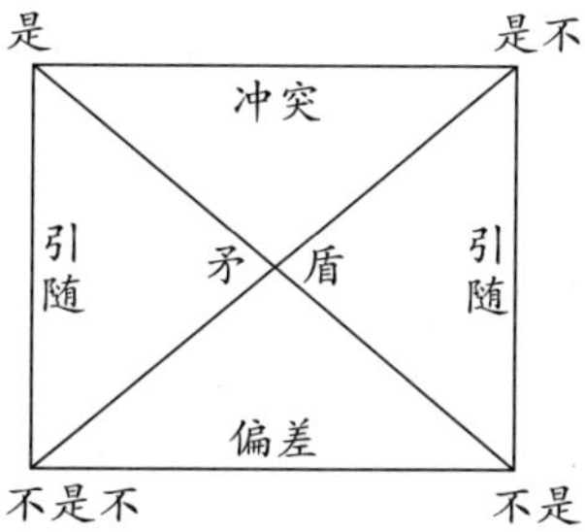

参考亚里，《句解》，章十、章十三，本编卷下、章廿二。

注意：上两图，及以下诸图，都是举例说明怎样用“否定辞”，形成关系的对立，相界于论句的“换质法”：改变句性，将肯定改成否定。

图三：“个”字对立

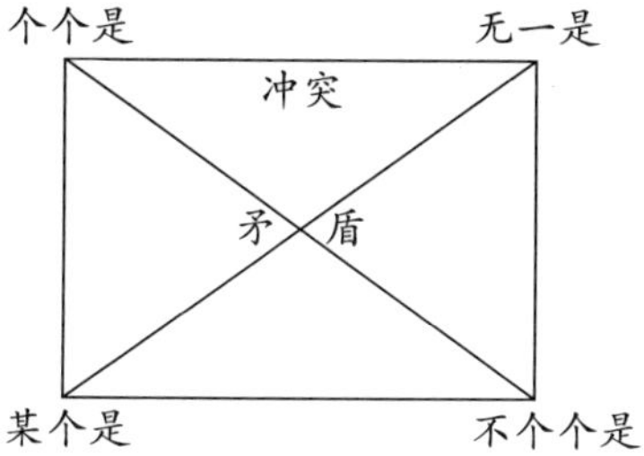

图四：“有某”对立

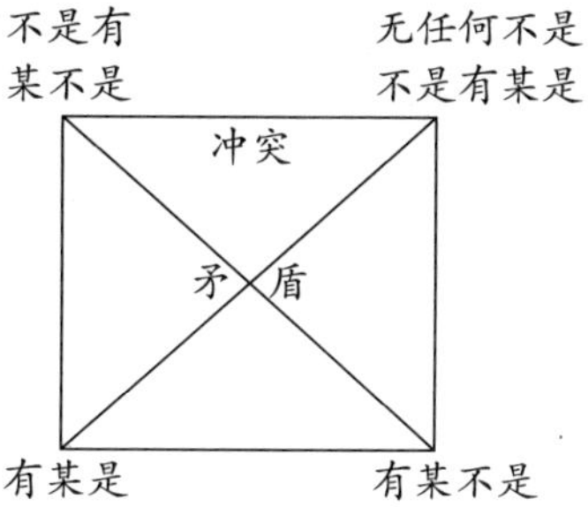

图五：“真”字对立

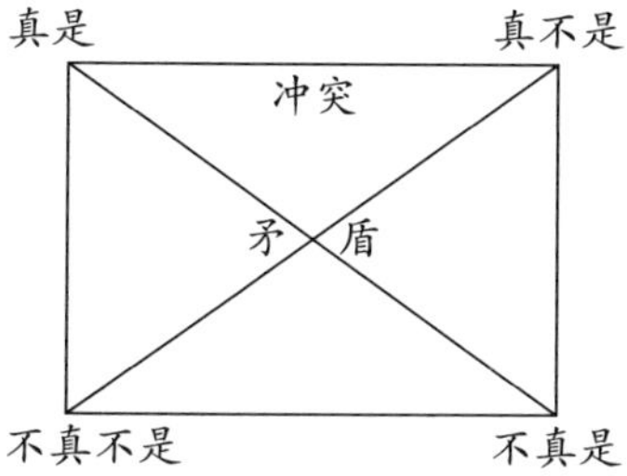

图六：“许作”对立

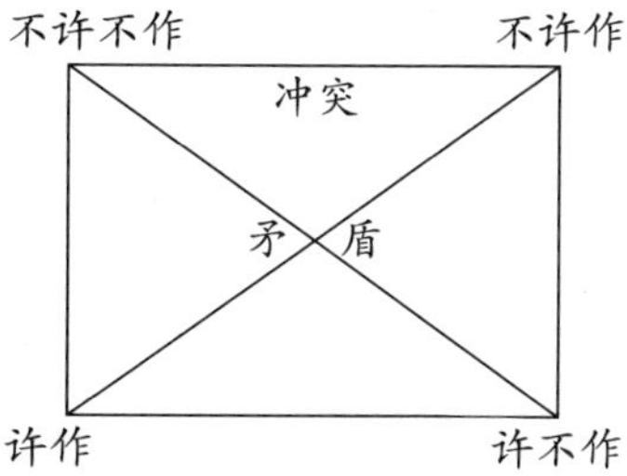

图七："处"字对立

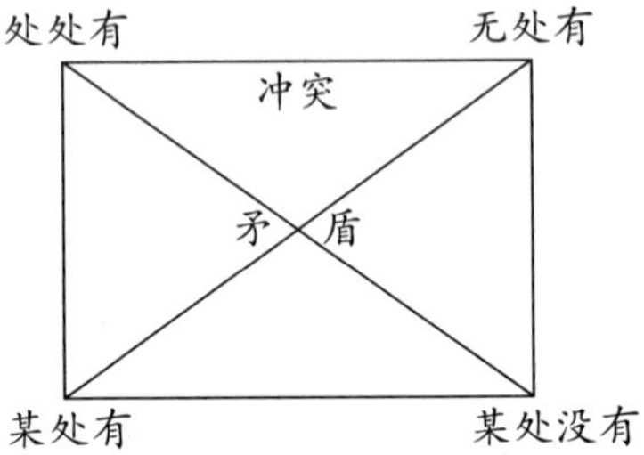

图八："时"字对立

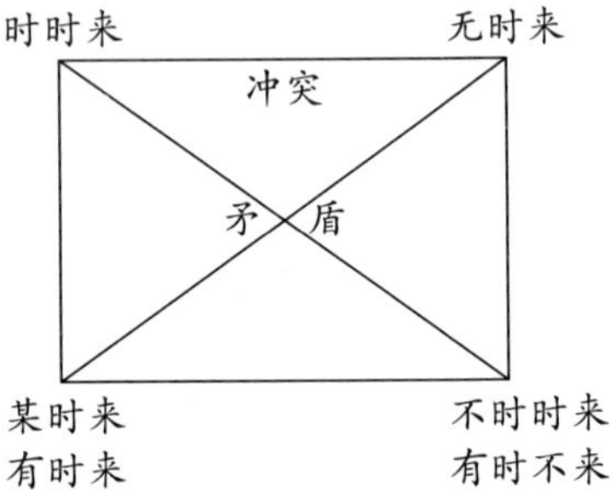

图九："常"字对立

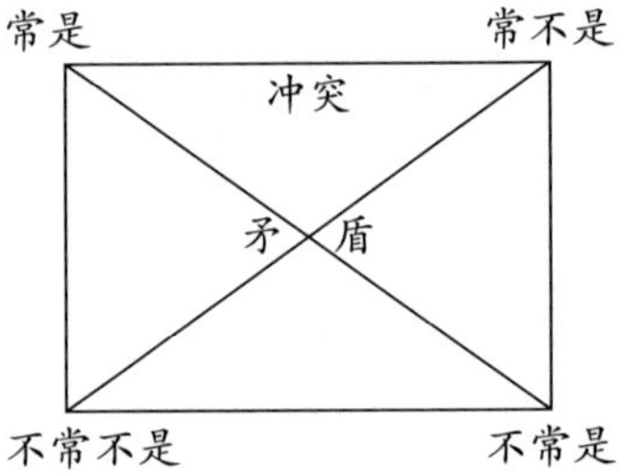

图十："定"字对立

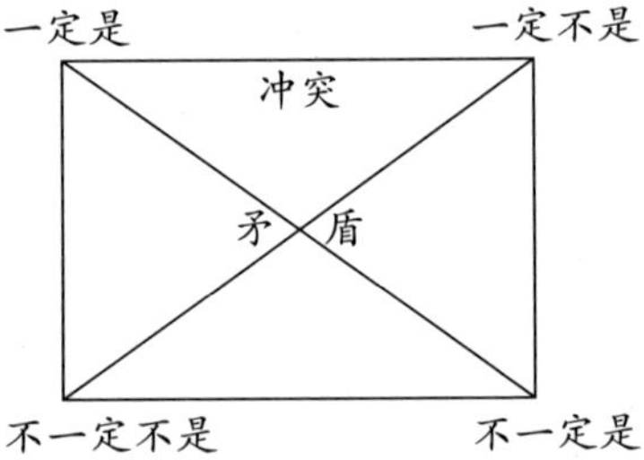

卷　下

第一章　结论重重的推演

㉞参看注④，换位法，及注⑤至注⑧。参看注⑲，物法，“元盈盈有”，“亨盈无无”，“利有盈有”，并和天法相比较。

㉟参看注①，号十至十六。又参看注⑭，号三七；注⑲。

㊱参看注㉛至㊾。又参看注①，号十一：“在”字构辞。本处论式，图表如下：

地法	用“是”	用“在”	说明
无乙甲 无丙甲 无丙乙	无乙是甲 每丙是甲 无丙是乙	甲不在任何乙 甲却在每个丙 乙故不在任何丙	乙甲换位，即得天法
无丙乙 有丁丙 亏丁乙	无丙是乙 有丁是丙 有丁非乙	乙不在任何丙 丙却在某个丁 乙故不在某丁	丙乙换位，即成地法

㊲参看注①，十号上辞：上置辞。

第二章　天法、真与假、配合论式

㉓⑧参看注⑫①，号二～三。

㉓⑨举例，用“是”字：

真	假	说明
无乙是甲	每乙是甲	全假
每丙是乙	每丙是乙	全真
无丙是甲	每丙是甲	全假

㉔⓪

真	假	说明
每乙是甲	无乙是甲	全假
每丙是乙	每丙是乙	全真
每丙是甲	无丙是甲	全假

注意：从本注以下，每注的图表首栏，三个论句都是假设的真实论句，有时三句构成论式，有效；有时却不是任何论式，只是各自独立，互不相干的三条真理。

㉔①种类相属，附性偶同。

真	大前提半假	辞例	说明
某乙是甲	每乙是甲	每个白物都是动物	半假
每丙是乙	每丙是乙	每只鹅都是白的	全真
↘某乙是丙	↘某乙是丙	↘某白物是鹅	
每丙是甲	每丙是甲	每只鹅都是动物	全真

注意：假设鹅有白鹅，没有任何其他异色鹅。凡鹅必白，无白非鹅。

㉜种类互异，附性偶同。

真	大前提半假	辞例	说明
某乙是甲	无乙是甲	无一白物是动物	半假
每丙是乙	每丙是乙	凡是雪都是白的	全真
无丙是甲	无丙是甲	无雪是动物	全真

㉝类同（甲），种异（乙丙），不互宾称。

真	小前提全假	辞例	说明
每乙是甲	每乙是甲	每匹马都是动物	全真
无丙是乙	每丙是乙	每个人都是马	全假
每丙是甲	每丙是甲	每个人都是动物	全真

㉞类异种异，互不宾称。（三辞彼此全无关系）

真	小前提全假	辞例	说明
无乙是甲	无乙是甲	无音乐是动物	全真
无丙是乙	每丙是乙	凡医药都是音乐	全假
无丙是甲	无丙是甲	无医药是动物	全真

㉟类名，种别名，种名：同类的种和种别。

真	小前提半假	辞例	说明
每乙是甲	每乙是甲	每个人都是动物	全真
某丙是乙	每丙是乙	每个陆行生物都是人	半假
每丙是甲	每丙是甲	每个陆行生物都是动物	全真

注意：甲代表类名，丙代表种别名，乙代表种名，作中辞。

(246)异类的种和种别。

真	小前提半假	辞例	说明
无乙是甲	无乙是甲	无一智思是动物	全真
某丙是乙	每丙是乙	每一静观妙悟都是智思	半假
无丙是甲	无丙是甲	无一静观妙悟是动物	全真

(247)种类互异，附性偶同，或远类互同。

真	大前提全错	辞例	说明
无乙是甲	每乙是甲	每片雪都是动物	全错
某丙是乙	某丙是乙	某白物是雪	全真
某丙是甲	某丙是甲	某白物是动物	全真

(248)种类相属，附性偶异，或远类相同。

真	大前提全假	辞例	说明
每乙是甲	无乙是甲	无人是动物	全假
某丙是乙	某丙是甲	某白物是人	全真
某丙非甲	某丙非甲	某白物不是动物	全真

(249)

真	大前提半假	辞例	说明
某乙是甲	每乙是甲	每一美物都是动物	半假
某丙是乙	某丙是乙	某大物是美物	全真
某丙是甲	某丙是甲	某大物是动物	全真

注意：美物指美丽的物体。

某乙非甲	无乙是甲	无一美物是动物	半假
某丙是乙	某丙是乙	某大物是美物	全真
某丙非甲	某丙非甲	某大物是动物	全真

㉕⓪

真	小前提半假	辞例	说明
每乙是甲	每乙是甲	每只鹅都是动物	全真
无丙是乙	某丙是乙	某黑鸟是鹅	半假
某丙是甲	某丙是甲	某黑鸟是动物	全真

㉕①

真	小前提半假	辞例	说明
无乙是甲	无乙是甲	无一数目是动物	全真
无丙是乙	某丙是甲	某白物是数目	半假
某丙非甲	某丙非甲	某白物不是动物	全真

注意：数目是数理，没有形象，不能是“白物”，和“数字”，画在黑板上，不同。

㉕②

真	假	辞例	说明
某乙是甲	每乙是甲	每一数理是动物	全假
无丙是乙	某丙是乙	某白物是数理	半假
某丙是甲	某丙是甲	某白物是动物	全真
某乙非甲	每乙非甲	无鹅是动物	全假
无丙是乙	某丙是乙	某黑物是鹅	半假
某丙非甲	某丙非甲	某黑物非动物	全真

天法论式真假配合总表：

	全假				半假					全假				半假			
元	1	2	3	4	5	6	7	8	利	1	2	3	4	5	6	7	8
盈	真	假	真	假	真	假	真	假		真	假	真	假	真	假	真	假
盈	真	真	假	假	真	真	假	假	盈	真	真	假	假	真	真	假	假
盈↓	真	假	真	真	真	真	真	?	有	真	真	?	?	真	真	真	真
有	真	?	真	真	真	真	真	?	有								

亨无盈无↓亏									贞无有亏								
	真	假	真	假	真	假	真	假		真	假	真	假	真	假	真	假
	真	真	假	假	真	真	假	假		真	真	假	假	真	真	假	假
	真	假	真	真	真	真	真	?		真	真	?	真	真	真	真	真
	真	?	真	真	真	真	真	?									

第三章　地法、真与假、配合论式

㉕③详见注㉖③附录总表。

㉕④地法，亨盈无无，亨无盈无两式。

真				假				说明
无	乙	是	甲	每	乙	是	甲	全错
每	丙	是	甲	无	丙	是	甲	全错
无	丙	是	乙	无	丙	是	乙	全真
每	乙	是	甲	无	乙	是	甲	全错
无	丙	是	甲	每	丙	是	甲	全错
无	丙	是	乙	无	丙	是	乙	全真

注意：“假”和“错”在本文意义相同。

㉕⑤

真	假	辞例	说明
每乙是甲	大：无乙是甲	无马是动物	全假
每丙是甲	小：每丙是甲	无人是动物	全真
无丙是乙	结：无丙是乙	无人是马	全真
每乙是甲	大：无乙是甲	每马是动物	全真
每丙是甲	小：无丙是甲	无人是动物	全假
无丙是乙	结：无丙是乙	无人是马	全真

㉖

真	假	辞例	说明
某乙是甲 每丙是甲 无丙是乙	无乙是甲 每丙是甲 无丙是乙	无一白物是动物 每只乌鸦是动物 无一乌鸦是白物	半假 全真 全真
某乙是甲 每丙是甲 无丙是乙	每乙是甲 无丙是甲 无丙是乙	每一白物是动物 无一乌鸦是动物 无一乌鸦是白物	半假 全假 全真

亚里及其时代的生物学观念，认为凡是乌鸦都是乌黑的，无一能是白色的。

㉗

真	假	辞例	说明
某乙是甲 某丙非甲 无丙是乙	每乙是甲 无丙是甲 无丙是乙	每一白物是动物 无一树胶是动物 无一树胶是白物	半假 全真 全真

㉘

真	假	辞例	说明
某乙是甲 某丙是甲 无丙是乙	每乙是甲 无丙是甲 无丙是乙	每一白物是动物 无一黑物是动物 无一黑物是白物	半假 半假 全真
某乙是甲 某丙是甲 无丙是乙	无乙是甲 每丙是甲 无丙是乙	无一白物是动物 每一黑物是动物 无一黑物是白物	半假 半假 全真

㉙

真	假	辞例	说明
每乙是甲	无乙是甲	无一人是动物	全假
某丙是甲	某丙是甲	某白物是动物	全真
某丙非乙	某丙非乙	某白物非人	全真

㉚

真	假	辞例	说明
无乙是甲	每乙是甲	每一无灵物是动物	全假
某丙非甲	某丙非甲	某白物不是动物	全真
某丙非乙	某丙非乙	某白物无灵	全真

㉛

真	假	辞例	说明
无乙是甲	无乙是甲	无一数目是动物	全真
无丙是甲	某丙是甲	某无灵物是动物	半假
某丙是乙	某丙非乙	某无灵物不是数目	全真

参看注①，号十一。

㉜

真	假	辞例	说明
每乙是甲	每乙是甲	每人是动物	全真
每丙是甲	每丙非甲	某陆行生物不是动物	半假
某丙非乙	某丙非乙	某陆行生物不是人	全真

注意："某"便是"有些"的意思。

263

真	假	辞例	说明
每乙是甲	无乙是甲	无一马是动物	全假
每丙是甲	某丙是甲	某树是动物	半假
某丙非乙	某丙非乙	某树非马	全真
无乙是甲	每乙是甲	每个知识是动物	全假
每丙是甲	每丙非甲	某人不是动物	半假
某丙非乙	某丙非乙	某人不是知识	全真

注意："真"常是"全真"，"假"有时是"半假"。

地法论式真假配合总表：

<table>
<tr><td colspan="12">地法</td><td>人法</td></tr>
<tr><td>亨</td><td colspan="4">全假</td><td colspan="4">半假</td><td></td><td>元</td><td></td><td rowspan="11">各论式真假配合全同上</td></tr>
<tr><td>盈</td><td>真</td><td>假</td><td>真</td><td>假</td><td>真</td><td>假</td><td>真</td><td>假</td><td>全假半假</td><td>盈</td><td rowspan="4">（同上）</td></tr>
<tr><td>无</td><td>真</td><td>真</td><td>假</td><td>假</td><td>真</td><td>真</td><td>假</td><td>假</td><td>半假全假</td><td>亏</td></tr>
<tr><td>无</td><td>真</td><td>真</td><td>真</td><td>真</td><td>真</td><td>真</td><td>真</td><td>真</td><td>真真</td><td>亏</td></tr>
<tr><td>↓
亏</td><td>真</td><td>真</td><td>真</td><td>真</td><td>真</td><td>真</td><td>真</td><td>真</td><td>真真</td><td></td></tr>
<tr><td></td><td colspan="4"></td><td colspan="4"></td><td></td><td></td><td></td></tr>
<tr><td>亨</td><td></td><td></td><td></td><td></td><td></td><td></td><td></td><td></td><td></td><td>贞</td><td></td></tr>
<tr><td>无</td><td>真</td><td>假</td><td>真</td><td>假</td><td>真</td><td>假</td><td>真</td><td>假</td><td>全假半假</td><td>无</td><td rowspan="4">（同上）</td></tr>
<tr><td>盈</td><td>真</td><td>真</td><td>假</td><td>假</td><td>真</td><td>真</td><td>假</td><td>假</td><td>半假全假</td><td>有</td></tr>
<tr><td>无</td><td>真</td><td>真</td><td>真</td><td>真</td><td>真</td><td>真</td><td>真</td><td>真</td><td>真真</td><td>亏</td></tr>
<tr><td>↓
亏</td><td>真</td><td>真</td><td>真</td><td>真</td><td>真</td><td>真</td><td>真</td><td>真</td><td>真真</td><td></td></tr>
</table>

第四章　人法、真与假、配合论式

㉖总表和地法同，详见前注。本章人法，各论式真假配合，结论常能真。分析举例，和以上天地两法，手续相同。

㉖详见注⑫。

第五章　天法论式的回证法

㉖循环互证的必然形式：（回证法）

一、完善的循环论式：用简单换位法

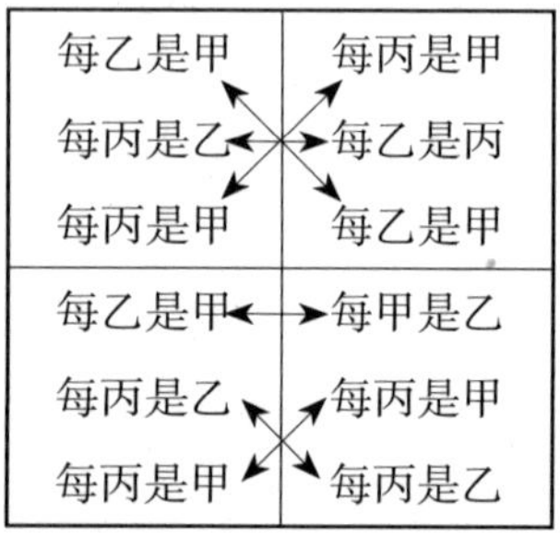

㉗同前。

㉘不完善循环论式：论句不能简单换位，故不是一转自回，必须另加新句，逐一分别证明：

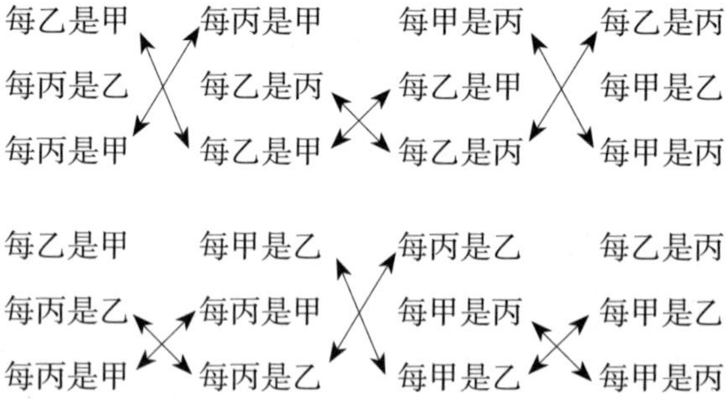

㉖⑨否定论式。　　　　　　㉗⓪

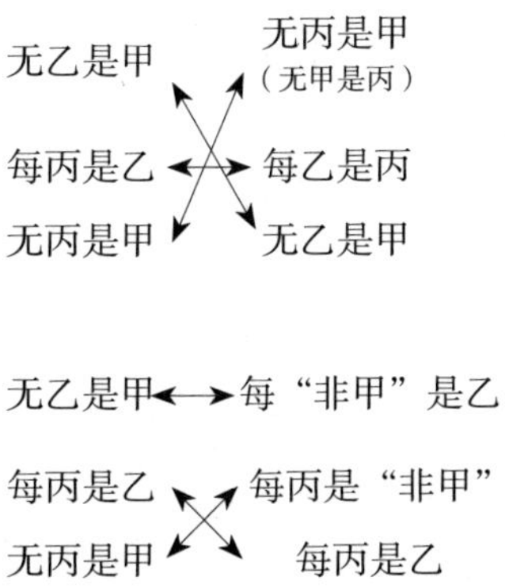

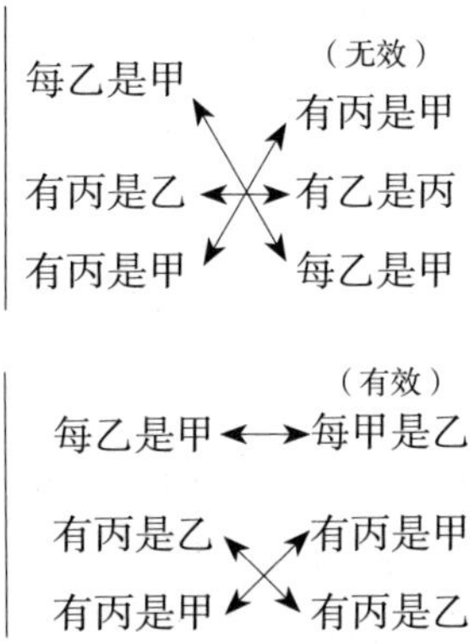

注意：否定论式回证时，可用第二论法，即地法：用“无甲是丙”。

㉗①同上。

㉗②

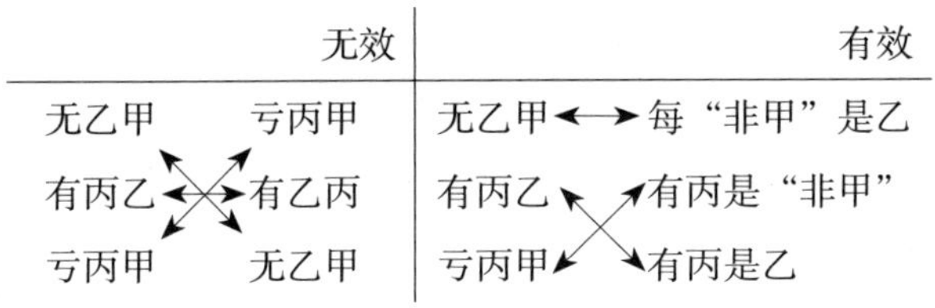

第六章　地法论式的回证法

(273)

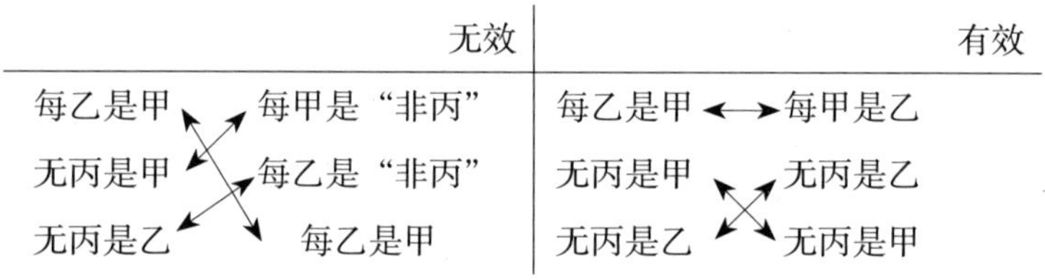

(274)

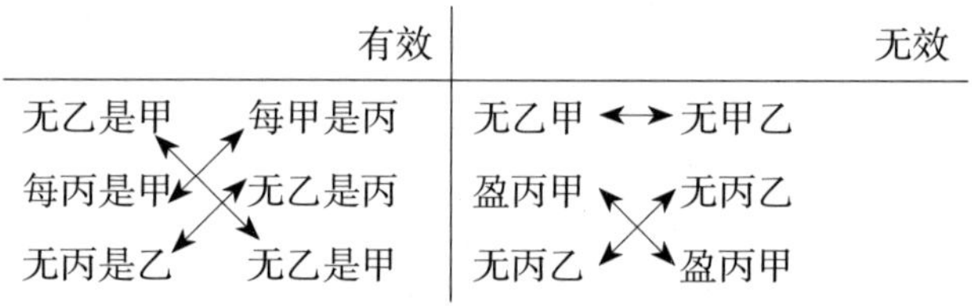

(275)

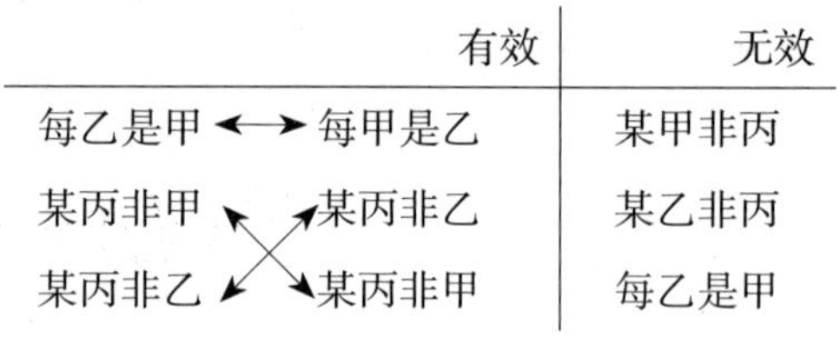

(276)

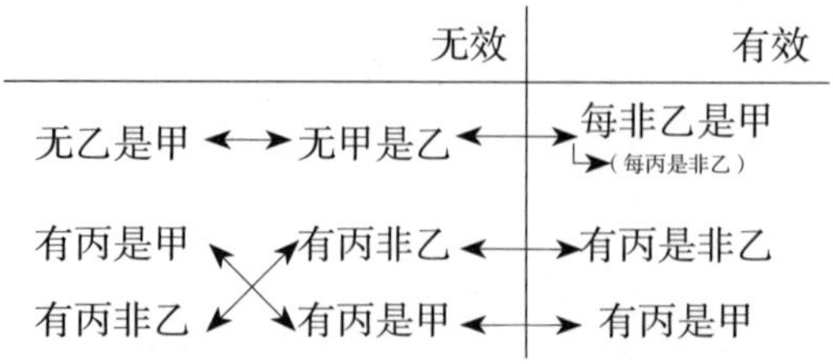

第七章　人法论式的回证法

㉗⑦　　　　　㉗⑧

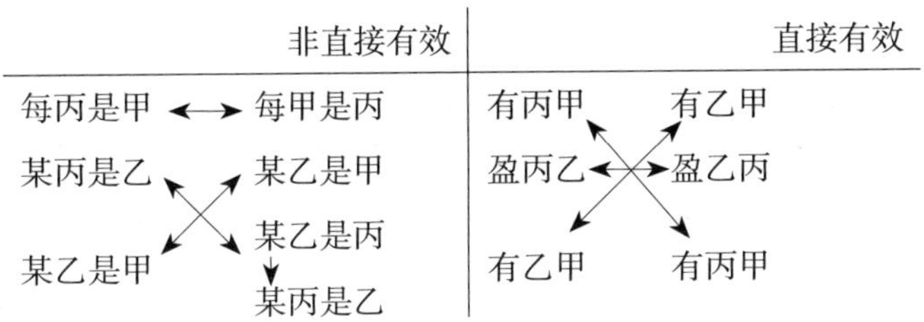

㉗⑨

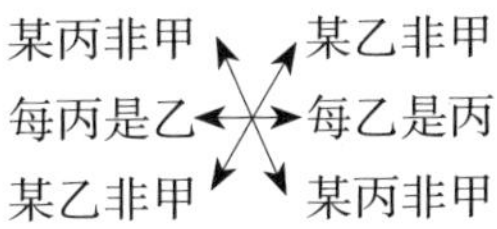

㉘⓪

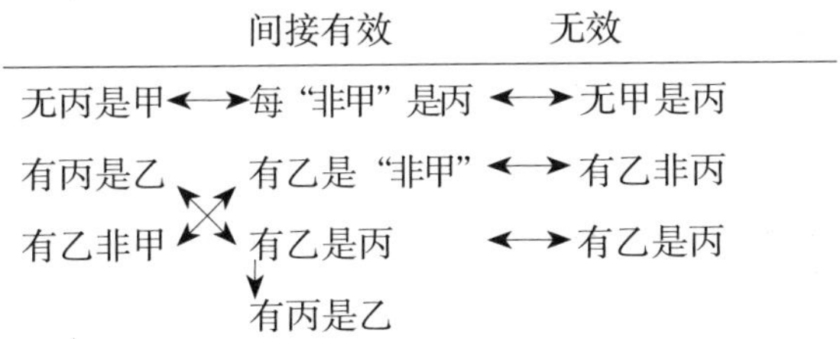

㉘①本节原文“第三论法”（即是人法），与前者所见，不能符合。改作“第二论法”才对，参看注㉖⑨。第二论法是地法。勉强用第三论法，证不出要领：

天法有效	人法有效	地法有效
无乙是甲	无丙是甲	无甲是丙
每丙是乙	每丙是乙	每乙是丙
无丙是甲	无乙是甲	无乙是甲
天法有效	人法有效	地法有效
无乙是甲	有/每丙非甲	每甲非丙
有/每丙是乙	有/每丙是乙	每乙是丙
有/每丙非甲	无乙是甲	每乙非甲

天法		天法有效
无乙是甲	↔	每非甲是乙
每丙是乙		每丙是非甲
无丙是甲		每丙是乙
天法		人法有效
无乙是甲	↔	每非甲是乙
有丙是乙		有非甲是丙
有丙非甲		有丙是乙

天法		地法有效
每乙是甲	→	每乙是甲
有丙是乙		有丙是甲
有丙是甲		有丙是乙

注意：如果原文仍存“第三论法”，仅能指示最后一个回证论式。在此论式，人法有效。但仍非原文所说的否定结论。那么，第一论法的论式回证时，是天地人三法都用，不是只用天法和人法。

㉘参看注㉗㉔和㉗㉕，并和下文比较：全称地法可用天法。

地法		天法有效
无乙是甲		无丙是乙
每丙是甲	↔	每甲是丙
无丙是乙		无甲是乙
		无乙是甲

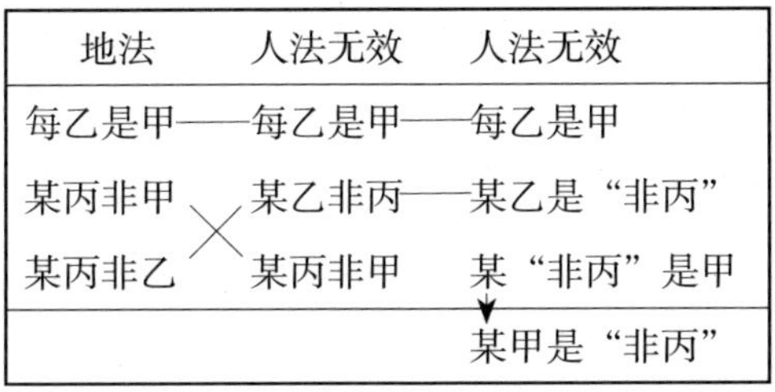
地法
人法无效
人法无效
每乙是甲
每乙是甲
每乙是甲
某丙非甲
某乙非丙
某乙是“非丙”
某丙非乙
某丙非甲
某“非丙”是甲
某甲是“非丙”

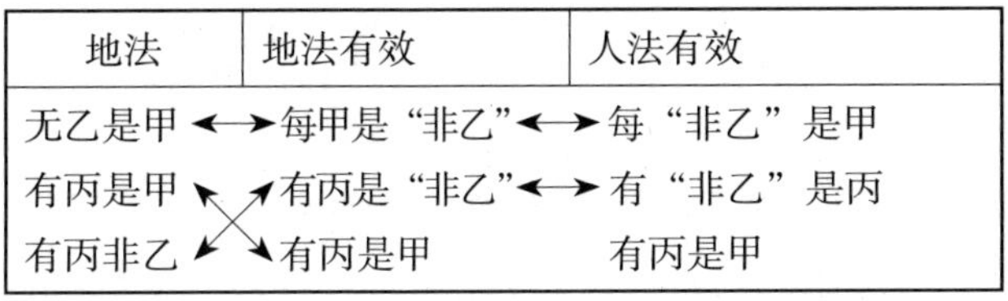
地法
地法有效
人法有效
无乙是甲
每甲是“非乙”
每“非乙”是甲
有丙是甲
有丙是“非乙”
有“非乙”是丙
有丙非乙
有丙是甲
有丙是甲

第八章　天法论式的回驳法

(283)（回看注①，号十一）

回驳论式背后依凭的逻辑公律，有两条符号公式如下：（参考注㉜，图解元盈亏亏）

公式一："张和王引李：无李有王，必无张"。换言之"有张有王，必有李：无李有王，必无张"。意思是说：假设张是大前提，王是小前提，李是结论。结论错，小前提不错，大前提必错。为此，否认了结论，而不否认小前提，则必须否认大前提。这是回驳大前提的公律。

公式二："张和王引李：无李有张，必无王"。换言之："有张有王，必有李：无李有张，必无王"。这是回驳小前提的公律。结论错，前提必有一错，不是大前提，必是小前提。

在以上两公式内，"张，王、李"，各是一"代句符号"，代表论句，构成的论式是随接论式：前项后项间，遵守"引随律"的"舍舍"定律。（参看注(121)，扩充律，及注①，十七；注(221)，及附录五，随接论式的引随律等等。）CCKpqrCKNrqNp.CCKpqrCKNrpNq.

(284)冲突回驳法、一。

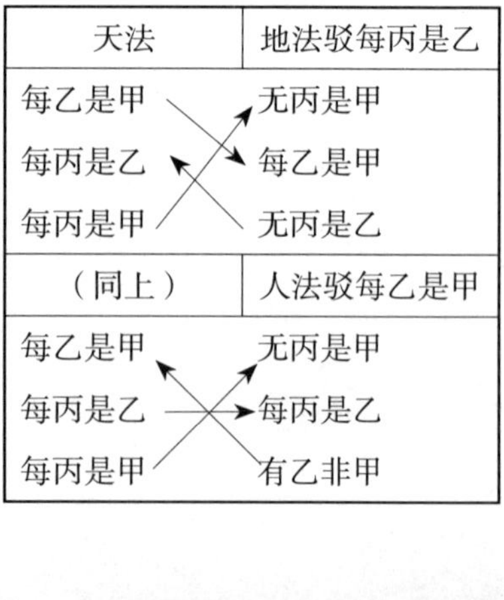

(285)冲突回驳法、二。

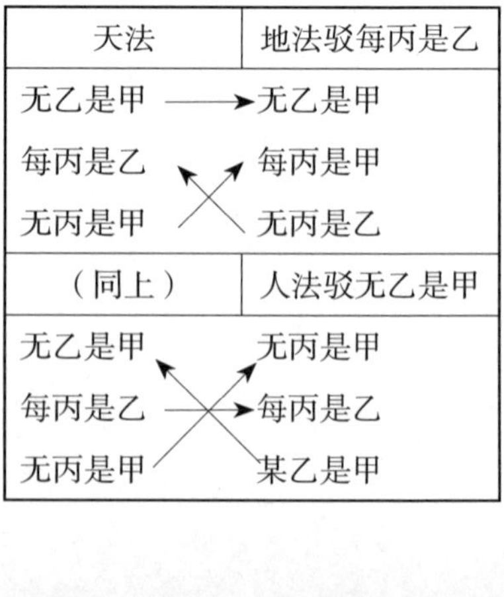

注意：地法亨无盈无，回驳天法元盈盈盈，用冲突回驳法，得冲突结论。人法贞无盈亏，回驳天法元盈盈盈，用同法，得矛盾结论。同样，地法亨无盈无，回驳天法亨无盈无；人法利盈盈有，回驳天法同式。

㉘⑥矛盾回驳法。

天法		人法	天法		人法
每乙是甲		某丙非甲	无乙是甲		某丙是甲
每丙是乙	→	每丙是乙	每丙是乙	→	每丙是乙
每丙是甲		某乙非甲	无丙是甲		某乙是甲

注意：人法元亏盈亏，回驳天法元盈盈盈。人法利有盈有，回驳天法亨无盈无。用矛盾回驳法所用前提及所得结论，都是矛盾论句。

㉘⑦

	天法利式		人法贞式	
大	盈乙甲	每乙是甲	无丙是甲	无丙甲
小	有丙乙	有丙是乙 →	无丙是甲	无丙甲
结	有丙甲	有丙是甲	无丙是乙	无丙乙
	天法利式		地法亨式	
大	盈乙甲	每乙是甲 →	每乙是甲	盈乙甲
小	有丙乙	有丙是乙	无丙是甲	无丙甲
结	有丙甲	有丙是甲	无丙是乙	无丙乙

㉘⑧

	天法利式		回驳	地法元式有效		回驳无效
大	盈	每乙是甲	→	每乙是甲	盈	
小	有	有丙是乙		某丙非乙	亏	
结	有	有丙是甲		某丙非乙	亏	

天法利式			回驳	人法无效	
大	盈	每乙是甲		有丙非甲	亏
小	有	有丙是乙		有丙是乙	有
结	有	有丙是甲		有乙非甲	亏

天法贞式			回驳	人法无效		回驳	地法贞式有效	回驳无效
大	无	乙　甲		有	丙　甲		无乙甲	
小	有	丙　乙		有	丙　乙		有丙甲	
结	亏	丙　甲		有	乙　甲		亏丙乙	

天法利贞二式，大小前提、不受回驳。

第九章　地法论式的回驳法

㉘⑨地法论式回驳前提。

亨	地法	天　元	人法贞式	
盈	每乙是甲	每乙是甲	无丙是甲	无
无	无丙是甲	每丙是乙	每丙是乙	盈
无	无丙是乙	每丙是甲	有乙非甲	亏

㉙⓪

地法亨式		天法利式	人法贞式	
盈	每乙是甲	每乙是甲	无丙是甲	无
无	无丙是甲	有丙是乙	有丙是乙	有
无	无丙是乙	有丙是甲	有乙非甲	亏

㉙①

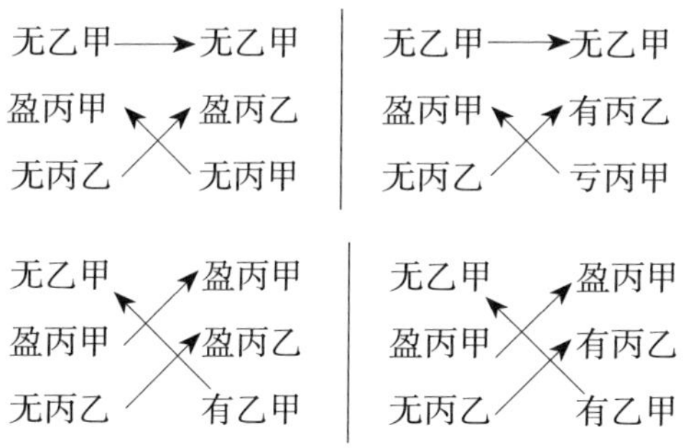

㉙②　　　　　　　　㉙③

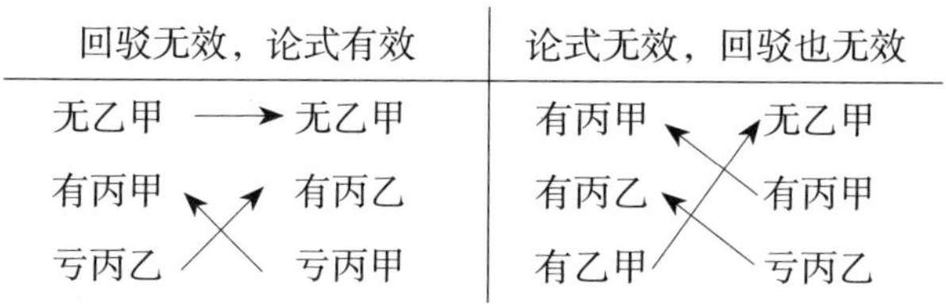

(294)

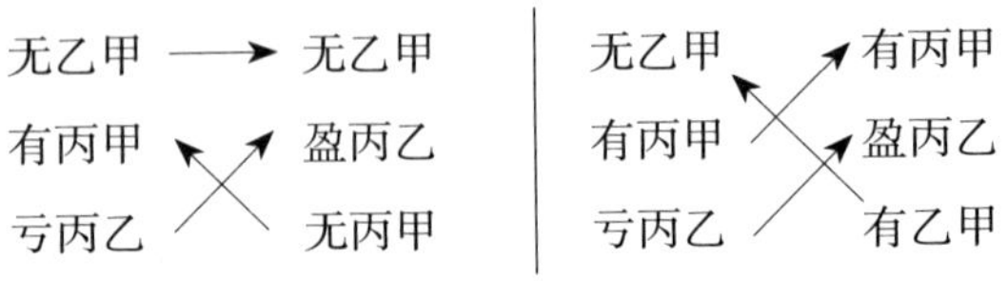
无乙甲
无乙甲
有丙甲
盈丙乙
亏丙乙
无丙甲
无乙甲
有丙甲
有丙甲
盈丙乙
亏丙乙
有乙甲

(295)

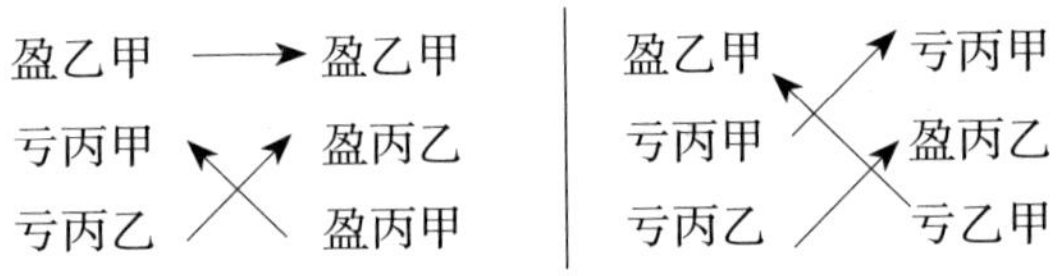
盈乙甲
盈乙甲
亏丙甲
盈丙乙
亏丙乙
盈丙甲
盈乙甲
亏丙甲
亏丙甲
盈丙乙
亏丙乙
亏乙甲

第十一章　天法论式的反证法

㉖

天法元式之反证	
一、盈丙甲	四、亏乙甲
二、盈乙丙	五、盈乙丙
三、盈乙甲	六、亏丙甲

说明：

假定三号假、四号真，同时二号仍真如故。构成论式，六号结论必然，但与一号大前提相反：正相矛盾：依对立推演法，“盈真亏必假”，详见注①，号十七。又依“引随律”，“结论不真，前提必有假”，不是小前提五号，故是大前提四号。详见注⑫及注㉑。又依对立推演法“（四号）亏假，（二号）盈必真”：反倒证明了原论的真实。这是用人法“元亏盈亏”，反证了天法的“元连三盈”。参看注㉐。

㉗

天法元式		天法无效		说明
盈	每丁是甲	亏	某乙非甲	违犯公律第二，详见注⑮九号；注⑮十二号
盈	每乙是丁	盈	每丁是乙	
盈	每乙是甲	亏	某丁非甲	
			无效	
盈	每丙是甲	盈	每甲是丙	违犯公律第七，参看注⑮九号及十二号，同上
盈	每乙是丙	亏	某乙非甲	
盈	每乙是甲	亏	某乙非丙	
			有效无益	
盈	每丁是甲	无	无乙是甲	“无假盈能假”不证“盈必真”，参看注⑫九号
盈	每乙是丁	盈	每丁是乙	
盈	每乙是甲	无	无丁是甲	

㉘天法，贞无有亏，反证利盈有有。

盈	一、每丙是甲	四、无乙是甲	无
有	二、某乙是丙	五、某丙是乙	有
有	三、某乙是甲	六、某丙非甲	亏

说明：

六号相反一号，故错；五号真，四号必错，故三号必真。有效。

㉙天法“盈无”，无力反证“盈有”。

盈	每丙是甲——	每甲是丙	盈
有	某乙是丙	无乙是甲	无
有	某乙是甲	某乙非丙	亏
		无乙是丙	无

以上，天法“盈无亏”，或“盈无无”均无效。违犯分律第七。详见注⑮。

㉚天法“盈亏”和“亏有”都无力反证。

盈	每丙是甲——	某乙非甲	亏	每甲是丙	盈
有	某乙是丙	某丙是乙	有	某乙非甲	亏
有	某乙是甲	某丙非甲	亏	某乙非丙	亏

㉛

亨	天法	天法	贞
无	无丙是甲——	无甲是丙	无
盈	每乙是丙	某乙是甲	有
无	无乙是甲	某乙非丙	亏
亨	地法	天法	利
盈	每甲是丙——	每甲是丙	盈
无	无乙是丙	某乙是甲	有
无	无乙是甲	某乙是丙	有

亨	地法	天法	贞
无	无甲是丙	无甲是丙	无
盈	每乙是丙	某乙是甲	有
无	无乙是甲	某乙非丙	亏

302

亨	天法	反证	有效人法	利	无效天法	
无	无丙是甲		某乙是甲	有	某乙是甲	有
盈	每乙是丙		每乙是丙	盈	某丙是乙	有
无	无乙是甲		某丙是甲	有	某丙是甲	有
亨	地法		有效人法		无效天法	
无	无甲是丙		某乙是甲	有	某乙是甲	有
盈	每乙是丙		每乙是丙	盈	每/某丙是乙	盈/有
无	无乙是甲		某丙是甲	有	每/某丙是甲	盈/有
			某甲是丙	有	无效天法	
亨	地法		有效人法	贞		
盈	每甲是丙		某乙是甲	有	某乙是甲	有
无	无乙是丙		无乙是丙	无	无丙是乙	无
无	无乙是甲		某甲非丙	亏	无/有丙是/非甲	无/亏

303

亨	地法		天法有效无益	
盈	每甲是丙	→	每甲是丙	盈
无	无乙是丙		每乙是甲	盈
无	无乙是甲		每乙是丙	盈
亨	地法		人法有效无益	
无	无甲是丙	→	每乙是丙	盈
盈	每乙是丙		每乙是甲	盈
无	无乙是甲		某甲是丙	有

亨	天法		人法有效无益	
无	无丙是甲		每乙是甲	盈
盈	每乙是丙		每乙是丙	盈
无	无乙是甲		某丙是甲	有

㉚④

元	地法		天法	元
盈	每甲是丙	→	每甲是丙	盈
亏	某乙非丙		每乙是甲	盈
亏	某乙非甲		每乙是丙	盈

㉚⑤

元	地法		人法	元
盈	每甲是丙		某乙非丙	亏
亏	某乙非丙		每乙是甲	盈
亏	某乙非甲		某甲非丙	亏

㉚⑥

贞	地法		天法	亨
无	无甲是丙	→	无甲是丙	无
有	有乙是丙		每乙是甲	盈
亏	某乙非甲		无乙是丙	无
亨	人法无效		天法无效	
有	每/某丙是甲		每乙是甲	盈
无	无丙是乙	→	无丙是乙	无
亏	无/某乙是/非甲		无丙是甲	无

(307)

亨	地法	反证	天法	利	反证	地法	亨
盈	每甲是丙	——→	每甲是丙	盈	——→	每甲是丙	盈
亏	某乙非丙	↖ ↗	某乙是甲	有	↗	无乙是丙	无
亏	某乙非甲	╳	某乙是丙	有	╳ ↘	无乙是甲	无

注意：反证一无效，假定“某乙是甲”，结论“某乙是丙”，和原有前提“某乙非丙”，可以同时都是真的，故无两相矛盾的必然性，发生不出推翻“某乙是甲”的效力，不足以转证“某乙非甲”的真实。

反证二有效，但有些过火，反证的结果，不但是“某乙非甲”，而且是“每乙非甲”，即是“无乙是甲”。这是“言过其辞”：因为“某乙非甲”，不必有“无乙是甲”的涵意；在实际上“某乙非甲”和“某乙是甲”，能一时同真。“无乙是甲”和“某乙是甲”，却是正相矛盾，如水火之不能相容：不能同时并真。如此“言过其辞”的反证，不但没有证实原论，反而将原论，全盘改革了：将“亨盈亏亏”改成了“亨盈无无”。

在语法上，“某乙非甲”、“非每乙是甲”两句话，措辞不同，指意相同。“甲不在某乙”、“甲不在每乙”、“甲不是每乙都在”三句话，也是话不同，意同。故其反证法，相同。都应只用“矛盾句”，不可用“偏差句”(即“小冲突句”)，也不可用其他“对立句”。“某乙非甲”的矛盾句，是“每乙是甲”。参看注①，号十七。

第十二章　地法论式的反证法

⑱天法元式、地法亨式，互相反证。

元	天　法	反　证	地　法	亨
盈	每丙是甲		每丙是甲	盈
盈	每乙是丙		某乙非甲	亏
盈	每乙是甲		某乙非丙	亏
元		反证无效	地法	亨
盈	每丙是甲		每丙是甲	盈
盈	每乙是丙		无乙是甲	无
盈	每乙是甲		无乙是丙	无

⑲天利地亨，互相反证。

利	天　法	反　证	地　法	亨
盈	每丙是甲		每丙是甲	盈
有	有乙是丙		无乙是甲	无
有	有乙是甲		无乙是丙	无

利	天　法	反证无效	地　法	元	反证有效	天　法	元
盈	每丙是甲		每丙是甲	盈		每丙是甲	盈
有	某乙是丙		某乙非甲	亏		每乙是丙	盈
有	某乙是甲		某乙非丙	亏		每乙是甲	盈

⑳

亨	天　法	反　证	地　法	贞
无	无丙是甲		无丙是甲	无
盈	每乙是丙		某乙是甲	有
无	无乙是甲		某乙非丙	亏

(311)

贞	天　法	反　证		
无	无丙是甲	→	无丙是甲	无
有	有乙是丙	↖ ↗	每乙是甲	盈
亏	某乙非甲		无乙是丙	无

(312)以上注(308)至(311)所举式例，都是为说明地法可以证明天法各种结论。地法也可证明其余众法各种结论：都用反证法。

第十三章　人法论式的反证法

⑬

元	天　法	反　证	人　法	元			
盈	每丙是甲	→	某乙非甲	亏			
盈	每乙是丙		每乙是丙	盈			
盈	每乙是甲		某丙非甲	亏			
元		反证无效	人　法	贞	反证有效	天　法	
盈	每丙是甲	→	无乙是甲	无		每丙是甲	盈
盈	每乙是丙		每/某乙是丙	盈	→	每乙是丙	盈
盈	每乙是甲		有丙非甲	亏		某乙是甲	有

⑭

亨	天　法	反证	人　法	利			
无	无丙是甲		有乙是甲	有			
盈	每乙是丙		每乙是丙	盈			
无	无乙是甲		某丙是甲	有			
亨	天　法	反证无效	人　法	利	反证有效	天　法	亨贞
无	无丙是甲		每乙是甲	盈		无丙是甲	无
盈	每乙是丙		每/某乙是丙	盈		每/某乙是丙	盈/有
无	无乙是甲		某丙是甲	有		某乙非甲	亏

⑮将前面所有一切反证论式，择其有效者，列一总表如下：(只收集前面分析过的论式，不收集其他尚能有的许多论式，参

看注220）

天法反证	地法
元连三盈 亨无盈无	元盈二亏 贞无有亏
利盈二有	亨盈二无 亨无盈无
贞盈有亏	亨无盈无

天法反证	天法
贞无有亏	利盈有有 亨无盈无

注意：所谓“反证”，都是相互反证。天法某式反证地法某式，也是地法某式反证天法某式。

人法反证	天法
利盈盈有	亨无盈亏 贞无有亏
利盈二有	
利有盈有 元亏盈亏	亨无盈无 元连三盈
贞无有亏	元盈盈有 利盈有有
贞有无亏	

人法反证	地法
利有盈有 元亏盈亏 贞有无亏	亨无盈无 元盈亏亏 亨无盈无

第十四章　反证和明证的分别

㉛⑯

亨	地　法	反证	天　法	利
盈	每甲是丙		每甲是丙	
无	无乙是丙		某乙是甲	
无	无乙是甲		某乙是丙	
元	地　法		天　法	元
盈	每甲是丙		每甲是丙	
亏	某乙非丙		每乙是甲	
亏	某乙非甲		每乙是丙	

㉛⑰同上。

㉛⑱

利	人法	反证	天法	亨
盈	每丙是甲		无乙是甲	无
盈	每丙是乙		每丙是乙	盈
有	某乙是甲		无丙是甲	无
利	人法		天法	亨
有	某丙是甲		无乙是甲	无
盈	每丙是乙		每丙是乙	盈
有	某乙是甲		无丙是甲	无
利	人法		天法	贞
盈	每丙是甲		无乙是甲	无
有	有丙是乙		某丙是乙	有
有	某乙是甲		某丙非甲	亏

⑲

元	天　法	反证	地　法	亨贞
盈	每丙是甲		每丙是甲	盈
盈	每乙是丙		无/某 乙 是/非 甲	无 亏
盈	每乙是甲		无/某 乙 是/非 丙	无 亏
利	天　法	反证	地　法	亨
盈	每丙是甲		每丙是甲	盈
有	某乙是丙		无乙是甲	无
有	某乙是甲		无乙是丙	无

亨	天　法	反证	人　法	利	反证	地　法	元
无	无丙是甲		某乙是甲	有		无丙是甲	无
盈	每乙是丙		每乙是丙	盈		某乙是甲	有
无	无乙是甲		某丙是甲	有		某乙非丙	亏

⑳

元	天　法	反证	人　法	元
盈	每丙是甲		某乙非甲	有
盈	每乙是丙		每乙是丙	盈
盈	每乙是甲		某丙非甲	亏
利	天　法		人　法	贞
盈	每丙是甲		无乙是甲	无
有	某乙是丙		某乙是丙	有
盈	某乙是甲		某丙非甲	亏

亨	天　法		人　法	利		地　法	亨
无	无丙是甲		某乙是甲	有		无甲是丙	无
盈	每乙是丙		每乙是丙	盈		每乙是丙	盈
无	无乙是甲		某丙是甲	有		无乙是甲	无

贞	天　法	反证	人　法	利	反证	地　法	贞
无	无丙是甲	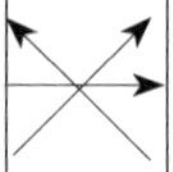	每乙是甲	盈	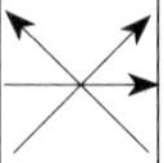	无甲是丙	无
有	某乙是丙		某乙是丙	有		某乙是丙	有
亏	某乙非甲		某丙是甲	有		某乙非甲	亏

第十五章　前提的对立与荒谬

(321)详见注①，内号十七，注(221)及附录五，内四号乙栏。

(322)参看注㉛至㊼。

(323)举例：

元	天　法	矛盾	天　法	元
盈	五是奇数		二和三不是奇数	盈
盈	二加三是五		五是二和三	盈
盈	二和三是奇数		五不是奇数	盈

(324)荒谬论式的三种基本形式：

元	形式一	元	形式二	元	形式三			
							亨	
盈	甲—乙，非乙	盈	甲—乙	盈	甲—乙		无	甲—乙
盈	丙—甲	盈	丙—甲，非乙	盈	丙—甲		盈	丙—甲
盈	丙—乙	盈	丙—乙，非乙	盈	丙—乙		无	丙—乙
大前提荒谬		大前提荒谬		两论式之连合荒谬				

第十六章　乞赖论式

㉕乞赖论式的典型：一、广义的：

两辞论式一	两辞论式二
大：凡是人都是动物	凡是人都是动物
小：凡是人都是动物	有些动物是人
结：凡是人都是动物	有些动物是人

二、以难证易：

大：	圆周线越短，旋转越快	易
小：	旋转迅速，子午星胜于北极星	难
结：	轨道圆周线短小，子午星胜于北极星	易

三、同难作证：

大：	天生能笑者会笑	易
小：	人天生能笑	难
结：	人会笑	难

四、援后证先，倒果为因：

大：两直线，首以至尾，距离相等者，平行不交。

小：甲乙两直线，引长不交。

结：甲乙两直线，从首至尾，距离相等。

	简言之：乞赖式　无效		合理式　有效	
大：	平行者必不交 →	盈甲丙^{零} →	盈甲丙	平行者不交
小：	甲乙两线不交 →	盈乙丙^{零} ↘（→盈乙丙）	盈乙甲	甲乙平行
结：	甲乙两线平行 →	盈乙甲 ↗（→盈乙甲）	盈乙丙	甲乙不交

	又例：合理式		乞赖式	
大：	中毒者死	因	中毒者必死	因
小：	张三中毒	因	张三已死	果
结：	张三必死	果	张三必已中毒	因

㉖狭义的乞赖论式：一、

前提：	等边角内有两角相等	不自明	甲
结论：	等边角内有两角相等	不自明	甲

二、滑轮病、轮病："甲证乙，乙证丙，丙证甲：等于甲证甲"：例一：

甲：	凡是两线垂直，距离相等者，则引长不交，
乙：	凡是引长不交的线，都是平行线，
丙：	凡是平行线都是垂直线，距离相等，
甲：	凡是两线垂直，距离相等者，都是引长不交。

甲因，乙果；乙因，丙果；丙因，丁果；丁因甲果。故甲因甲果，等于甲果甲因：因果颠倒：轮病。

甲因，乙果；乙因，丙果；丙因，丁果；丁因甲果。故甲因甲果，等于甲果甲因：因果颠倒：轮病。

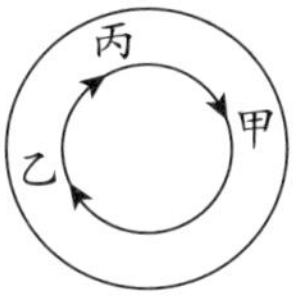

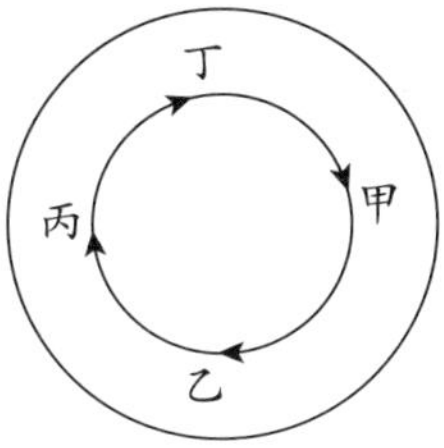

例二：

甲：内错角相等的线，是距离相等的垂直线，

乙：距离相等的垂直线，引长无限，永不相交，

丙：引长无限，永不相交的线，是平行线，

丁：平行线，是内错角相等的线，

甲：内错角相等的线，是距离相等的垂直线。

例三：

甲：凡是人都是理性动物，

乙：凡是理性动物，都是有灵智和肉躯的动物，

丙：凡是人，都是有灵智和肉躯的动物，

丁：凡是有灵智和肉躯的动物，都是理性动物，

戊：凡是理性动物都是人，

甲：凡是人都是理性动物。

例四：小前提宾主换位，轮证：

元，天法	轮证	辞例
盈甲乙　　盈丙乙 盈丙甲 ←→ 盈甲丙 盈丙乙　　盈甲乙	有灵性—会笑　　人—会笑 人—有灵性 ←→ 有灵性—人 人—会笑　　有灵性—会笑	
	例五：大前提宾主换位，轮证：	
盈甲乙 ←→ 盈乙甲 盈丙甲　　盈丙乙 盈丙乙　　盈丙甲	理性动物—会笑 ←→ 会笑—理性动物 人—理性动物　　人—会笑 人—会笑　　人—理性动物	

㉗同上，例五。

㉘各论法的滑轮病：

一：天法诸式，同于注㉖。

二：地法亨式举例：甲代表服具，乙代表衣物，丙代表白物。

大：凡是衣物都是服具 ←→ 凡是服具都是衣物

小：无一白物是服具　　无一白物是衣物

结：无一白物是衣物　　无一白物是服具

三：人法利式举例：丙：衣物。甲：白物。乙：服具。

大：凡是衣物都是白物　　凡是服具都是衣物

小：凡是衣物都是服具　　有某服具是白物

结：有某服具是白物　　有某白物是衣物

有某衣物是白物

㉙参看亚里著,《辩证法》，卷八章十三。明证论式，能犯滑轮病；辩证论式，也能犯滑轮病。明证和辩证的分别，见上卷首章。参看《形上学》卷四，第二章，注⑩。

第十七章　排拒法

⑳实见于诡辩，章五。

㉛采诸联证论式及其反驳：

一、对角线和边线同分（两线长度可用同数除尽）。

二、同分者可分至无限。

三、分至无限者，物体所能跨越。

四、物体不能跨越：故物体不能移动。反证：以上两线不同分。

五、今，物体能移动，故四号错误。

六、结论错，则前提必有一错。

七、错不在二号三号，因为是当然的假定。

八、故错在一号。为此，十号必真：

十、对角线和边线不同分。

排拒：四号结论和一号前提原来就无关系。故十号结论和五号前提也无关系，五号至十号的反证法无效：因为四号错误的原因不在一号。任何两线的同分，或不同分，都无力证明物体不能移动。明证时无效；反证时也无效。

㉜

一、甲在乙，	三、丙在丁，	五、乙不在丁，
二、在丙，	四、乙在丁。	六、甲不在乙。

排拒：四号结论不生自一号：故六号不得生自五号。辞例如下：

一、凡是动物都有知觉，	五、无一片雪是动物，
二、凡是白物都是动物，	六、无一动物是知觉。
三、凡是雪都是白物，	
四、凡是雪都是动物。	

排拒：六号结论不能生自五号，为四号结论原来就和一号没有关系。从五号到六号的反证论式无效。

㉝③

一、甲不在乙	凡是植物都无知觉	无乙甲
二、戊在甲	凡是生物都是植物	盈甲戊
三、己在戊	凡是动物都是生物	盈戊己
四、己在甲	凡是生物都无知觉	盈甲己
五、己不在某甲	有些生物不是没有知觉	亏甲己
六、己不在某戊	有些动物不是生物	亏戊己

排拒：四号结论错误的原因不在三号，故六号不能证自五号。五至六的反证无效。

(334)符号举例：

一、甲在每乙，	五、甲不在某丁，
二、乙在每丙，	六、乙在每丙，
三、丙在每丁，	七、丙在每丁，
四、甲在每丁。	八、乙在每丁，
	九、甲不在某乙。

说明：四号错误的原因只是在于一号。四号错，则一号必错。九号必真。五至九，反证有效。

(335)上溯的联证法，即是倒装的联证法。详见注(199)。反驳或反证时，办法如何，何时有效，何时无效，无效时如何排拒，有效时如何分析说明，均见以前本章诸条注解中。

第十八章　结论错，则前提错

㊱详见本卷章二、三、四。并和“引随律”互相比较：参考注⑫及注㉑。

第十九章　防守法和问答法

㉝详见上卷，章四二，参考同卷章廿六及三三。分析天地人物四论法的构造，自然就可看到那是应守护的中辞。

第二十一章　结论错误的原因

(338)乙和丙同在丁。人知甲在乙，不知甲在丙。

天法元式一		二	亨式	
盈	甲在每乙	甲在每丙	无	甲不在任何丙
盈	乙在每丁	丙在每丁	盈	丙在每丁
盈	甲在每丁	甲在每丁	无	甲不在任何丁
真		真	错	

(339)人承认其他，而否认甲在任何丙。形式一：

联证论式		天法亨式	
盈	甲在每乙	无	甲不在任何丙
盈	乙在每丙	盈	丙在每丁
盈	丙在每丁	无	甲不在任何丁
盈	甲在每丁		
	真	错	

形式二：

肯定论式		否定论式	
一、盈乙甲	每乙是甲	四、无丙甲	无丙是甲
二、盈丁乙	每丁是乙	五、盈丁乙	无丁是丙
三、盈丁甲	每丁是甲	六、无丁甲	无丁是甲

在以上情况中，一个人，尤其在未知结论，或未知两方小前提以前，同时，承认“每乙是甲”，又承认“无丙是甲”，是可能的；同时，既承认“每乙是甲，每丁是乙”，又承认“无丙是甲”，也是可能的：都能因此陷于错误，或受欺；当他发觉，“每丁是丙”时，同时发觉结论互相冲突，一是“每丁是甲”，一是“无丁是甲”：

这就是说：他发觉了自已在承认前提时，犯了错误。这样的犯错误，是可能的。

形式三：

肯定论式		否定论式	
盈乙甲	每乙是甲	无戊甲	无戊是甲
盈丙乙	每丙是乙	盈丙戊	每丙是戊
盈丙甲	每丙是甲	无丙甲	无丙是甲

甲：代表“内诸角等于两直角”

乙：代表“三角”

丙：代表“黑板上画的三角”

戊：代表“形体界的三角形物体”。（形体界的三角，都不是尺寸精确，丝毫无爽的三角，故不是内诸角等于两直角。）

第二十二章　论式与换位

(340)

天法元式	一	二	三	四
盈	甲在乙	丙在乙	乙在丙	丙在甲
盈	乙在丙	乙在甲	丙在甲	甲在乙
盈	甲在丙	丙在甲	乙在甲	丙在乙

说明：二、三、四诸式都是来自式一，因为甲乙丙三辞宾辞范围广狭相等（外延相等），可以互相换位，每次所构成的新句仍是全称。参看本卷，章五、六、七：循环互证法：简称回证法。惟需注意“循环互证”，不是“轮回自证”：前后两者，大不相同：前者基于三辞的外延相同，故此是逻辑的必然；后者是“前提结论”相混，辗转自证，等于“无理乞赖”，极不逻辑：史称“滑轮病”，详见本卷章十六。为开发新知识，回证法在客观方面，效力甚小，但在人的主观方面，具有教育作用：由人之所已知，给人证出未知的新结论。假设用甲代表人，丙代表“能辩论”，或代表“会笑”，乙代表“有理智”，或“理性动物”。

所谓“甲在丙所在的每主体”有两种意思：一是“甲在每丙”；二是“丙在每乙，甲在每乙，因为甲在每丙”。根据第一个意思，它是“全称论句”的分析。根据第二个意思，它是“天法元式”和“全称定律”的定义，及简写。参看注①，内十五号。

㉞①

天法亨式	地法亨式一	二	人 “天”法	地法亨式三
无乙是甲	每丙是乙	每乙是丙	每乙是丙	无甲是丙
每丙是乙	无甲是乙	无甲是丙	乙　　　甲 无　　是 　“甲”　　“乙”	每乙是丙 无乙是甲
无丙是甲	无甲是丙	无甲是乙	无甲是丙	无甲是乙
原式	甲乙换位	丙乙换位一有效	丙乙换位二无效	丙乙换位三

注意：原文“假设丙和乙换位，则丙也和甲换位”，下面应添“（所得结论是乙甲换位）”，如图表内“丙乙换位一”所有的论式；否则，用“丙和甲换位”作结论，又用“丙乙换位”作前提，必无法形成有效论式。

㉞②丙甲换位，论式有效。同于前注“丙乙换位三”所得的论式。

㉞③“换位从结论出发”，是说将原式结论“甲不在丙”，换位而成“丙不在甲”；“乙在丙”换作“丙在乙”，证出的结论是“乙不在甲”：正是原式“甲不在乙”的换位。论式属于地法亨式。天法亨式只是在此情形下，可以如此换位。否则无效。有效时，和天法元式换位法相同。详见前注，并参考注㉞⓪及注㉞①。

㉞④甲与丙、乙与丁关系相同：都是两不相等。

论式	说明
一、甲↕乙	假设一
二、丙↕丁	假设二
三、物↕或甲或丙	假设三：（甲丙矛盾）

论式	说明
四、物↕或甲或丁	结论一：证自三与二
五、物↕或乙或丁	结论二：证自四与一
六、物↕或乙或丙	结论三：证自五与二
七、丙↕丁	结论四：证自四与三
八、甲↕乙	结论五：证自六与五
九、甲非丙（亦非丁）	结论六：证自三、二
十、乙非丁（亦非丙）	结论七：证自九、一、二

符号说明

一、↔：简单换位。

例：甲是乙、乙是甲，等于说：甲乙相同。

二、物：万物之总体及每一个。

三、或：排异或字。物是甲或是丙，不可得兼。

四、甲：无始。

五、乙：无终。

六、丙：有始。

七、丁：有终。

八、非：不相等。

㉟

论式	说明
一、无始↕无终	假设一：两者相同
二、非无始↕非无终	结论一证自一
三、有始↕有终	结论二证自二

赘言：非无始←→有始。非无←→有。两者相同，可以两相换位，互相代替。

(346)两个论式，有六号两个结论：解释一：

论式一	论式二	说明
一、甲↕乙		假设一
二、丙↕丁		假设二
三、物↕甲或丙	↓物是乙或丁	假设三
四、物非甲	物是乙	结论一证自三
五、物是丙	物非丁	结论二证自三
六、丙非甲	乙非丁	结论三证自三与五

解释二：“两个论式，两个结论”，如下：

第一：

大：凡是一物，或甲或丙，不同时是乙和丁

小：凡是一物，只是或甲或丙

结：无一物同时是乙又是丁

第二：

大：凡是一物，或甲或丙，必是或乙或丁

小：凡是一物，只是或甲或丙

结：无一物不是或乙或丁

解释三：论式一：

大：凡是甲或丙，无一是乙和丁

小：凡是一物，个个是或甲或丙

结：凡是一物，无一是乙又是丁

论式二：

凡是甲或丙都非乙或丁

凡是一物，个个是或甲或丙

凡是一物，无一是乙又是丁

解释四：相同者两对互相矛盾的关系图：论式一：

同仇图

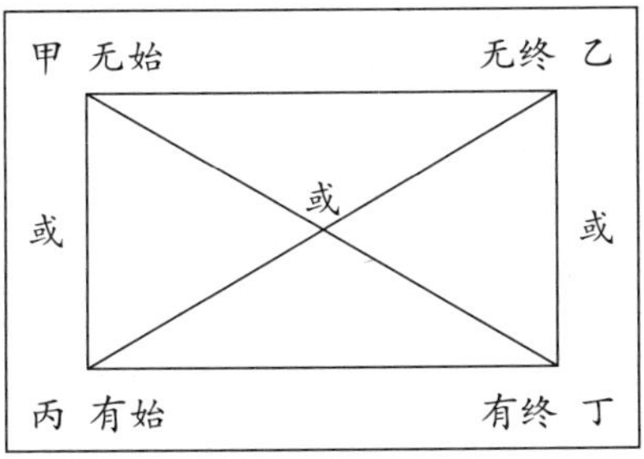

图内“或”字线代表矛盾对立

前提	一、甲乙相同 二、丙丁相同 三、甲丙矛盾	理由
结论	四、乙丁矛盾 五、甲丁矛盾 六、乙丙矛盾	二、一、三 三、二 三、一

论式二		论式三
前提	一、甲丙矛盾 二、甲丁矛盾	乙丙矛盾 乙丁矛盾
结论	三、丙丁相同	丙丁相同

论式四：

前提	结论	理论
一、乙丙矛盾	四、甲乙相同	一,二。
二、甲丙矛盾	五、丙丁相同	二,三。
三、丁甲矛盾	六、乙丁矛盾	一,五。(三,四。二,四,五。)

论式五	论式六	说明
一、丙丁相同 二、甲丁矛盾	一、丙丁相同 二、甲丙矛盾	前提
三、甲丙矛盾	三、甲丁矛盾	结论

总说明：注㊻列举的四条解释，形式互异、内容相同。和注㊹、㊻，往复参照，意义自趋明显。“同仇图”，说明逻辑的基本关系。本处一切论式，都是根据关系的必然，推演出种种结论。以上三注内所列举的种种论式，有些是原文明明指出的，有些是原文逻辑必定能有的推演和引申：为明了原文的含意，极有帮助；并且各论式的性质和三段论法全不相同。其逻辑的基础不是宾主间外延的关系，而是“相合者”的同盟，对于共同的敌对方面发生的关系。尤需理会到，此类论式的前提和结论，不但都能模仿三段论法的形式，而且有循环互证的可能。基本的逻辑原则是：和同物相矛盾的两物，彼此相同。参看“解释四”，论式二，和三：“同仇者，相友”。

㊼同仇论式的反证法图解：

一、同仇关系图：

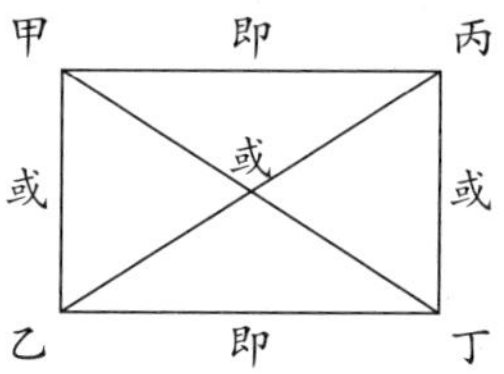

符号说明：

甲或乙：甲乙矛盾。

甲即丙：甲丙相同。

甲乙不可换位。

甲丙可以换位。

二、论式：反证法证实同仇论式：

议程		说明	理由
一、	甲乙矛盾	假设一	图表所示
二、	丙丁矛盾	假设二	
三、	甲丙相同	假设三	
四、	乙丁相同	结论	图表
五、	乙丁矛盾	假设	反证法的前提
六、	丁甲相同	结论一、五	
七、	丁丙相同	结论二、六、三	

注意：用反证法证实四号结论乙丁相同；先假设乙丁矛盾、又知甲乙矛盾、甲丁同矛盾于乙，故知甲丁必相同。又因甲丙相同，故七号丁丙相同乃是必然的结论：但它是一错误结论，因为它与“二号假设”适相反对。七号既错，前提必有一错，因为结论的错误生自前提。它错误的原因在哪一个前提呢？不在一、二、三号，因为那都是原有的假设。不在六号，因为六号的错误是来自五号和一号，一号既是不错，则只剩五号。但是五号错，四号必真。因为五、四两号适相矛盾：一方错，一方必真。如此，从“四号错误”的假设，反倒推出了四号必真的结论：达到了反证法的目的；证实了四号必真。反证法的逻辑基本规律是：“甲的否定，肯定甲时，甲必真”，换言之：“否认甲真，甲仍真时，甲必真”：甲的真理是“真金不怕火炼”的：愈炼愈明！甲在此处，代表任

何真理的结论：即是代表四号。参看本注内同仇关系图，即可了如指掌。此“同仇关系图”和前注内“同仇图”，在“仇友”的逻辑关系上是相同的，所差的只是符号的用法不相同。一是甲乙矛盾，一是甲乙相同。

㊽乙甲全称，存量换位的条件及效果：

情形一：解释一：

前提假设五项		必有的结论五条	理由
一、甲在全乙	每乙是甲	六、每甲是乙	一、二、三、四
二、甲在全丙	每丙是甲	七、某乙是丙	三
三、乙在全丙	每丙是乙	八、某甲是乙	一
四、甲只在乙或丙	只有乙或丙是甲	九、只有乙或乙是甲	四、三
五“乙或乙”等于乙		十、只有乙是甲	九、五

解释二：方图：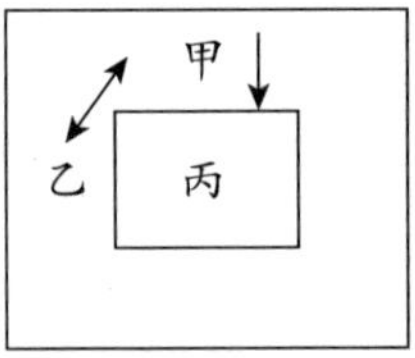

乙的类界，大于丙。乙丙等于甲。故乙甲相等。

情形二：解释一：

前提假设三项		结论三条	理由
一、甲在全丙	每丙是甲	四、每乙是甲	三、一
二、乙在全丙	每丙是乙	五、某乙是甲	二、一、四
三、丙乙相同	丙乙互是	六、某甲是乙	五、一、三

解释二：人法元式“盈盈盈”，何时有效？

前提假设三项	结论：两个论式有效	
一、每丙是甲	每丙是甲	每丙是甲
二、每丙是乙	每丙是乙	每乙是丙
三、每乙是丙	某乙是甲	每乙是甲
	人法元盈盈有	天法元盈盈盈

解释三：类界方图：

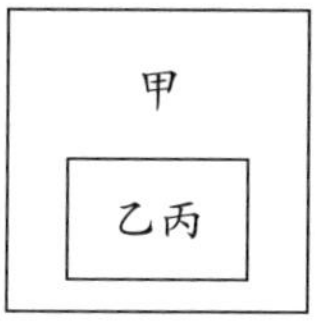

大前提：每丙是甲

小前提：丙乙相同

结　论：每乙是甲

同异律及其学说——“同异逻辑”，辨别同异，研究自同律、互同律、互异律，及有关的思维法则，是古今逻辑的一个重要课题。“同则同之，异则异之”是逻辑史内的名言，说出了逻辑真理之所在。今将本章本段，和亚里，《辩证法》卷七章一，卷一章七，《驳谬》章二四等处，综合比较，可以归纳出以下几个要点：

甲、同异的分类

一、名异数同——一个主体有两个不同的名字。

二、数异种同——数目不同的许多主体，属于相同的种界。例如张李二人同属于人种，共有相同的人性。

三、种异类同——人是一种，马是另一种，种性互不相同，但类性相同；同属于“动物”一类：都是动物。

乙、“同异律”数则

一、互同律：两物和第三物相同者，彼此相同。格式如下：

前提	甲　乙　相　同
	丙　乙　相　同
结论	甲　丙　相　同

二、同宾律：两个主辞相同；则其宾辞相同：符号格式如下：

前提	甲　乙　相　同
	甲　是　丙
结论	乙　是　丙

三、同主律：两个宾辞相同，则共有同一主辞。符号格式如下：

前提	甲　乙　相　同
	丙　是　甲
结论	丙　是　乙

四、互异律：有效格式："甲乙相同，而丙甲互异，则丙乙互异"。

前提	甲　乙　相　同
	丙　甲　相　异
结论	丙　乙　相　异

注意：无效格式："甲乙相异，丙甲相异；则丙乙相异"。

前提	甲　乙　相　异
	丙　甲　相　异
结论	丙　乙　相　异

五、异宾律：两个主辞，宾辞不相同，则彼此不同；格式：

前提	乙　都　是　丙
	乙　都　非　丙
结论	甲　乙　互　异

六、异主律：两个宾辞，主辞不相同，则彼此不相同；格式：

前提	每　丙　是　甲
	无　丙　是　乙
结论	甲　乙　互　异

七、无别律二则：第一则："无别者，故相同"：意思是说：两物属性尽同，无法分别，故两物的本体必定也是相同；外表的特征尽同，故内中的本性，也是没有分别。两物都有人的特征，故此同是属于人类。

格式：（丙一、丙二代表所有一切附性）

前提	甲有附性丙一、丙二 乙也有附性丙一、丙二
结论	甲乙性体无别

八、无别律第二则："相同者，故无别"。两物如果性体相同，则属性相同：无法别格式：

前提	甲乙相同（甲乙无别） 甲有附性丙一、丙二
结论	乙有附性丙一、丙二

九、互同的贯通律——格式：

前提	甲　同　于　乙 乙　同　于　丙
结论	甲　同　于　丙

此贯通律，和前第一号互同律，及注①内十五号全称定律，注⑲⑨联证法等处所见的贯通律，大同小异，但此处极简单的格律形式，非亚里所曾明文提及。（参看《形上学》卷四，第七章，注㉙）

㉞⑨审量论式：审察善恶优劣，分辨得失利病，较量高下程度，由审量论式。兹列图表如下：

第一：优劣对立图

图中"或"字代表"矛盾"：论式一：反证法

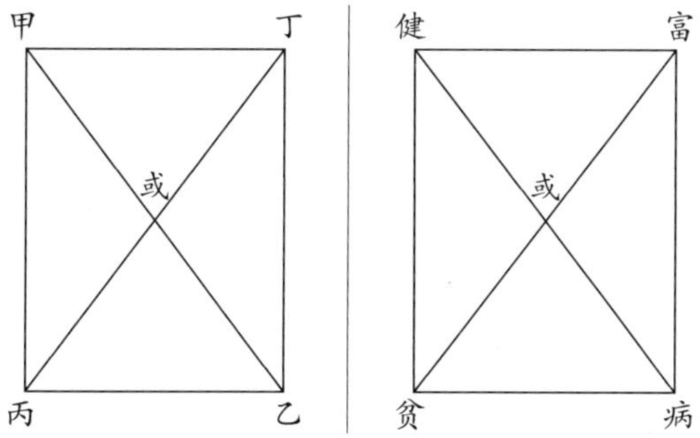

前提假设	一、甲优乙劣，矛盾	
	二、丁优丙劣，矛盾	
	三、甲丙优于乙丁	
结论	四、甲优于丁	
反证以上结论	五、甲丁同优	假设
	六、乙丙同劣	结论
	七、甲丙和乙丁同优	

论式一，说明如下：

符号说明：

一、“或”字代表优劣间的矛盾对立。

二、甲：健康。三、乙：疾病、四、丁：富足，丙：贫穷。

论式详解：

一、大原则：甲乙优劣、矛盾对立、优者可取，劣者宜避。甲可取可爱之程度，和乙可恨宜避之程度相等。甲如可爱十分，乙则可恨十分。情谊虽不同，深度相同。

二、论式内，有了前三项假设作前提，必有第四项“甲优于丁”作结论。否则，甲丁同优，丙乙同劣，则甲丙不复优于乙丁。甲丁，各自都是可取十分，丙乙，各自也必是宜避十分。甲丙之合，必将定于乙丁。违反原有的假设。此既不可，故需仍存原论：甲优于丁。甲丁同优不可，乙丙同劣也不可：因为七号错误：违反前提的假设，七号的错误，来自六号。六号的错误来自五号，五号是错误的最后根源。五号错，四号必真。五号由否认四号真，反倒证实了四号必真：故四号必真。论式有效。

论式二至五，见于下注。

㊿回看前注优劣对立图。

	论式二	反证	说明	理论
前提假设	一、甲优于乙 二、丁优于丙 三、甲丙优于乙丁	五、丁优于甲（可爱十分） 六、丙劣于乙（可恶十分） 七、甲丙劣于乙丁	假设 结论一 结论二	五、一、二 六、五
结论	四、甲优于丁	（七号违犯三号，故是错误，来自五号）	四号必真	五号错

	论式三	论式四	说明
大	甲乙矛盾	甲乙矛盾	善恶
小	甲可爱若干分	甲可恶若干分	例如十分
结	乙则可恶若干分	乙则可爱若干分	同上

参看《辩证法》卷三，章六。

论式五：

前提假设	结论	说明理由
一、甲乙矛盾 二、丙丁矛盾 三、甲是大善 四、丁是小善	五、乙是大恶 六、丙是小恶 七、甲丙优于乙丁	三,一，论式三 四,二，论式三 三,六。五,四

宁愿大善有小恶，不愿大恶有小善。

宁受贫而健，不受富而病。宁贫勿病。

论式六至七，见于下注。

351图表举例一：骨肉间的“爱憎离合”，优劣比较：

论式六：

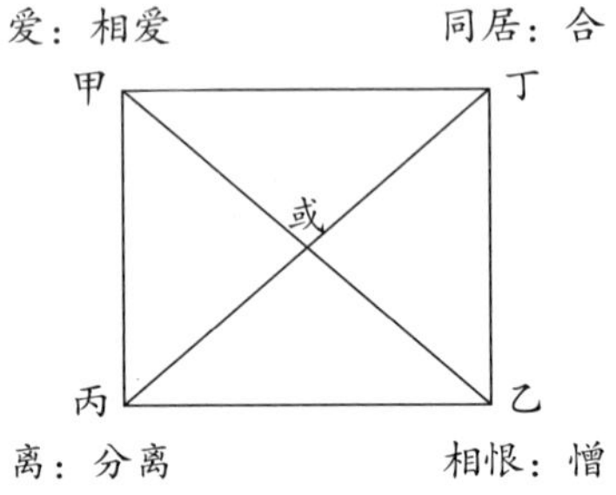

图中“或”字代表矛盾

一、	甲乙矛盾	前提假设
二、	丙丁矛盾	
三、	甲是大善	
四、	丙是小恶	
五、	乙是大恶	结论
六、	丁是小善	
七、	甲丁优于丙乙	
八、	甲丙优于丁乙	
九、	丙乙劣于丁乙?	
十、	乙丙劣于乙丁?	
十一、	甲丁优于甲丙	

图表举例二：“行与愿”的审量法：

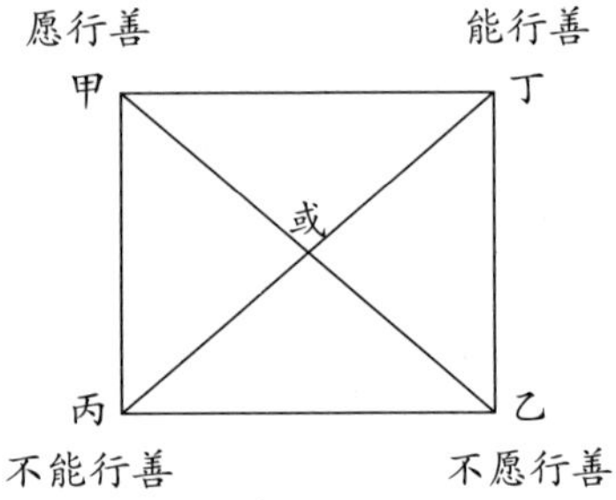

例三：夫妇间的关系：（见于本章原文）

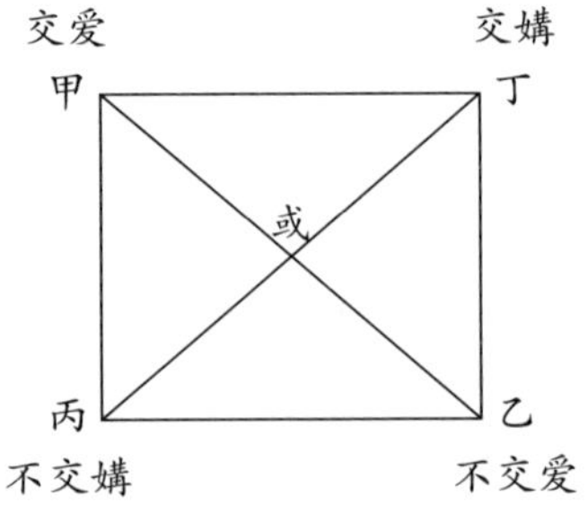

论式七：

一、	甲乙矛盾	前提假设
二、	丙丁矛盾	
三、	丙大恶：大不可取	
四、	丙小恶：小不可取	
五、	甲大善	结论
六、	丁小善	
七、	甲丁优于丙乙	
八、	甲丙优于丁乙	
九、	丁乙劣于丙乙?	
十、	乙丙劣于乙丁?	
十一、	甲丁优于甲丙	

从注㊾至注(351)，都是讨论优劣的审量法；包括七个论式，依原文议论的次序，排列起来。依逻辑的重要性而论，应有的次序如下：

一：论式三、四：说明基本原理，极为重要。

二、论式一、论式二次之：从基本原理推证出来。

三、论式五、论式六、论式七，尤次之。

注(351)所讨论的“爱、憎”等等问题，历史的材料，取自柏拉图《喜筵》（婚筵）。哲学的意义是分析人类婚媾的精神方面，价值神圣，高于物质方面。在此点上，人理智的自觉，是人类精神生活的一个新进展：明示人类高于禽兽。

论式六、七以内，九号、十号，存为悬案，不是因为逻辑的推证，找不到答案，而是因为明确的答案，不见于原文。根据各论式，共有的假设可以推证：丙乙或乙丙，劣于丁乙、或乙丁：因为甲可取十分，乙则宜避十分。丁既劣于甲，则丁如可取五分，丙则宜避五分。用正负数计算起来：负数十加负数五，得负数十五，正数五加负数十，得负数五。负数十五尤劣于负数五：有三倍之多。画图明示如右：

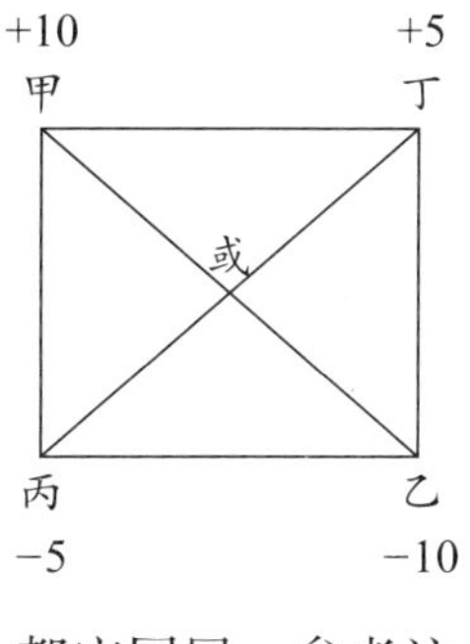

右图用数理的测算，适足以证实各论式的各项结论。

依此估计，已结婚的夫妇，实行离婚是不合逻辑的。家庭骨肉的断情分居，也是劣于断情同居。真愿相恨，与其分离相恨，不如同居相恨。不真愿相恨，更是与其分离，不如同居。或愿相恨，或不愿相恨，都应同居。参考注(233)内第九号。

第二十三章　归纳法

㊿352归纳法的定义：

先假设有甲乙丙三辞，再假设甲是首辞、大辞，乙是中辞，丙是尾辞、小辞。然后，不用乙证甲在丙，却另加一个假设：即是假设乙在丙，丙在乙，丙乙可以换位，因此，用小辞丙作中辞证明首辞甲是中辞乙的全称宾辞：这样的推证法叫作“归纳法”。它和演绎法的程序，正相反：演绎法是用中辞乙证明大辞甲是小辞丙的全称宾辞。简图展示如下：

论证法	小前提	大前提	结论	背后的假设
演绎法：	丙是乙	乙是甲	丙是甲	丙乙甲 小中大
归纳法：	乙是丙一、二丙一、二是乙	丙一、二是甲	乙是甲	中小大 乙丙甲

353用符号画表，详细分析，归纳法的基本形式：背后都假设“每乙是丙一或丙二”：

一、模仿天法元式：

	句法一：用“不是……便是”	句法二：用“或”
大	丙一和丙二都是甲	丙一和丙二个个是甲
小	每乙不是丙一便是丙二	每乙都是丙一或丙二
结	每乙是甲	每乙是甲

二、模仿注㊽人法元式：

大	丙一和丙二都是甲
小	丙一和丙二都是乙
	（每乙是丙一或丙二）
结	每乙是甲

三、模仿地法：

每甲是丙一或丙二
每乙是丙一或丙二
每乙是甲

参看注㉒，注㊾～㊿。

㊾名辞举例：

大：人、马、驴三类，每类及每个都寿数长远。

小：（假设）每个无胆动物不是人，便是马，或驴；人、马、驴三类，每类及每个都是无胆动物。

结：每个无胆动物都是长寿的。

换言之：

大：每个人、每匹马、每只驴都是长寿的。

小：每个无胆动物只会是人，或马，或驴，每人、每马、每驴都是无胆动物。

结：每个无胆动物都是长寿的。

请参看注㉒。

㊿亚里逻辑中归纳法的特点：

一、柏拉图的归纳法是从有形的事物归纳出无形的纯理：见有形的圆，例如圆月、圆窗、圆球、圆轮，是眼目所见的形象。形象的圆不是纯正的真圆。但是人不但有眼目，而且有理智观察许多不真圆的形象，人的理智自然会发现“真圆本体”；它是“圆的定义”：“环周线各点距离中心点，长度相等”。这个定义是“真圆的纯理”，又是它“至善的本体”。它纯全至善的程度，非有形世界任何圆形所可比拟：眼见其缺而不全的形象，心悟其全善全美的纯理，反心回省，内悟己心神明，超越有形世界：从有形世界的繁乱、虚幻、粗陋，上达无形世界，纯理的整齐统一，真实精美。这样从形界万殊反归纯理至一的超悟过程：叫作归纳。这样的归纳法，偏重心理：属于心理学（认识论和教育心理）。亚里的归纳法，不否认心理的方面，但不属于心理学：纯粹属于逻辑学，详加数语如下：

二、亚里和苏格拉底——逻辑学所谈的归纳法，专注意议论的程序和规格：就概念和名辞的逻辑特性，说明甲乙丙三辞所有的宾主关系；并说明它们排列起来构成大小前提和结论，必有什么假设和格式，始能成为有效的论式。它的效用是从许多个例中，归纳出全类共同的特性、本质和原理。首先助人，发现事物类名种名间的宾主关系：因以构成全称的论句，或说明事物的本体定义，或说明万类至公、或一类大公的原理，不但指明一类之自同，而且同时指明有关诸类之互异：借以分辨是非同异，厘定善恶优劣。有些历史家认为亚里的逻辑归纳法，和苏格拉底的归纳法相同，和柏拉图的归纳法相异。亚里本人，在《形上学》，卷十二，章四，曾称赞苏克说："有两大事，人人归功于苏克：一是归纳法的论证，一是公名的定义。这两件事关系科学性知识的基本和发端。"紧接着又说："但苏克并没有主张公名所指的纯理、或定义是离开形体，独立生存的实体，故不可将苏公和许多有这样主张的人，等量齐观！"从此可见亚里的归纳法是追述学统的高祖苏克；和柏拉图门下诸生所嚣嚷的归纳法，是名同实异的。柏拉图的归纳法目的不同，工夫也不同：富有神秘性的修养，仿佛是心灵的醒悟和超渡，体验尘界的虚美，而使所谓天涯沦落的灵智，回忆未沦落以前，与生俱有的，先天的神界纯理。所以柏拉图的归纳法，就是这个心灵的"醒悟"和"纯理的回忆"：和亚里的归纳法论式，止于论式的形式分析，全不相同。

三、明证性的归纳法和辩证性的归纳法——演绎法，分明证与辩证两种，归纳法，亦然。明证是从明确的前提，用有效的论式证出明确的结论。辩证，是“从是非矛盾”的两端，反复论辩，各执一端，从较优的前提，推证较优的结论。所谓“较优”，是比较更接近真理：不是明确无疑的。归纳法的首要前提，是“个例的遍察枚举”。完全周遍，一无遗漏者，是完全明确的归纳法。不完全而适足周遍者，虽有遗漏，无伤大体：仍是明确的归纳法。不适足的观察，遗漏低过水准，依其降低的程度，而减少其明确性：遂产生辩证性的归纳论式：所得结论的确实程度，介于“明确无疑”和“惶惑不定”之间：仅可结论说：如此更好；或说：大概如此。归纳法，观察个例。例证法，也观察个例。但两不相同。详见下章。（在原文内，及各注）

第二十四章　例证法

㊱例证法的本质：

甲、零整间的关系与论式：宾辞和主辞的关系，是零整关系。宾辞的广阔——（外延）——仿佛是整体。主辞的狭窄，是宾辞范围内的一部分，仿佛是零星。一切定言的论法，都是建立在这个零整关系上。用这个关系去分析演绎、归纳，和例证的构造，可以看到三者的本质：简单说去：

一、演绎法——是从整到零的议程：从整体到部分，从普遍到特殊。

二、归纳法——是从零到整的议程：从部分到整体，从特殊到普遍。

三、例证法——是从零到零的议程：从部分到部分；从特殊的事例到另一特殊的事例。例如，原文内：从侵富之不利，证明侵戴之不利。本处原文符号：甲代表“不利”，乙代表“侵邻”，丙代表“侵戴”，丁代表“侵富”。参看注㊲。

乙、例证法与因明的“喻法”相似——因明论式或三支，“宗，因，喻”；或五支，“宗因、喻、合结”；都在第三支提出“喻”。实例如下：

五支式：

一、宗：彼山有火，

二、因：为有烟故，

三、喻：犹如灶等：于灶见其有烟与有火。

四、合：彼山如是，亦是有烟；

五、结：故彼山有火。

用同样符号：甲代表有火，乙代表有烟，丙代表彼山，丁代表灶等。参考注㊆。

三支式：

一、宗：彼山有火，

二、因：为有烟故。

三、喻：若是有烟，见彼有火：犹如灶等。

从以上的典型实例，可以看到本论式的逻辑本质是因果关系，不是零整关系。火是因，烟是果。“有果必有因”。故此，知某处有果，必能推知某处有因。为旁证这个普遍的原理，针对讨论的事例，提出同类的另一事例，旁证结论的正确。因明的逻辑本质虽然和亚里的定言论法，全不相同，但例证法的运用却甚相似：都是用“特例旁证特例”。

第二十五章　半解论式

㉟⑦例证法分明证和辩证两种，和演绎、归纳等法相同。参看注㊱⑤及注㊿③。

明证性的例证法，简称例证法。辩证性的例证法叫作“半解例证法”，简称“半解论式”。都是因为小前提有欠明显，所能找到的例证并无充足的证明力；但有些人为了某种稀有的、“似而不像”的事例，或迂远缥缈的学说或假设；认为小前提不是全无可能。在这种情形下，结论有成立的几分理由：不是明确无疑的，而是辩证性的：有一点儿可能是，但又大概不是。比“全然可疑，或可非”略进步了一些。实例见正文。参看注㊿③。

第二十六章　抗议法

⑱用例证法驳倒对方的某前提，叫作抗议，也叫作设难。有全称抗议和特称抗议两种，只能用天人二法（间或用物法。地法复杂，不可用）。论式举例：

对方原论：

大：凡是对立事物都属于同一学科，

小：凡是冲突事物都是对立事物，

结：凡是冲突事物都属同一学科。例如医学研究疾病和健康。

己方抗议：式一：人法利式

大：知某甲与不知某甲不属于同一学科；

小："知某甲与不知某甲"是冲突事物；

结：有些冲突事物不属于同一学科，例如中辞所举抗议式二：天法亨式

大：彼此不相容的事物，都不能属于同一学科，

小：冲突的事物都是彼此不相容的事物，

结：冲突的事物都不能属于同一学科。（例如炭火和冰雪。研究炭火属于矿学，研究冰雪不属于矿学。）

参看亚里著《演说学》，卷二，章廿五。

第二十七章　诊验法和估量法

㉟简便与简略：

简便论式，也叫简体论式，或略体论式，这是后代逻辑通用的名辞，并且合乎希腊字源。但在本章，亚里所谈的简便论式，只是简便，而不常是简略。用估量或诊验的论式，内容简易，思路便捷，故谓之简便论式。在文辞的议程上，有时简略，有时不简略。简略论式是狭义的简便论式。

⑩此处说，第二论法诊验论式有效。前章却说“诊验论式”不得用第二论法。不是两处互相矛盾：因为欲证的结论不同。

⑪同上。

⑫诊验、考验、符号、证据等等名辞所有逻辑区别，都属于归纳法，各有意义和重要性。回阅章二三及注⑯。

第二十八章　情状的逻辑原理

(363)性情是因，面貌是果。观果知因，用归纳法。有许多事例足资证验：人工的：例如音乐的修养，改变人的心情和容貌；天然的：人和其他动物相貌体态，往往表现同类共有的特性和神情。

(364)一性一征，逐类相推，是归纳法的第一法则。相同者可以类推，故可触类旁通。异类的物体，能有某某特性，彼此相同。“同则同之”，是归纳法的积极工作之一。

(365)“异则异之”，是说：彼此相异的性情，有彼此相异的外表。两个性情，某种动物兼有两者，某种动物只有其一。足见两个性情不同。察其动物的外貌，可见到代表那两个性情的特征，也是彼此不同：论式如下：

问：丙丁异否？		答：丙丁相异
1. 甲乙相同	4. 戊己相同	7. 性情：丙丁不同。
2. 甲有丙丁	5. 戊有丙而无丁	8. 外表：丙丁不同。比较甲乙戊己，可知
3. 乙有丙丁	6. 己有丁而无丙	

以上是归纳法所用的别异法。是归纳法的第二法则：目的是“求异”。前注第一法则是“求同”。先知同，然后求知异。同中不必有异。异中却必先有两端的自同而后互异。先同后异，次第必然，无法颠倒。知同类之自同，又知异类之互异，则已知物类固有的定义和界说：归纳法的首要目的即已达到。

(366)论式实例：参看注(353)。

<table>
<tr><td colspan="2">天法元式一</td><td>天法元式二</td><td colspan="2">地法；和天法（利式）</td><td rowspan="3"></td></tr>
<tr><td>大：</td><td>每甲是乙
每乙是甲</td><td>乙一和乙二都是甲</td><td>大：</td><td>每甲是乙
有乙是甲</td></tr>
<tr><td rowspan="3">小：

结：</td><td rowspan="3">每丙是乙

每丙是甲</td><td rowspan="3">每丙是乙一或乙二

每丙是甲</td><td>小：</td><td>每丙是乙</td></tr>
<tr><td rowspan="2">结：</td><td>有乙是丙</td><td>无效</td></tr>
<tr><td>有丙是甲</td><td>无效</td></tr>
<tr><td colspan="2">有效</td><td>有效</td><td>常无效</td><td></td><td></td></tr>
</table>

以上论式有效的原因，是大前提的宾主，不减原量，可以简单换位。其余论式无效的原因，或天法，或地法，都是因为大前提不能宾主简单换位。人法，大前提不换位，只有小前提换位时，也证不出全称的肯定论句：即是证不出每丙是甲来。必须大前提由每甲是乙，换成每乙是甲方可。

“宾主换位”，在此处是不变量的（简单）换位。它是“遍察枚举”的效果，不是“遍察枚举”自身。所谓“遍察枚举”，只是全称论句的宾称作用，不是实际上逐一点验某类全数的主体：那是不可能的。例如“人是理性动物”，是“遍察枚举”归纳得来的效果，即是证出的结论；同时，它有“遍称枚举”的宾称作用：但无人在实际上，真曾逐一察验过古往今来的每一个人。又如“每个圆形，是周线各点，距离中心点，长度相同”；无人真曾察验过古往今来所有的圆形。这是不可能的，也是不必要的。只察验少数形体，足以建立其普遍定义或原理而后止。普遍的定义，或原理：宾主常能简单换位，保持全称论句的原量，不稍变更或增减。这是普遍定义的特性，也是归纳法结论美满的保证。“宾主换位，不减量”，是归纳法有效的要诀。足证亚里所谈的归纳法，仍是“宾主关系”之逻辑的一部分；和现代科学不以宾主关系为砥柱的归纳法，目的不同，方法也不同。但在议程的动向上，都是遍察枚举，从特殊事物的实例，究察普遍的定义和公理。换言之：都是“随事体察，即物穷理”。

最后注意以下数点：

一、归纳法：甲、半解论式和抗议法附属于例证法。半解论式，实例稀少，或绝无仅有，而且是不明确的例证法。抗议法是反驳对方某前提时所用的例证法。

乙、诊验法和例证法附属于归纳法。都是不完善的归纳法。诊验法根据因果关系，及与因果关系相联系的“符验作用”，援引某些事例，作符号和凭据，因以推证其足以征验的结论：推知古往今来，某事的有无或如何。

例证法是用平列的两个事例，由已知的一个，旁证另一个。从此可见诊验法和例证法是归纳法总类中的两个分类。

丙、归纳法和演绎法——分析演绎法的定言论式，发现“甲因丙而在乙”，三辞宾主换位，句量不变，仍是全称时，小辞乙就可以作中辞，证明“甲因乙而在丙”。用小辞乙指示丙类中，每一个分类和个体：证明甲是丙的全称宾辞。如此换位而得的新论式：是归纳法的典型论式，回看本卷章廿三，注㊸。如此说来，归纳法的论式，是定言论式，并且是演绎法的倒装：演绎法是“大甲因中丙而在小乙”。归纳法是“大甲因小乙而在中丙”。乙丙二辞相较：乙枚举主体，丙指明公有的物性：乙特殊，丙普遍。由特殊验知普遍，是归纳。由普遍推知特殊是演绎。论证的议程，有乙丙两端；一个议程，有两个动向：一往一返，或从乙到丙，谓之归纳。或从丙到乙，谓之演绎。“往返”，是宾主换位，句量不变。所谓句量不变，就是论句的“全称”，常存不变。（句有二性，一肯定，一否定。句有二量，一全称，一特称。）看清了“议程”是名辞间宾主广狭的比较关系，便可理会到归纳和演绎的议论，是建筑在这同样的关系上：在外延上，名辞间的关系：也就是类名和种名之间的关系。现代科学所用的归纳法，不以已知名辞间的宾主关系为观察的中心点，和亚里本书中的用意完全不同。亚里在《形上学》及其他书中，讨论普遍的知识如何产生，并分析觉性知识、“回忆”、“比较”、“实验”、“抽象”等等工作和“理性知识”的关系：从觉性到理性的知识过程，包括许多成分，和现代科学的归纳法相同。必欲将现代科学的归纳法，和亚里的“求知方法”相比较，不可只和本书的归纳法相比；尚需和亚里的“认识论”和“求知方法”详细比较。现代科学的归纳法，属于“认识论”和“方法论”；不属于“三段论法”。亚里的归纳法属于“三段论法”，不属于“认识论”和“方法论”；纯是属于“形式逻辑”。

二、演绎法——总结本编上下两卷，全书所论，足见演绎法是亚里研究的主要材料。所谓“演绎”就是“推演寻绎”，其工作和目的是淮南子追述古哲所说：“见本而知末，观指而睹归”。从前提所指的大本大原，推证结论必至的最深真理：格物穷理，穷究深追，归到最后止底而后止。“知止而后有定”。演绎法的论式，分两种：一是定言论式，一是假言论式。详见注㉑。在亚里所著逻辑，现存诸书中，假言论法所占的位置，至为轻微。主要篇幅全是讨论定言论式。故此，演绎性的定言论式是亚里逻辑史料的大宗。

亚里的历史贡献，是给各种定言论式，作了系统化和形式化的分析：找出了论式，有效和无效的，定格：详明准确，并可画成图表。详见各章注解。人间议论，千奇万妙，公式数目有限；用符号画成图表；按图考验，乃可知论式有效无效。亚里是形式逻辑和符号逻辑的启发者。

附　录

附录一

定言的常态论式中西对照表

表一：

天法	元盈盈盈		亨无盈无		利盈有有		贞无有亏	
	1.Barbara		2.Celarent		3.Darii		4.Ferio	
天法换位论式	元盈盈有	增量换有	亨无盈无	结论换无	利盈有有	结论换有	贞盈无亏	移盈换无
	5.Baralip-ton		6.Celantes		7.Dabitis		8.Fapesmo	
							贞有繁亏	有无换移
							9.*Friseso-morum*	
地法	元盈亏亏	反证归天	亨无盈无	前提换无				
			10.Cesare					
			亨盈亨	两无换移			贞无有亏	换无得无
			11.Camestres				12.Festino	
	13.Baroco							
人法	元亏盈亏	反证归天			利盈盈有	小盈换减	贞无盈亏	减量换盈
					14.Darapti		17.Felapton	
					利有盈有	两有换移	贞无有亏	换有归天
					15.Disamis		19.Ferison	
					利盈有有	结论换有		
					16.Datisi			
	18.Bocardo							
物法	元盈盈有	移盈换有	亨盈无无	移无换无	利有盈有	移盈换有	贞无盈亏	换无归天
	20.Braman-tip		21.Camen-es		22.Dima-ris		23.Fesapo	
							贞无有亏	有无两换
							24.Fresison	

表二：

	中文	西文	参考	法论
一	元盈盈盈。（元盈盈有）	Barbara（Barbari）	注⑮	天法完善论式
二	亨无盈无。（亨无盈亏）	Celarent（Celaront）		
三	利盈有有。	Darii		
四	贞无有亏。	Ferio		
五	元盈盈有，增量换有。	Baralipton	注⑮、内十二，图解	天法
六	亨无盈无，结论换无。	Celantes	Celantop 亨无盈亏	
七	利盈有有，结论换有。	Dabitis		换位论式
八	贞盈无亏，移盈换无。	Fapesmo		
九	贞有无亏，有无换移。	Friseom		
十	亨无盈无，前提换无。	亨无盈亏 Cesare（Cesaro）	注㉜，图解。	地法论式
十一	亨盈无无，两无换移。	Camestres	Camestrop 亨盈无亏	
十二	贞无有亏，换无得无。	Festino		
十三	元盈亏亏，反证归天。	Baroco		
十四	利盈盈有，小盈换减。	Darapti	注52、图解；注74	人法
十五	利有盈有，两有换移。	Disamis	注57	
十六	利盈有有，结论换有。	Datisi	注58	
十七	贞无盈亏，减量换盈。	Felapton	注54	
十八	元亏盈亏，反证归天。	Bocardo	注59	
十九	贞无有亏，归天换有。	Ferison	注64	
二〇	元盈盈有，移盈增有。	Bramantip	注190	物法
二一	亨盈无无，移无换无。	Camenes	亨盈无亏 Calemes. Calemop（Camenop）	
二二	利有盈有，移有换有。	Dimaris		
二三	贞无盈亏，换无归天。	Fesapo		
二四	贞无有亏，有无两换。	Fresison		

上表符号说明：一、“换”：宾主换位，例：“换有甲是乙，成有乙是甲”。二、“减”：减量换位，例：“盈甲乙”，换成“有乙甲”。三、“小”：小前提。四、“归天”：改归天法。五、“移”：大小前提移换位置。六、“增”：增量换位，例：换“有甲丙”成“盈丙甲”。

表三：天法完善论式

中文	西文	中文、西文	
既 盈 乙甲 又 盈 丙乙 故 盈 丙甲	A MP A SM A SP	一、既盈乙甲，又盈丙乙，故盈丙甲。 1.CKAbaAcbAca	a ba b cc A AA
既 无 乙甲 但 盈 丙乙 故 无 丙甲	E MP A SM E SP	一、既无乙甲，但盈丙乙，故无丙甲。 1.CKEbaAcbEca	a ba b cc E AE
既 盈 乙甲 又 有 丙乙 故 有 丙甲	A MP I SM I SP	一、既盈乙甲，又有丙乙，故有丙甲。 1.CKAbaIcbIca	a ba b cc A I I
既 无 乙甲 但 有 丙乙 故 亏 丙甲	E MP I SM O SP	一、既无乙甲，但有丙乙，故亏丙甲。 1.CKEbaIcbOca	a ba b cc E IO

地、人、物诸法论式仿此，不另。

表四："是"字的语法　　　表五："在"字的语法

天法元亨利贞符号的另两形式	乙 盈 甲	每乙是甲	MAP	甲 盈 乙	甲在每乙	PaM
	丙 盈 乙	每丙是乙	SAM	乙 盈 丙	乙在每丙	MaS
	丙 盈 甲	每丙是甲	SAP	甲 盈 丙	甲在每丙	PaS
	乙 无 甲	无乙是甲	MEP	甲 无 乙	甲不在任何乙	PeM
	丙 盈 乙	每丙是乙	SAM	乙 盈 丙	乙却在每丙	MaS
	丙 无 甲	无丙是甲	SEP	甲 无 丙	甲不在任何丙	PeS
	乙 盈 甲	每乙是甲	MAP	甲 盈 乙	甲在每乙	PaM
	丙 有 乙	有丙是乙	SIM	乙 有 丙	乙在某丙	MiS
	丙 有 甲	有丙是甲	SIP	甲 有 丙	甲在某丙	Pis
	乙 无 甲	无乙是甲	MEP	甲 无 乙	甲不在任何乙	PeM
	丙 有 乙	有丙是乙	SIM	乙 有 丙	乙在某丙	MiS
	丙 亏 甲	有丙非甲	SOP	甲 亏 丙	甲不在某丙	PoS

注意：地、人、物诸法仿此。不另。表五优越：最合逻辑需要。

表五的另几种形式：依汉文直线竖写：

一、

在字语法的符号次序		在字语法
元	甲盈乙，乙盈丙：甲盈丙	甲在每乙，乙在每丙：甲在每丙
亨	甲无乙，乙盈丙：甲无丙	无甲在乙，乙在每丙：无甲在丙
利	甲盈乙，乙有丙：甲有丙	甲在每乙，乙在某丙：甲在某丙
贞	甲无乙，乙有丙：甲亏丙	无甲在乙，乙在某丙：甲不在某丙

二、

是字语法的符号次序		是字语法
元	丙盈乙，乙盈甲：丙盈甲	每丙是乙，每乙是甲：每丙是甲
亨	丙盈乙，乙无甲：丙无甲	每丙是乙，无乙是甲：无丙是甲
利	丙有乙，乙盈甲：丙有甲	有丙是乙，每乙是甲：有丙是甲
贞	丙有乙，乙无甲：丙亏甲	有丙是乙，无乙是甲：有丙非甲

三、线图：

元	亨	利	贞	
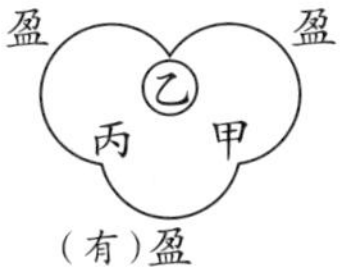	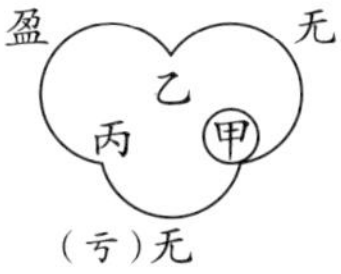	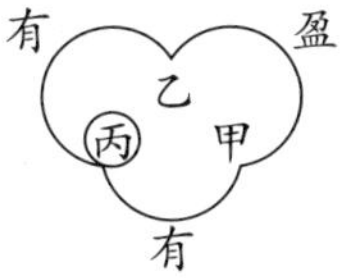	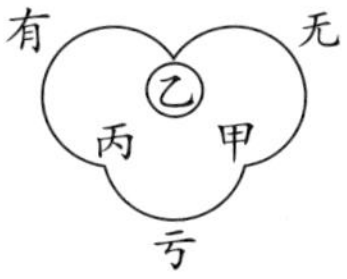	天地人物

以上线图用法：

一、天法用乙作中辞，甲作首辞，丙作尾辞。

二、地法用甲作中辞，乙作首辞，丙作尾辞。

三、人法用丙作中辞，甲作首辞，乙作尾辞。

四、物法用乙作中辞，丙作首辞，甲作尾辞。

五、每法大小前提的位置前后可随意颠倒。

附录二

定言的有态论式中西对照表

符号说明

天法：代表第一论法

地法：代表第二论法

人法：代表第三论法

物法：代表第四论法

甲乙丙：代表首中尾三辞

A：盈：代表全称肯定论句

E：盈：代表全称否定论句

I：有：代表特称肯定论句

O：亏：代表特称否定论句

L：必：代表必然论句

M：能：代表或然论句

Z：常：代表常态论句

常态论句是不标明态辞的通常论句，也叫作无态论句。

表格用法：

结论格内标明论句及态辞符号者是有效论式；余者无效，却是同样重要的知识。

有问号"？"的论式，原式无效，变式有时有效；或反之：原式有效，含义必生的变式，却有时无效。

天法，原位论式

乙 甲	A	L	L	Z	M	M	Z	M	L	A	L	L	Z	M	M	Z	M	L
丙 乙	A	L	Z	L	M	Z	M	L	M	A	L	Z	L	M	Z	M	L	M
丙 甲	A	L	L	Z	M	M	M	M	M	I	L	L	Z	M	M	M	M	M
	—	—	—	—	—	—	—	—	—	—	—	—	—	—	—	—	—	—
	A	L	L	Z	M	M	Z	M	L	A	L	L	Z	M	M	Z	M	L
（同上）	E	L	Z	L	M	Z	M	L	M	E	L	Z	L	M	Z	M	L	M
	E	—	—	—	M?	—	M?	—	M?	O	—	—	—	M?	—	M?	—	M?
	—	—	—	—	—	—	—	—	—	—	—	—	—	—	—	—	—	—
	A	L	L	Z	M	M	Z	M	L									
（同上）	I	L	Z	L	M	Z	M	L	M									
	I	L	L	Z	M	M	M	M	M									
	—	—	—	—	—	—	—	—	—									
	A	L	L	Z	M	M	Z	M	L									
（同上）	O	L	Z	L	M	Z	M	L	M									
	O	—	—	—	M?	—	M?	—	M?									
	—	—	—	—	—	—	—	—	—									
	E	L	L	Z	M	M	Z	M	L	E	L	L	Z	M	M	Z	M	L
（同上）	A	L	Z	L	M	Z	M	L	M	A	L	Z	L	M	Z	M	L	M
	E	L	L	Z	M	M	M	M	Z	O	L	L	Z	M	M	M	M	Z
	—	—	—	—	—	—	—	—	M	—	—	—	—	—	—	—	—	M
	E	L	L	Z	M	M	Z	M	L	E	L	L	Z	M	M	Z	M	L
（同上）	E	L	Z	L	M	Z	M	L	M	E	L	Z	L	M	Z	M	L	M
	E	—	—	—	M	—	M	—	Z	O?	—	—	—	M	—	M	—	Z
	—	—	—	—	—	—	—	—	M		—	—	—	—	—	—	—	M
	E	L	L	Z	M	M	Z	M	L									
（同上）	I	L	Z	L	M	Z	M	L	M									
	O	L	L	Z	M	M	M	M	Z									
	—	—	—	—	—	—	—	—	M									
	E	L	L	Z	M	M	Z	M	L									
（同上）	O	L	Z	L	M	Z	M	L	M									
	O?	—	—	—	M	—	M	—	Z									
	—	—	—	—	—	—	—	—	M									
	I	L	L	Z	M	M	Z	M	L	O	L	L	Z	M	M	Z	M	L
	A	L	Z	L	M	Z	M	L	M	A	L	Z	L	M	Z	M	L	M
	—	—	—	—	—	—	—	—	—		—	—	—	—	—	—	—	—
	—	—	—	—	—	—	—	—	—		—	—	—	—	—	—	—	—
	I	L	L	Z	M	M	Z	M	L	O	L	L	Z	M	M	Z	M	L
	E	L	Z	L	M	Z	M	L	M	E	L	Z	L	M	Z	M	L	M
	—	—	—	—	—	—	—	—	—		—	—	—	—	—	—	—	—
	—	—	—	—	—	—	—	—	—		—	—	—	—	—	—	—	—
	I	L	L	Z	M	M	Z	M	L	O	L	L	Z	M	M	Z	M	L
	I	L	Z	L	M	Z	M	L	M	I	L	Z	L	M	Z	M	L	M
	—	—	—	—	—	—	—	—	—		—	—	—	—	—	—	—	—
	—	—	—	—	—	—	—	—	—		—	—	—	—	—	—	—	—
	I	L	L	Z	M	M	Z	M	L	O	L	L	Z	M	M	Z	M	L
	O	L	Z	L	M	Z	M	L	M	O	L	Z	L	M	Z	M	L	M
	—	—	—	—	—	—	—	—	—		—	—	—	—	—	—	—	—
	—	—	—	—	—	—	—	—	—		—	—	—	—	—	—	—	—

天法，换位论式

乙 甲	A	L	L	Z	M	M	Z	M	L
丙 乙	A	L	Z	L	M	Z	M	L	M
甲 丙	I	L	L	Z	M	M	M	M	M
	—	—	—	—	—	—	—	—	—
	A	L	L	Z	M	M	Z	M	L
（同上）	E	L	Z	L	M	Z	M	L	M
	O	L	L	Z	M?	M	M	M	Z
	—	—	—	—	—	—	—	—	M
	A	L	L	Z	M	M	Z	M	L
（同上）	I	L	Z	L	M	Z	M	L	M
	I	L	L	Z	M	M	M	M	M
	—	—	—	—	—	—	—	—	—
	A	L	L	Z	M	M	Z	M	L
（同上）	O	L	Z	L	M	Z	M	L	M
	—	—	—	—	—	—	—	—	—
	—	—	—	—	—	—	—	—	—
	E	L	L	Z	M	M	Z	M	L
（同上）	A	L	Z	L	M	Z	M	L	M
	E	L	L	Z	M	M	M	M	Z
	—	—	—	—	—	—	—	—	M
	E	L	L	Z	M	M	Z	M	L
（同上）	E	L	Z	L	M	Z	M	L	M
	E?	—	—	—	—	—	M	—	Z
	—	—	—	—	—	—	—	—	M
	E	L	L	Z	M	M	Z	M	L
（同上）	I	L	Z	L	M	Z	M	L	M
	—	—	—	—	—	—	—	—	—
	—	—	—	—	—	—	—	—	—
	E	L	L	Z	M	M	Z	M	L
（同上）	O	L	Z	L	M	Z	M	L	M
	O	—	—	—	—	—	—	—	—
	—	—	—	—	—	—	—	—	—
	I	L	L	Z	M	M	Z	M	L
	A	L	Z	L	M	Z	M	L	M
	—	—	—	—	—	—	—	—	—
	—	—	—	—	—	—	—	—	—
	I	L	L	Z	M	M	Z	M	L
（同上）	E	L	Z	L	M	Z	M	L	M
	O	L	Z	L	M	M	M	Z	M
	—	—	—	—	—	—	—	M	—
	I	L	L	Z	M	M	Z	M	L
	I	L	Z	L	M	Z	M	L	M
	—	—	—	—	—	—	—	—	—
	—	—	—	—	—	—	—	—	—
	I	L	L	Z	M	M	Z	M	L
	O	L	Z	L	M	Z	M	L	M
	—	—	—	—	—	—	—	—	—
	—	—	—	—	—	—	—	—	—

O	L	L	Z	M	M	Z	M	L
A	L	Z	L	M	Z	M	L	M
—	—	—	—	—	—	—	—	—
—	—	—	—	—	—	—	—	—
O	L	L	Z	M	M	Z	M	L
E	L	Z	L	M	Z	M	L	M
—	—	—	—	—	—	—	—	—
—	—	—	—	—	—	—	—	—
O	L	L	Z	M	M	Z	M	L
I	L	Z	L	M	Z	M	L	M
	—	—	—	—	—	—	—	—
	—	—	—	—	—	—	—	—
O	L	L	Z	M	M	Z	M	L
O	L	Z	L	M	Z	M	L	M
	—	—	—	—	—	—	—	—
	—	—	—	—	—	—	—	—
E	L	L	Z	M	M	Z	M	L
A	L	Z	L	M	Z	M	L	M
O	L	L	Z	M	M	M	M	Z
	—	—	—	—	—	—	—	M
E	L	L	Z	M	M	Z	M	L
E	L	Z	L	M	Z	M	L	M
O?	—	—	—	M	M	M	M	Z
	—	—	—	—	—	—	—	M

地 法																		
乙 甲	A	L	L	Z	M	M	Z	M	L									
丙 甲	A	L	Z	L	M	Z	M	L	M									
丙 乙	—	—	—	—	—	—	—	—	—									
	—	—	—	—	—	—	—	—	—									
	A	L	L	Z	M	M	Z	M	L	A	L	L	Z	M	M	Z	M	L
（同上）	E	L	Z	L	M	Z	M	L	M	E	L	Z	L	M	Z	M	L	M
	E	L	Z	L	M?	M	M?	Z	M?	O	L	Z	L	M?	M	M?	Z	M?
	—	—	—	—	—	—	—	M	—		—	—	—	—	—	—	M	—
	A	L	L	Z	M	M	Z	M	L									
	I	L	Z	L	M	Z	M	L	M									
	—	—	—	—	—	—	—	—	—									
	—	—	—	—	—	—	—	—	—									
	A	L	L	Z	M	M	Z	M	L									
（同上）	O	L	Z	L	M	Z	M	L	M									
	O	—	Z	Z	—	—	—	—	—									
	—	—	—	—	—	—	—	—	—									
	E	L	L	Z	M	M	Z	M	L	E	L	L	Z	M	M	Z	M	L
（同上）	A	L	Z	L	M	Z	M	L	M	A	L	Z	L	M	Z	M	L	M
	E	L	L	Z	M?	M?	M	M?	Z	O	L	L	Z	M?	M?	M	M?	Z
	—	—	—	—	—	—	—	—	M		—	—	—	—	—	—	—	M
	E	L	L	Z	M	M	Z	M	L	E	L	L	Z	M	M	Z	M	L
（同上）	E	L	Z	L	M	Z	M	L	M	E	L	Z	L	M	Z	M	L	M
	E?	—	—	—	—	M	M	Z	Z	O?	—	—	—	—	M	M	Z	Z
	—	—	—	—	—	—	—	M	M		—	—	—	—	—	—	M	M
	E	L	L	Z	M	M	Z	M	L									
（同上）	I	L	Z	L	M	Z	M	L	M									
	O	L	E	Z	—	M	M	M?	Z									
	—	—	—	—	—	—	—	—	M									
	E	L	L	Z	M	M	Z	M	L									
	O	L	Z	L	M	Z	M	L	M									
	—	—	—	—	—	—	—	—	—									
	—	—	—	—	—	—	—	—	—									
	I	L	L	Z	M	M	Z	M	L	O	L	L	Z	M	M	Z	M	L
	A	L	Z	L	M	Z	M	L	M	A	L	Z	L	M	Z	M	L	M
	—	—	—	—	—	—	—	—	—		—	—	—	—	—	—	—	—
	—	—	—	—	—	—	—	—	—		—	—	—	—	—	—	—	—
	I	L	L	Z	M	M	Z	M	L	O	L	L	Z	M	M	Z	M	L
（同上）	E	L	Z	L	M	Z	M	L	M	E	L	Z	L	M	Z	M	L	M
	O	—	—	—	—	—	—	—	—		—	—	—	—	—	—	—	—
	—	—	—	—	—	—	—	—	—		—	—	—	—	—	—	—	—
	I	L	L	Z	M	M	Z	M	L	O	L	L	Z	M	M	Z	M	L
	I	L	Z	L	M	Z	M	L	M	I	L	Z	L	M	Z	M	L	M
	—	—	—	—	—	—	—	—	—		—	—	—	—	—	—	—	—
	—	—	—	—	—	—	—	—	—		—	—	—	—	—	—	—	—
	I	L	L	Z	M	M	Z	M	L	O	L	L	Z	M	M	Z	M	L
	O	L	Z	L	M	Z	M	L	M	O	L	Z	L	M	Z	M	L	M
	—	—	—	—	—	—	—	—	—		—	—	—	—	—	—	—	—
	—	—	—	—	—	—	—	—	—		—	—	—	—	—	—	—	—

人 法																		
丙 甲	A	L	L	Z	M	M	Z	M	L	O	L	L	Z	M	M	Z	M	L
丙 乙	A	L	Z	L	M	Z	M	L	M	A	L	Z	L	M	Z	M	L	M
乙 甲	I	L	L	L	M	Z	Z	M	M	O	L	Z	Z	M	M	M	M	Z
	—	—	—	Z	—	—	—	—	—	—	—	—	—	—	—	—	—	M
	A	L	L	Z	M	M	Z	M	L	O	L	L	Z	M	M	Z	M	L
（同上）	E	L	Z	L	M	Z	M	L	M	E	L	Z	L	M	Z	M	L	M
	O	—	—	—	M?	—	M	—	M	O?	—	—	—	—	M	M	—	Z
	—	—	—	—	—	—	—	—	—		—	—	—	—	—	—	—	M
	A	L	L	Z	M	M	Z	M	L	O	L	L	Z	M	M	Z	M	L
（同上）	I	L	Z	L	M	Z	M	L	M	I	L	Z	L	M	Z	M	L	M
	I	L	L	Z	M	M	M	M	M		—	—	—	—	—	—	—	—
	—	—	—	—	—	—	—	—	—		—	—	—	—	—	—	—	—
	A	L	L	Z	M	M	Z	M	L	O	L	L	Z	M	M	Z	M	L
	O	L	Z	L	M	Z	M	L	M	O	L	Z	L	M	Z	M	L	M
	—	—	—	—	—	—	—	—	—		—	—	—	—	—	—	—	—
	—	—	—	—	—	—	—	—	—		—	—	—	—	—	—	—	—
	E	L	L	Z	M	M	Z	M	L									
（同上）	A	L	Z	L	M	Z	M	L	M									
	O	—	—	—	M	—	M	—	M									
	—	—	—	—	—	—	—	—	—									
	E	L	L	Z	M	M	Z	M	L									
（同上）	E	L	Z	L	M	Z	M	L	M									
	O?	—	—	—	M	—	M	—	Z									
	—	—	—	—	—	—	—	—	M									
	E	L	L	Z	M	M	Z	M	L									
（同上）	I	L	Z	L	M	Z	M	L	M									
	O	L	L	Z	M	M	M	M	Z									
	—	—	—	—	—	—	—	—	M									
	E	L	L	Z	M	M	Z	M	L									
（同上）	O	L	Z	L	M	Z	M	L	M									
	O?	—	—	—	M	—	M	—	Z									
	—	—	—	—	—	—	—	—	M									
	I	L	L	Z	M	M	Z	M	L									
（同上）	A	L	Z	L	M	Z	M	L	M									
	I	L	Z	L	M	M	M	M	M									
	—	—	—	—	—	—	—	—	—									
	I	L	L	Z	M	M	Z	M	L									
（同上）	E	L	Z	L	M	Z	M	L	M									
	O	—	—	—	—	—	M	—	M									
	—	—	—	—	—	—	—	—	—									
	I	L	L	Z	M	M	Z	M	L									
	I	L	Z	L	M	Z	M	L	M									
	—	—	—	—	—	—	—	—	—									
	—	—	—	—	—	—	—	—	—									
	I	L	L	Z	M	M	Z	M	L									
	O	L	Z	L	M	Z	M	L	M									
	—	—	—	—	—	—	—	—	—									
	—	—	—	—	—	—	—	—	—									

物	法																		
甲乙	乙丙	A	L	L	Z	M	M	Z	M	L									
乙丙	甲乙	A	L	Z	L	M	Z	M	L	M									
丙甲	丙甲	I	L	Z	L	M	M	M	M	M									
		—	—	—	—	—	—	—	—	—									
		A	L	L	Z	M	M	Z	M	L	A	L	L	Z	M	M	Z	M	L
（同上）		E	L	Z	L	M	Z	M	L	M	E	L	Z	L	M	Z	M	L	M
		E	L	Z	L	M	M	M	Z	M	O	L	Z	L	M	M	M	Z	M
		—	—	—	—	—	—	—	M	—		—	—	—	—	—	—	M	—
		A	L	L	Z	M	M	Z	M	L									
		I	L	Z	L	M	Z	M	L	M									
		—	—	—	—	—	—	—	—	—									
		—	—	—	—	—	—	—	—	—									
		A	L	L	Z	M	M	Z	M	L									
		O	L	Z	L	M	Z	M	L	M									
		—	—	—	—	—	—	—	—	—									
		—	—	—	—	—	—	—	—	—									
		E	L	L	Z	M	M	Z	M	L									
（同上）		A	L	Z	L	M	Z	M	L	M									
		O	L	L	Z	M	M	M	M	Z									
		—	—	—	—	—	—	—	—	M									
		E	L	L	Z	M	M	Z	M	L	E	L	L	Z	M	M	Z	M	L
（同上）		E	L	Z	L	M	Z	M	L	M	E	L	Z	L	M	Z	M	L	M
		E?	—	—	—	—	M	—	Z	—	O?	—	—	—	M	M	M	Z	Z
		—	—	—	—	—	—	—	M	—		—	—	—	—	—	—	M	M
		E	L	L	Z	M	M	Z	M	L									
（同上）		I	L	Z	L	M	Z	M	L	M									
		O	L	L	Z	—	M	M	M	Z									
		—	—	—	—	—	—	—	—	M									
		E	L	L	Z	M	M	Z	M	L									
（同上）		O	L	Z	L	M	Z	M	L	M									
		O?	—	—	—	—	—	M	—	Z									
		—	—	—	—	—	—	—	—	M									
		I	L	L	Z	M	M	Z	M	L	O	L	L	Z	M	M	Z	M	L
（同上）		A	L	Z	L	M	Z	M	L	M	A	L	Z	L	M	Z	M	L	M
		I	L	Z	L	M	M	M	M	M	O	—	—	—	M?	M?	—	M?	—
		—	—	—	—	—	—	—	—	—		—	—	—	—	—	—	—	—
		I	L	L	Z	M	M	Z	M	L	O	L	L	Z	M	M	Z	M	L
（同上）		E	L	Z	L	M	Z	M	L	M	E	L	Z	L	M	Z	M	L	M
		O	—	—	—	—	—	M	—	M	O?	—	—	—	M	—	—	—	—
		—	—	—	—	—	—	—	—	—		—	—	—	—	—	—	—	—
		I	L	L	Z	M	M	Z	M	L	O	L	L	Z	M	M	Z	M	L
		I	L	Z	L	M	Z	M	L	M	I	L	Z	L	M	Z	M	L	M
		—	—	—	—	—	—	—	—	—		—	—	—	—	—	—	—	—
		—	—	—	—	—	—	—	—	—		—	—	—	—	—	—	—	—
		I	L	L	Z	M	M	Z	M	L	O	L	L	Z	M	M	Z	M	L
		O	L	Z	L	M	Z	M	L	M	O	L	Z	L	M	Z	M	L	M
		—	—	—	—	—	—	—	—	—		—	—	—	—	—	—	—	—

上图用法举例：

L	Z→Z	必	常	常	必盈甲乙	每甲必是乙	每乙（常）是丙	大
A	A→I	盈	盈	有	常盈乙丙	每乙（常）是丙	每甲必是乙	小
乙	丙→甲	乙	丙	甲	常有丙甲	某丙（常）是甲	每甲（常）是丙	结1
甲	乙→丙	甲	乙	丙			某丙（常）是甲	结2
西文符号		汉文符号横读			符号竖写	物法元式	天法元式注[79]	

注意：“常”字是“常态”的符号，指示其论句是一常态论句，也就是无态的平常论句，不指“时间的永常”：符号公式内，不可缺；语法论式内，应省略：故圈于圆括弧中。将物法改归天法的效用，是用天法证实物法正确。其他一切论式仿此，回阅有关的注解。

附录三

亚维罗论式图表举例：天法

元	利	元	利
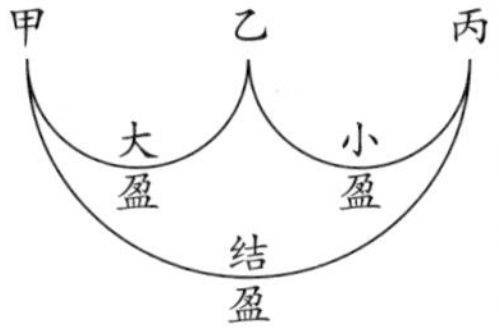	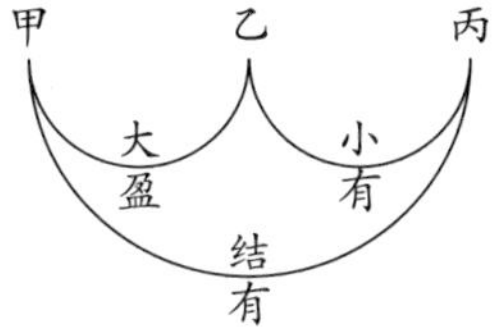	既每丙是乙 又每乙是甲 故每丙是甲	既有丙是乙 又每乙是甲 故每丙是甲
亨	**贞**	**亨**	**贞**
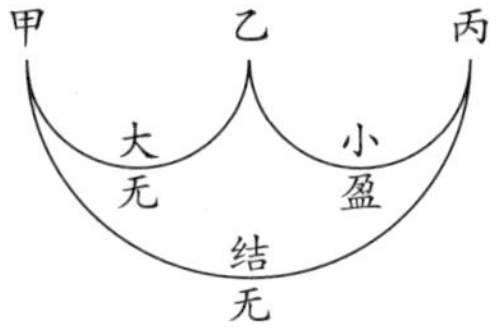	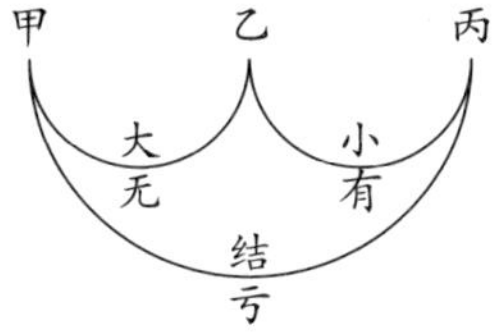	既每丙是乙 但无乙是甲 故无丙是甲	既有丙是乙 但无乙是甲 故有丙非甲

符号说明：“大”：大前提。“小”：小前提。“结”：结论。

地法：

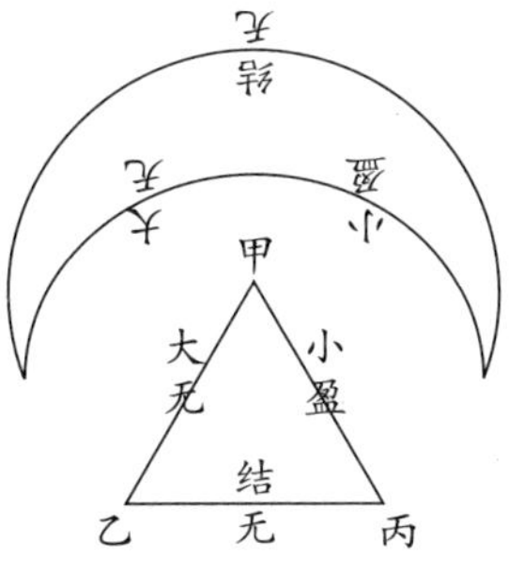

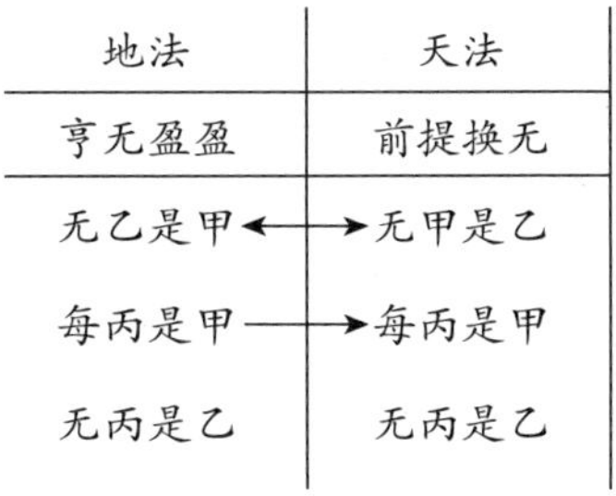

地法	天法
亨无盈盈	前提换无
无乙是甲 ↔	无甲是乙
每丙是甲 →	每丙是甲
无丙是乙	无丙是乙

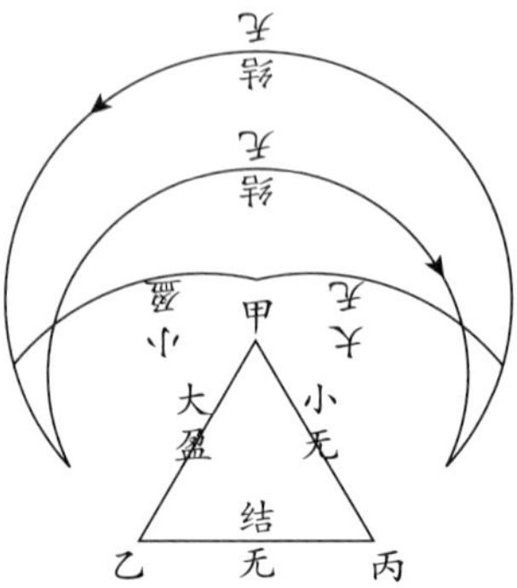

地法	天法
亨盈无无	移盈换无
每乙是甲	无甲是丙
无丙是甲	每乙是甲
无丙是乙	无乙是丙
	无丙是乙

人法：利盈有有

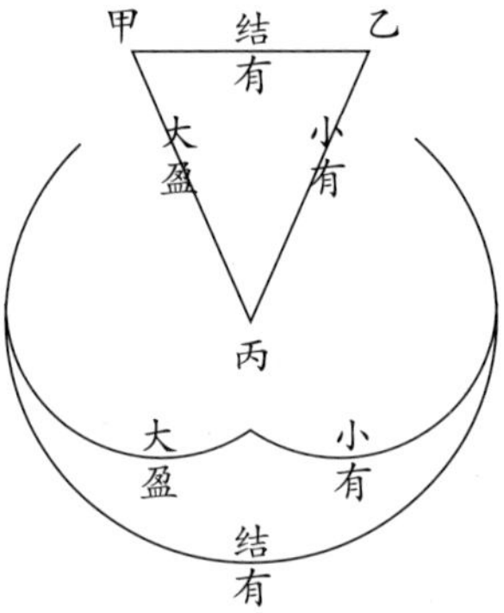

人法	每丙是甲
	有丙是乙
	有乙是甲
天法	每丙是甲
	有乙是丙
	有乙是甲

其余诸法诸式仿此，有些却甚为复杂：特例一二如下：

甲乙丙三辞，相互全称，存量换位，循环互证图：

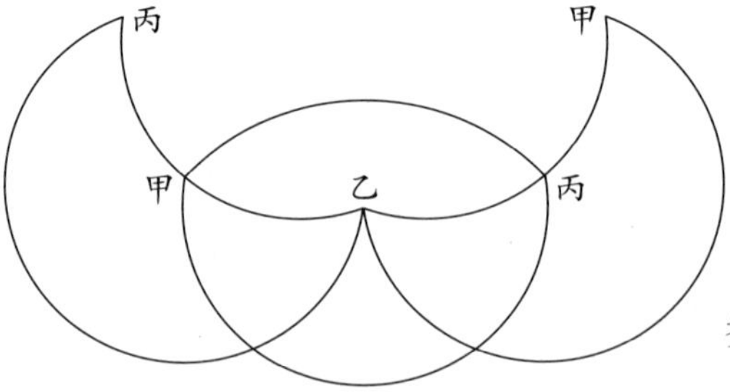

参考注㉖⑦

归纳法，全称论式图：

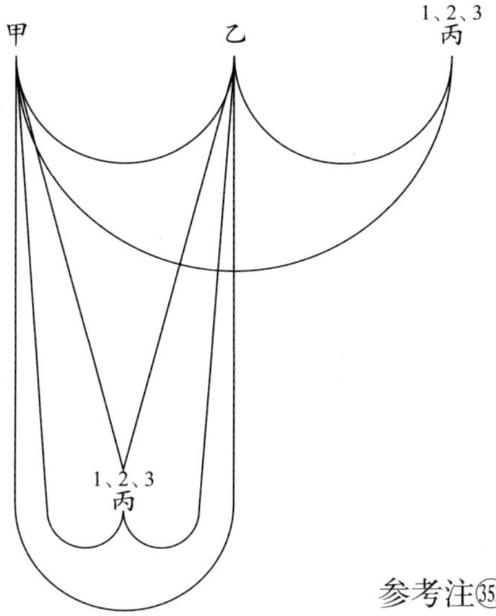

参考注㉜～㉞

喻法（例证法），图：

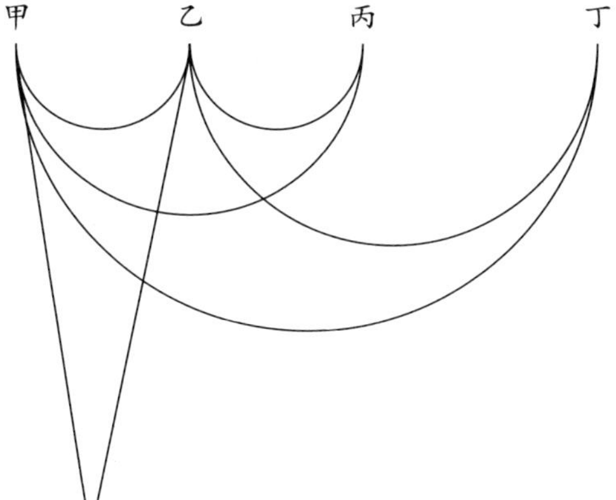

参考注㊱

联证图：

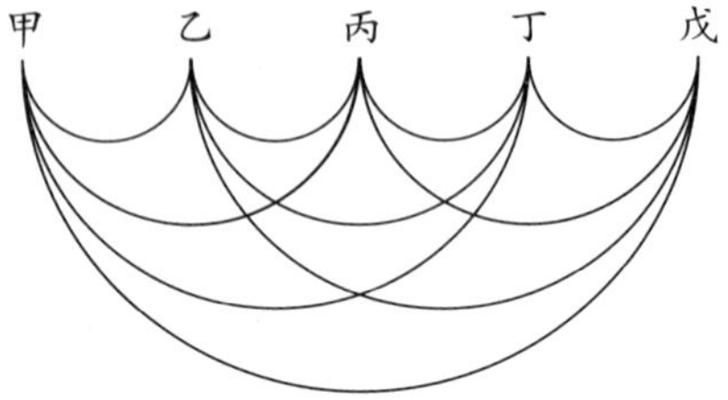

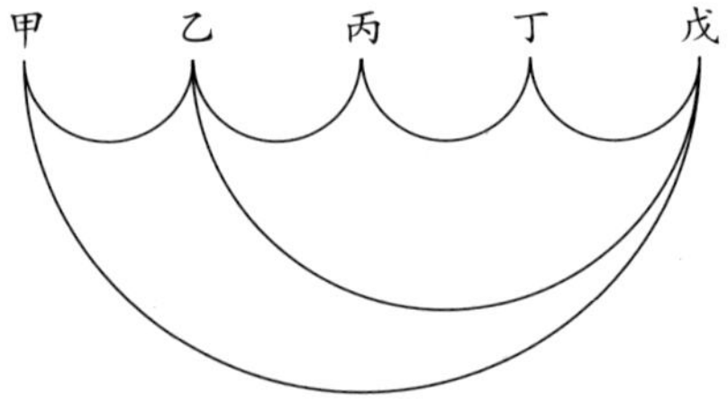

参考注⑲：甲是最高宾辞，戊是最低主辞（两图相同）

附录四

欧乐图表

表一：甲乙相盈：互相全称，存量换位，互相合一： 每甲是乙：盈甲乙，故有甲乙。 每乙是甲：盈乙甲，故有乙甲。  	表三：乙含甲，甲有某乙；乙全称每甲：减量换位； 每甲是乙：盈甲乙，故有甲乙。 有乙是甲：有乙甲，有某乙是甲。（不必有某乙非甲） 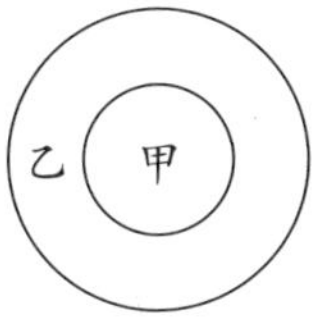
表二：甲含乙，乙有某甲，甲全称每乙减量换位： 每乙是甲：盈乙甲，故有乙甲。 有甲是乙：有甲乙，有某甲是乙。（不必有某甲非乙） 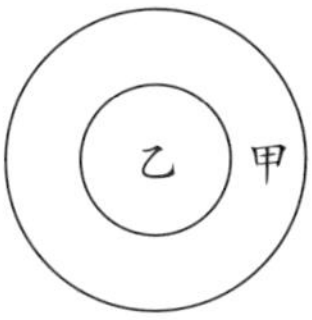 	表四：甲乙相交：相有（相亏），互相特称，存量换位： 有甲是乙：有甲乙。（有甲非乙：亏甲乙） 有乙是甲：有乙甲。（有乙非甲：亏乙甲） 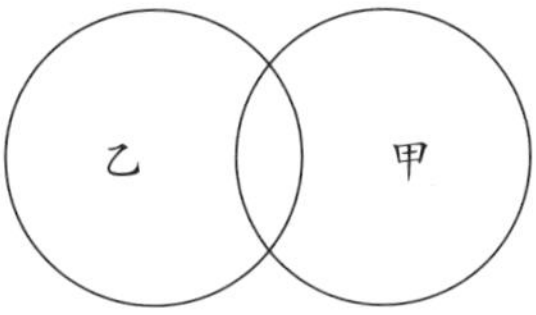

表五：甲乙相无，相亏。存量换位：互相分离：

无甲是乙：	无甲乙，	故亏甲乙：	有甲非乙。
无乙是甲：	无乙甲，	故亏乙甲：	有乙非甲。

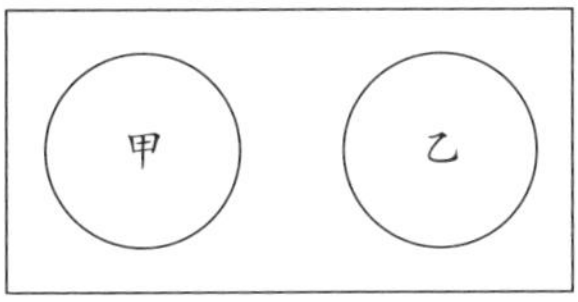

表六：天法元式：全称定律

每乙是甲	盈乙甲，
每丙是乙	盈丙乙，
每丙是甲	盈丙甲。

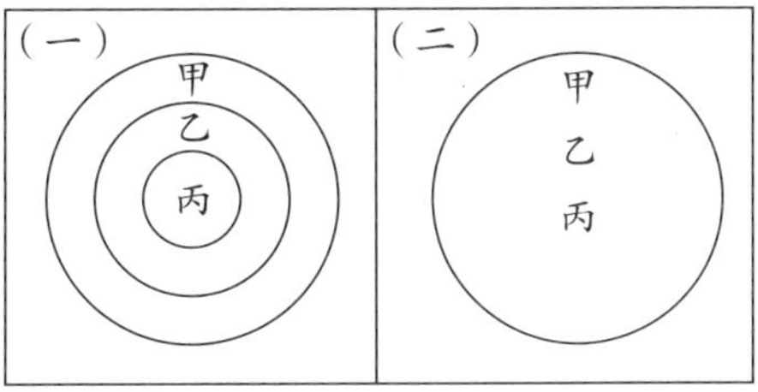

表七：天法亨式：无称定律

每丙是乙	盈丙乙，
无乙是甲	无乙甲，
无丙是甲	无丙甲。

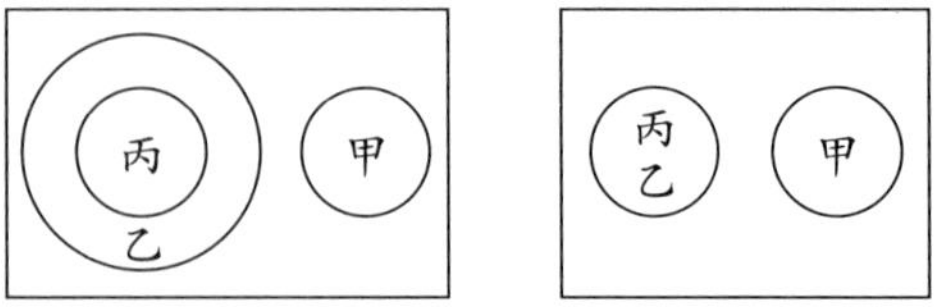

表八：天法利式：

每乙是甲	盈乙甲，
有丙是乙	有丙乙，
有乙是甲	有丙甲。

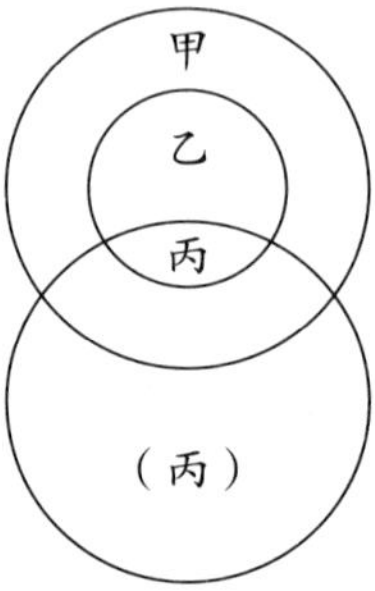

表九：天法贞式：

无乙甲	无乙是甲，
有丙乙	有丙是乙，
亏丙甲	有丙非甲。

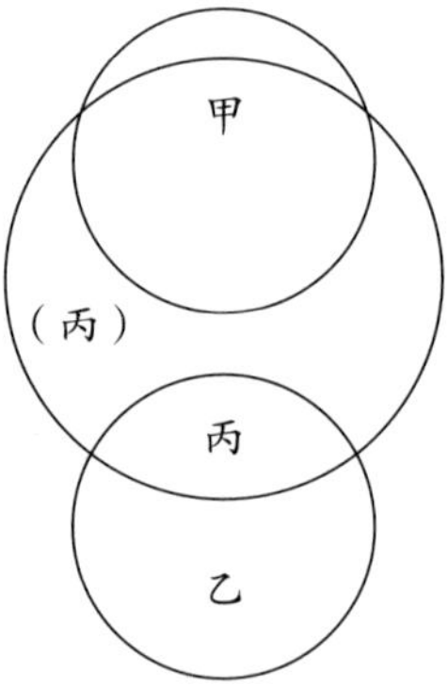

欧乐图表的基本观念及形式，均已见于一七六八年莱布尼兹书信中。

其余各种论法的论式，都可仿照以上四式画图表出之。请和下面各图表相对照。

附录五

范恩图表

（附有舒露德符号以作解释）

<table>
<tr><td rowspan="2">范恩</td><td>盈　甲　乙
有　乙　甲</td><td>无　甲　乙
无　乙　甲</td><td>有　甲　乙
有　乙　甲</td><td>亏　甲　乙
亏非乙非甲</td><td>盈乙甲
盈丙乙
盈丙甲</td><td colspan="2">既乙皆甲，
又丙皆乙，
故丙皆甲。</td></tr>
<tr><td>盈
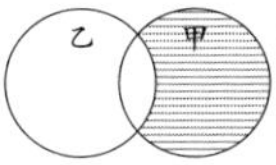</td><td>无
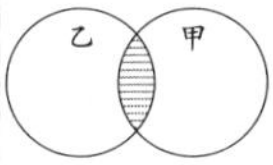</td><td>有
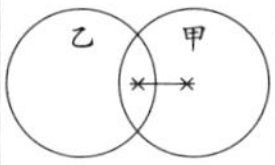</td><td>亏
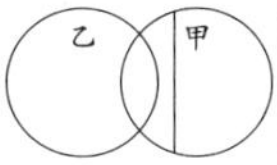</td><td colspan="3">天法元盈盈盈
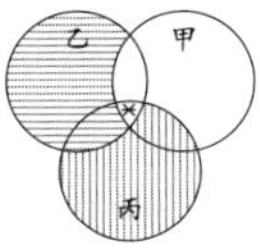</td></tr>
<tr><td rowspan="5">舒露德</td><td>$a\bar{b}=0$</td><td>$ab=0$</td><td>$ab\neq 0$</td><td>$a\bar{b}\neq 0$</td><td>$b\bar{a}=0$
$\underline{c\bar{b}=0}$
$c\bar{a}=0$</td><td>$b=a$
$\underline{c=b}$
$c=a$</td><td>$b\supset a$
$\underline{c\supset b}$
$c\supset a$</td></tr>
<tr><td rowspan="3">一、是甲而非乙者，无有也
二、凡甲皆乙</td><td rowspan="3">一、是甲又是乙者，无有也
二、无甲是乙</td><td rowspan="3">一、是甲又是乙者，非无有也
二、有甲是乙。</td><td rowspan="3">一、是甲而非乙者，非无有也
二、有甲非乙</td><td rowspan="2">前提</td><td colspan="2">是乙而非甲者，无有也，</td></tr>
<tr><td colspan="2">是丙而非乙者，无有也，</td></tr>
<tr><td>结论</td><td colspan="2">是丙而非甲者，无有也。</td></tr>
<tr><td>1. $a - b = 0$
2. $a = b$
3. $(a - b = 0) \equiv (a = b)$
4. $a < b$</td><td>1. $a\times b = 0$
2. $(a = 0).v.(b = 0)$</td><td>1. $a\times b \neq 0$
2. $a \neq 0$
3. $b \neq 0$</td><td>1. $a - b \neq 0$
2. $a \neq 0$
3. $b - b = 0$</td><td colspan="2">1. $b\bar{a} = 0$
2. $b - a = 0$
3. $b = a$
4. $c\bar{b} = 0$
5. $c - b = 0$
6. $c = b$
7. $c = a$</td><td>$b < a$
$\underline{c < b}$
$c < a$</td></tr>
</table>

<table>
<tr><td rowspan="2">范恩</td><td>一、无乙甲
二、盈丙乙
三、无丙甲</td><td>无乙是甲
每丙是乙
无丙是甲</td><td>有丙乙
盈乙甲
有丙甲</td><td>有丙是乙
每乙是甲
有丙是甲</td><td>无乙甲
有丙乙
亏丙甲</td><td>无乙是甲
有丙是乙
有丙非甲</td></tr>
<tr><td colspan="2">亨无盈无
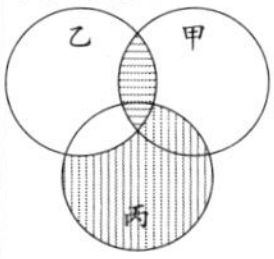</td><td colspan="2">利盈有有
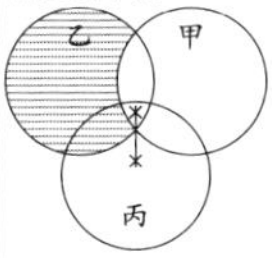</td><td colspan="2">贞无有亏
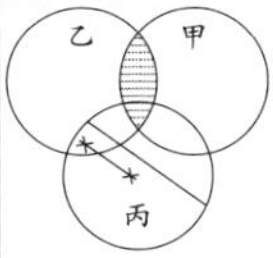</td></tr>
</table>

<table>
<tr><td rowspan="3">舒露德</td><td>1. $b\ a=0$
2. $\underline{c\ \bar{b}=0}$
3. $c\ a=0$</td><td>1. $b\ a=0$
2. $\underline{b=c}$
3. $c\ a=0$</td><td>1. $c\ b\neq 0$
2. $\underline{b=a}$
3. $c\ a\neq 0$</td><td>1. $b\ \bar{a}=0$
2. $\underline{c\ b\neq 0}$
3. $c\ a\neq 0$</td><td>1. $b\ a=0$
2. $\underline{c\ b\neq 0}$
3. $c\ \bar{a}\neq 0$</td><td>1. $c\neq 0$
2. $b\neq 0$
$\underline{a=0}$
3. $c\ \bar{a}\neq 0$</td></tr>
<tr><td colspan="2">一、是乙而又是甲者，无有也
二、丙而非乙者，无有也
三、丙是甲者，无有也</td><td colspan="2">一、乙而非甲者，无有也
二、丙而是乙者，非无有也
三、丙而是甲者，非无有也</td><td colspan="2">一、乙而是甲者，无有也
二、丙而是乙者，非无有也
三、丙而非甲者，非无有也</td></tr>
<tr><td colspan="2">一、丙减乙等于零，故丙乙相等。无丙非乙
二、乙乘甲等于零
三、故丙乘甲等于零</td><td colspan="2">一、乙减甲等于零，故乙甲相等
二、丙乘乙不等于零。故丙和乙都不等于零
三、丙乘甲不等于零</td><td colspan="2">一、乙乘甲等于零
二、丙乘乙不等于零，故乙不等于零，丙不等于零，甲等于零
三、丙减甲，不等于零</td></tr>
</table>

注意：第一点：甲乙丙三辞，价值或都是零，或都不是零时，元亨两式常有效；但为使利贞两式生效，丙和乙的价值不能是零。至于甲，在贞式，它的价值是零；在利式，不能是零。故利式各辞，都有“否定零”的含意：都有“实际存在”的含意。“零”在这里，指示“虚无”，不指示“零星，部分”。

注意第二点：上表，天法元式，舒露德代数减法算式，换言表达出来，如下：

既	乙减甲等于零	$b-a=0$
又	丙减乙等于零	$\underline{c-b=0}$
故	丙减甲等于零	$c-a=0$

理由如下：

一、乙减甲等于零，有两种意义：

1. 乙等于甲：故乙减甲等于零。

2. 乙小于甲：故乙减甲将小于零：故仍属于零下。

二、丙减乙等于零，也是说：丙等于乙，或小于乙。

三、那么：丙必等于甲，或小于甲。丙减甲是等于零，或是小于零：不拘如何，仍是不多于零，故仍是等于零：零以下的数，都是零数。

如此说来，舒露德的代数减法，依上表，天法元式内里包含下面这两个论式：

第一：

既	乙等于甲 丙等于乙
故	丙等于甲

$$\begin{array}{l} b = a \\ \underline{c = b} \\ c = a \end{array}$$

第二：

既	乙小于甲 丙小于乙
故	丙小于甲

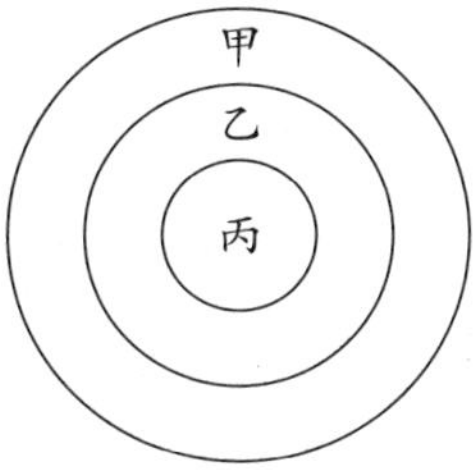

$$\begin{array}{l} b < a \\ \underline{c < b} \\ c < a \end{array}$$

将以上两式混合起来仍得结论：例如

第三：

既	乙等于甲 丙小于乙
故	丙小于甲

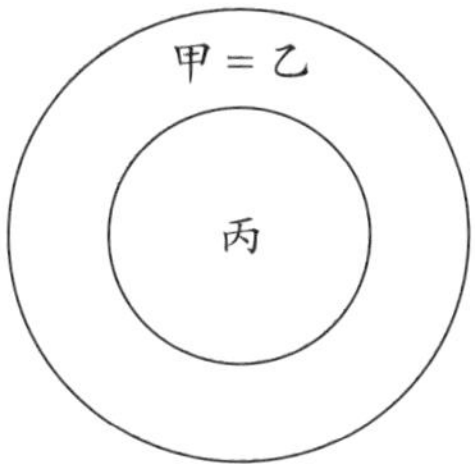

$$\begin{array}{l} b = a \\ \underline{c < b} \\ c < a \end{array}$$

第四：

既	乙小于甲 丙等于乙
故	丙小于甲

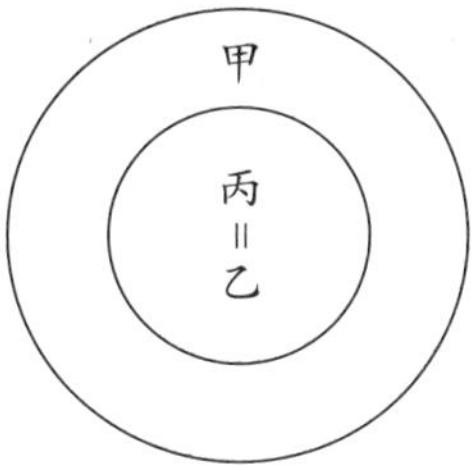

$$\begin{array}{l} b < a \\ \underline{c = b} \\ c < a \end{array}$$

惟依普通想法，第一式内，甲乙丙能都是零。第二式内，只有丙能是零，乙大于零，甲大于乙。第三式内亦然：只有丙能是零，第四式内，只有甲不能是零。换句话说：只有第一式，不需要任何名辞或符号，有“存在含意”；其余诸式，都需要某个符号有“存在含意”。请记得，亚里的“分类逻辑”中，上中下，三辞都有“存在含意”：都是代表实有的事物，不超越实有界的限制。从此可见：代数的抽象范围，比较宽广。回看注⑳⑳，及注①内十二。又请注意，逻辑代数不是用符号代表数目，而是除代表数目以外，也能代表物类，或欧乐图表中的图形：实在是能代表任何意义、概念，或价值。足见“逻辑代数”四字，至少在汉文，是一个不恰当的名辞。符号逻辑的符号，既然不限于代表数目，为什么要叫作“代数”呢；还是叫作“符号逻辑”更好。

附录六

舒露德、布雷与亚里

舒露德的“逻辑代数”是由“布雷代数”发展而来。“布雷代数”意义含混，能受许多解释和运用。近代逻辑学界用它来说明类群间的关系，用代数学的符号和方法，重新整理“类谱逻辑”的体系：从少数的原则，推演出许多定律，组成严整的系统；结果适能说明亚里三段论法逻辑的思路。因为亚里三段论法的逻辑，是以“类谱逻辑”为根基。回看注⑳类谱，及注①内十二。兹将布雷原则和定律分列如下，以供比较。预先将符号的意义讲明在此：

符号说明：

一、a，b，c，代表私名，或公名。在此处代表类名，犹如甲、乙、丙。

二、∪：在数学，代表加号。在逻辑代表分接词，“或”字之类。

三、∩：代表乘号，代表连接词“也”、“和”、“并且”、“兼是”之类。

四、I：代表物类总体，或“物”大公名的肯定。

五、O：代表“物”大公名的否定，或类群的否定。

六、a：代表a的否定，犹如甲的否定：“非甲”，或“无甲”。其余b、c等符号的否定仿此。

七、⊃：代表“则”字之类的随接词及引随关系。

八、括弧中间的小圆点代表“既……又”的“又”字：及连接词的意义。

九、—：括弧前面的短横线，是括弧所包含的“复句”的否定。相当减号。1和0的否定，仿此。

十、=：等号，≠：不等号。

布雷原则九条：

一、 二、 三、 四、	$a \cup \bar{a} = 1$ $a \cap \bar{a} = 0$ $a \cap 1 = a$ $a \cup 0 = a$	$a \times 1 = a$ $a + 0 = a$ $a + \bar{a} = 1$ $a \times \bar{a} = 0$ 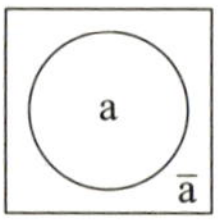		一、 二、 三、 四、	二分法：一类分成矛盾的两种。 矛盾律：无物能作两矛盾名辞的主辞。 种名a加类公名，仍指a的同一主体。例如“人之为人”和“人之为物”是人。 例：人是人，或什么都不是。
五、 六、 七、	$a \neq b$ $a \cup b = b \cup a$ $a \cap b = b \cap a$	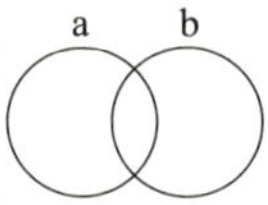	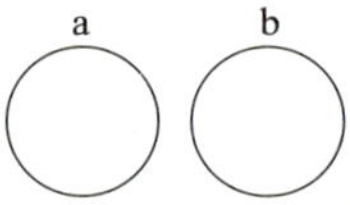	五、 六、 七、	同类的异种，互不相同 不能互为宾主。 换位律 换位律
八、	$a \cup (b \cap c) = (a \cup b) \cap (a \cup c)$	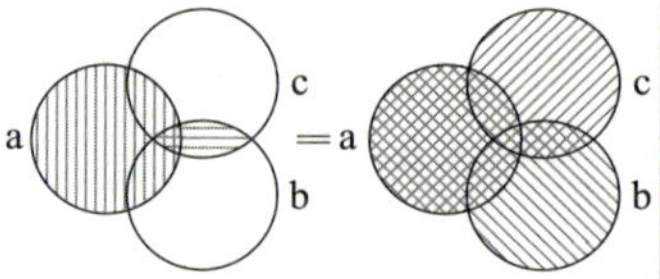		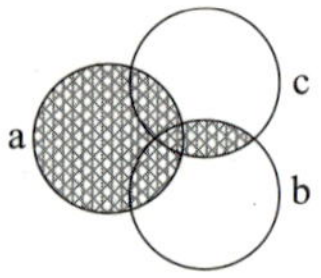	
九、	$a \cap (b \cup c) = (a \cap b) \cup (a \cap c)$	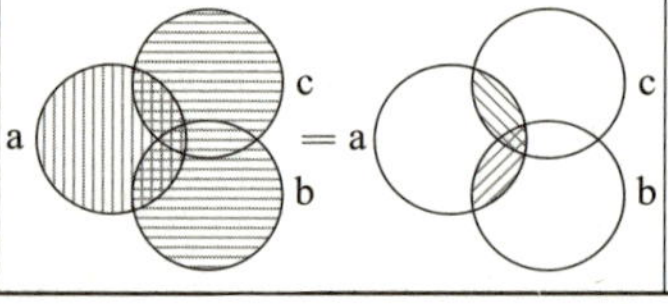		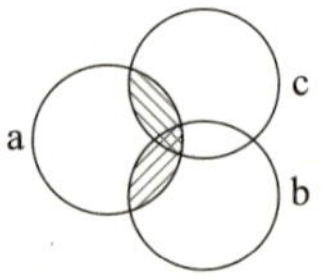	

布雷定律十六条：

一、 二、	$a \cap a = a$ $a \cap a = a$	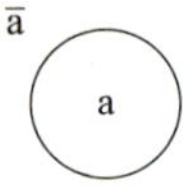	自同律 （同指律）
三、	$0 \neq 1$	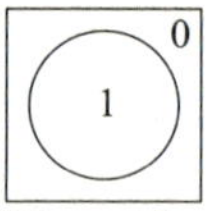 （0 = -1）	辨有无：无不是有。 （有无律）有不是无。
四、	$(a = \bar{b}) \supset (b = \bar{a})$	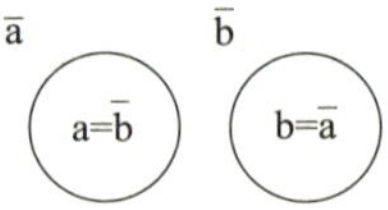	甲乙矛盾律：是甲非乙，故是乙则非甲。
五、	$a = \bar{\bar{a}}$	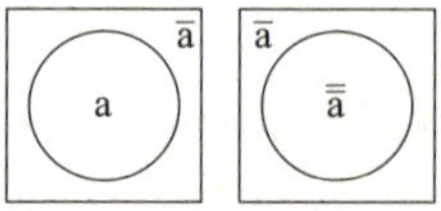	否定律：否定之否定等于肯定：非不是马，故是马。

六、	$(a\cap b\neq 0)$ $\supset(a\neq 0)$	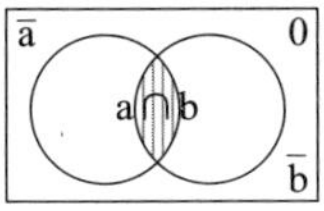		积数不是零，故乘数不是零，红马非无，故马非无，（红非无）有红马，则有红（并有马）。
七、	$a=(a\cap b)$ $\cup(a\cap\bar{b})$	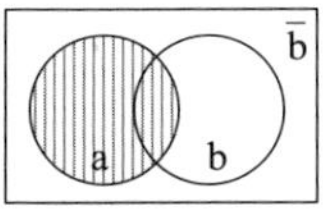		二分法：例：动物分有灵，无灵。故，有灵动物，或无灵动物，都是动物：合成动物之类的全体。
八、	$a\cup(b\cup c)$ $=(a\cup b)$ $\cup c$	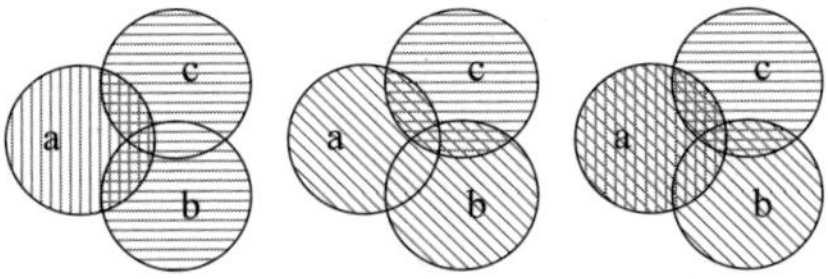		“张有错或王或李有错”等于说：“张或王有错，或李有错”
九、	$a\cap(b\cap c)$ $=(a\cap b)$ $\cap c$	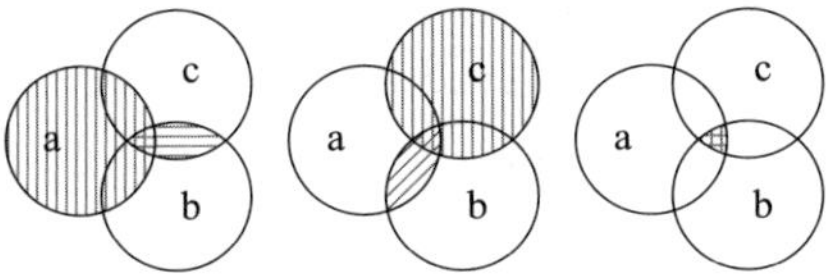		说：“张有理、王和李也有理”等于说：“张和王有理，李也有理”
十、	$0=-1$	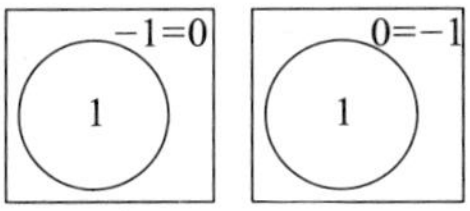		有无律：“无”是“有”的否定。“否”是“是”的否定。
十一、	$a\cup(a\cap b)$ $=a$	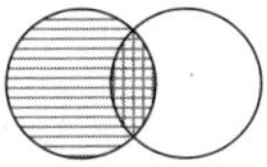		说：“张有病，或是张有病又高大”等于说：“张有病”。说：“张或张大个子有病”，等于说：“张有病”。
十二、	$a\cap(a\cup b)$ $=a$	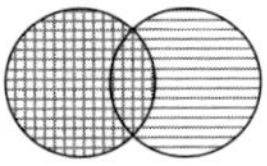		说：“张有病，或是张有病又高大”，等于说：“张有病”。说：“张或张大个子有病”等于说：“张有病”。
十三、	$-(a\cup b)=$ $(-a\cap -b)$	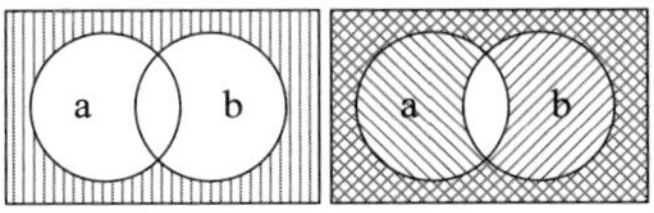		“不分是，故连非”。非甲或乙，故不是甲也不是乙，回看注㉑内十五，连分图等等。
十四、	$-(a\cap b)=$ $(-a\cup -b)$	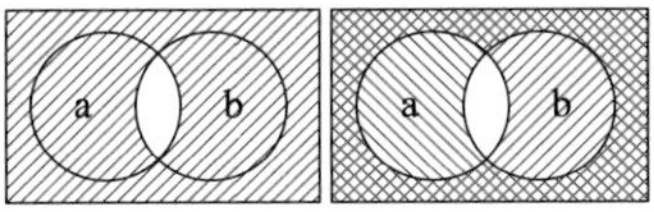		“不连是，故分非”。非甲和乙，故或非甲，或非乙，回看注同上。
十五、	$(a\cap\bar{b}=0)\cdot$ $(b\cap\bar{c}=0)\supset$ $\overline{}$ $a\cap\bar{c}=0$	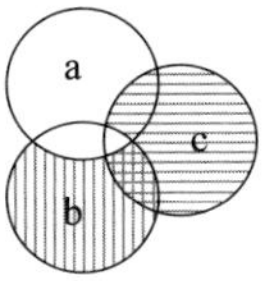	$a\,\bar{b}=0$ $b\,\bar{c}=0$ $\overline{}$ $a\,\bar{c}=0$	天法元式，回看注㊹。
十六、	$(a\cap b\neq 0)\cdot$ $(b\cap c=0)$ $\supset a\cap c\neq 0$	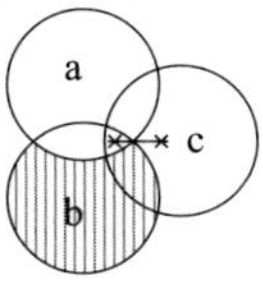	$b\,\bar{c}=0$ $a\,b\neq 0$ $\overline{}$ $a\,c\neq 0$	天法利式，回看注同上。

附录七

假言论法略说

——（补充注二二）

一、性质——关于假言论法，亚里遗书中没有系统化的讨论，但是对于它们公有的性质、主要的分类，各类论法论式的构造和规则，曾有简明的暗示。参看本卷，章三二，章四四；《驳谬》，章五，章二八；《辩证法》，卷二，章六；本卷章四六；本编，卷下，章四。

就性质而论，凡是“假书论法”，都是“抉择论法”；大前提预设数论句间，必有的逻辑关系和条件；小前提，从这些关系和条件中，有所抉择，或择取，或择舍；以此注定结论必须有何取舍，始能有效。小前提的“抉择”是中心的关键；假言论法的特性和本质，是“抉择”，因此，也叫作“抉择论法”。参看阿拉伯大哲学家亚维新及亚维罗。

二、分类标准——“抉择论法”内，大前提是用“接词”，接合两句或数句而成的复句。所用的“接词”有许多种，各有各固有的逻辑意义和条件。小前提着手抉择，一有取舍如何，则结论依照“接词”固有的意义和条件，应有取舍如何；得当者，有效；失当者，无效。如此说来，“接词”不同，条件不同，小前提和结论两相呼应，而呈现的取舍方式不同；因之，论法、论式等等，也随着分成许多种。“接词”和“取舍”是假言论法分类的标准。两个标准不能相离，共成一个标准：惟在“基本的”“逻辑接词”及其指义作用。

三、基本的逻辑虚字——“逻辑接词”也叫作“逻辑虚字”；基本地，依传统逻辑的看法，只有五个或六个：一是“则”字，及同义字，或同义的说法。二是“兼容性”的“或”字：“或甲或乙，或兼有甲乙”。三是“矛盾性”的“或”字：“或甲或乙，不可兼有甲乙”。四是冲突性的“反接语法”：“不同是甲、又是乙”。五是遍称枚举性的陈述接词，“也”字，或“又”字，及其他同义字，或语法。除这五个以外，亚里似乎认为“品评性”的“介辞”，例如“比……更”、“胜于”、“何况”等类的比较语法，也属于“抉择论法”；也算作假言论法的一种；那么，“比”字，就是“基本逻辑虚字”的第六个。详论难尽，仅具要点于下：

四、假言论法六种——用上述的六个基本接词，作分类的标准，假言论法即是抉择论法，最多只分六种：

第一种是“随接论法”，它的大前提是“随接复句”，用随接词“则”字，或同义字，或作用相同的语法；例如：“若是如何如何，则必如何如何”。“假设有甲，则必有乙”；“有甲，必有乙”；甲引于前，乙随于后。甲是引句，在“则”字以前；乙是随句，在“则”字以后。前后有引随关系；在议论时，遵守“引随律”。“随接论法”就是“引随论法”，“则字论法”。

第二种是“分接论法”，大前提是“分接复句”，用“分接词”，例如“或”字；及其他类似语法。如果用兼容性的“或”字论法，则是本栏第二种；用矛盾“或”字的论法，便是第三种。都是“或字论法”。

第四种是“反接论法”，大前提是“反接复句”，用反接词，或反接语法，将彼此相反、不能相容的两个论句连结起来，构成复句，议论时，遵守冲突律，典型的反接语法是：“不并是甲乙”；或“甲乙不并真”。

第五种是“连接论法”，大前提是“连接复句”，用“也”字，或“又”字之类的连接词，或语法，将两个论句连结起来，议论时，遵守自同律。

第六种是“品定论法”，用比较语法构成复句，品评优劣高下前提一有抉择或假设，结论必有品评性的决定。

以上六种论法，各有各固有的定律，并有许多论式；和定律相合者有效，相反者无效；亚里未曾明述，历代注解家自亚里高足弟子德孚乐以来，都详加添补；大略如下：

五、随接论法的论式和规则——随接论法，分两大类：一是“完全随接论法”，也叫作“纯随接论法”，或“三段随接论法”：大小前提结论三句，每句是一个“纯假言”，或“完全假言论法”。论式的构成，遵守“引随律”和“引随贯通律”。举例如下：

大前提：如果甲是乙，则丙是丁；

小前提：如果丙是丁，则戊是己；

结论：故，如果甲是乙，则戊是己。

换符号举例如下：

大前提：有甲乙，则有丙丁

小前提：有丙丁，则有戊己

结论：故有甲乙，则有戊己

用具体名辞举例如下：

大前提：如果大雪深积，则必冬日严寒；

小前提：如果冬日严寒，则必杨柳枯槁；

结论：故如果大雪深积，则必杨柳枯槁。

注：大雪是甲。深积是乙。冬日是丙。严寒是丁。杨柳是戊。枯槁是己。

更简化一些，用百家姓作符号代替论句，例如用“张”代表“大雪深积”，或“甲是乙”；用“王”代表“冬日严寒”，或“丙是丁”，再用“李”代表“杨柳枯槁”，或“戊是己”，举例如下：

符号	卷一，章三二，八十一页四七左二二至四〇辞例
大前提：有张则有王， 小前提：有王则有李， 结论：故，有张则有李。	假设有人在，必有某动物在， 假设有某动物在，必有某实体在， 假设有人在，必有某实体在。

上例的改写式三个：

改写式一：用“张三”和“是”：

大：假设张三是人，则张三是动物，

小：假设张三是动物，则他是实体，

结：故此：假设张三是人，则张三是实体。

改写式二：改成全称和特称论式，仍有“假言”的形式：

大：假设凡是人都是动物； 小：又假设凡是动物都是实体； 结：故此结论是：凡是人都是实体。	假设凡是人都是实体， 又假设张三是人， 则张三必是实体。

改写式三：改成定言论式：

大：凡是人都是动物， 小：凡是动物都是实体， 结：凡是人都是实体。	凡是人都是实体， 张三是人， 张三是实体。

完全假言论法有效和无效论式表：

	天法	大前提一	二	三	四
	结论：故	有甲则有乙	有甲则无乙	无甲则有乙	无甲则无乙
小前提	一、有乙则有丙	一、有甲则有丙 二、无丙则无甲	无效	无甲则有丙 无丙则有甲	无效
	二、无乙则有丙	无效	一、有甲则有丙 二、无丙则无甲	无效	无甲则有丙 无丙则有甲
	三、有乙则无丙	一、有甲则无丙 二、有丙则无甲	无效	无甲则无丙 有丙则有甲	无效
	四、无乙则无丙	无效	一、有甲则无丙 二、有丙则无甲	无效	无甲则无丙 有丙则有甲

上表读法：先读大前提一，小前提一，结论一；再读大前提一，结论二：然后依次读其余，读法同上。

上表有效论式读法：

有甲则有乙，有乙则有丙，故有甲则有丙
有甲则有乙，有乙则有丙，故无丙则无甲
有甲则有乙，有乙则无丙，故有甲则无丙
有甲则有乙，有乙则无丙，故有丙则无甲

有甲则无乙，无乙则有丙，故有甲则有丙
有甲则无乙，无乙则有丙，故无丙则无甲
有甲则无乙，无乙则无丙，故有甲则无丙
有甲则无乙，无乙则无丙，故有丙则无甲

无甲则有乙，有乙则有丙，故无甲则有丙
无甲则有乙，有乙则有丙，故无丙则有甲
无甲则有乙，有乙则无丙，故无甲则无丙
无甲则有乙，有乙则无丙，故有丙则有甲

无甲则无乙，无乙则有丙，故无甲则有丙
无甲则无乙，无乙则有丙，故无丙则有甲
无甲则无乙，无乙则无丙，故无甲则无丙
无甲则无乙，无乙则无丙，故有丙则有甲

地法 结论：故		大前提一 有甲则有丙	二 有甲则无丙	三 无甲则有丙	四 无甲则无丙
小前提	一、有乙则有丙	（无效）	一、有甲则无乙 二、有乙则无甲	（无效）	无甲则无乙 有乙则有甲
	二、有甲则无丙	一、有甲则无乙 二、有乙则无甲	（无效）	无甲则无乙 有乙则有甲	（无效）
	三、无乙则有丙	（无效）	一、有甲则有乙 二、无乙则无甲	（无效）	无甲则有乙 无乙则有甲
	四、无乙则无丙	一、有甲则有乙 二、无乙则无甲	（无效）	无甲则有乙 无乙则有甲	（无效）

上表有效论式读法：

有甲则有丙，有乙则无丙，故有甲则无乙
有甲则有丙，有乙则无丙，故有乙则无甲
有甲则有丙，无乙则无丙，故有甲则有乙
有甲则有丙，无乙则无丙，故无乙则无甲

有甲则无丙，有乙则有丙，故有甲则无乙
有甲则无丙，有乙则有丙，故有乙则无甲
有甲则无丙，无乙则有丙，故有甲则有乙
有甲则无丙，无乙则有丙，故无乙则无甲

无甲则有丙，有乙则无丙，故无甲则无乙
无甲则有丙，有乙则无丙，故有乙则有甲
无甲则有丙，无乙则有丙，故无甲则有乙
无甲则有丙，无乙则无丙，故无乙则有甲

无甲则无丙，有乙则有丙，故无甲则无乙
无甲则无丙，有乙则有丙，故有乙则有甲
无甲则无丙，无乙则有丙，故无甲则有乙
无甲则无丙，无乙则有丙，故无乙则有甲

人法 结论		大前提一	二	三	四
		有甲则有乙	有甲则无乙	无甲则有乙	无甲则无乙
小前提	一、有甲则有丙	（无效）	（无效）	一、无丙则有乙 二、无乙则有丙	无丙则无乙 有乙则有丙
	二、有甲则无丙	（无效）	（无效）	一、有丙则有乙 二、无乙则无丙	有丙则无乙 有乙则无丙
	三、无甲则有丙	一、无丙则有乙 二、无乙则有丙	无丙则无乙 有乙则有丙	（无效）	（无效）
	四、无甲则无丙	一、有丙则有乙 二、无乙则无丙	有丙则无乙 有乙则无丙	（无效）	（无效）

上表有效论式读法：

有^{甲}则有^{乙}，无^{甲}则有^{丙}，故无^{丙}则有^{乙}
有^{甲}则有^{乙}，无^{甲}则有^{丙}，故无^{乙}则有^{丙}
有^{甲}则有^{乙}，无^{甲}则无^{丙}，故有^{丙}则有^{乙}
有^{甲}则有^{乙}，无^{甲}则无^{丙}，故无^{乙}则无^{丙}

有^{甲}则无^{乙}，无^{甲}则有^{丙}，故无^{丙}则无^{乙}
有^{甲}则无^{乙}，无^{甲}则有^{丙}，故有^{乙}则有^{丙}
有^{甲}则无^{乙}，无^{甲}则无^{丙}，故有^{丙}则无^{乙}
有^{甲}则无^{乙}，无^{甲}则无^{丙}，故有^{乙}则无^{丙}

无^{甲}则有^{乙}，有^{甲}则有^{丙}，故无^{丙}则有^{乙}
无^{甲}则有^{乙}，有^{甲}则有^{丙}，故无^{乙}则有^{丙}
无^{甲}则有^{乙}，有^{甲}则无^{丙}，故有^{丙}则有^{乙}
无^{甲}则有^{乙}，有^{甲}则无^{丙}，故无^{乙}则无^{丙}

无^{甲}则无^{乙}，有^{甲}则有^{丙}，故无^{丙}则无^{乙}
无^{甲}则无^{乙}，有^{甲}则有^{丙}，故有^{乙}则有^{丙}
无^{甲}则无^{乙}，有^{甲}则无^{丙}，故有^{丙}则无^{乙}
无^{甲}则无^{乙}，有^{甲}则无^{丙}，故有^{乙}则无^{丙}

物法		大前提一	二	三	四
结论：故		有^{甲}则有^{乙}	有^{甲}则无^{乙}	无^{甲}则有^{乙}	无^{甲}则无^{乙}
小前提	一、有^{丙}则有^{甲}	有^{丙}则有^{乙} 无^{乙}则无^{丙}	有^{丙}则无^{乙} 有^{乙}则无^{丙}	（无效）	（无效）
	二、无^{丙}则有^{甲}	无^{丙}则有^{乙} 无^{乙}则有^{丙}	无^{丙}则无^{乙} 有^{乙}则有^{丙}	（无效）	（无效）
	三、有^{丙}则无^{甲}	（无效）	（无效）	有^{丙}则有^{乙} 无^{乙}则无^{丙}	有^{丙}则无^{乙} 有^{乙}则无^{丙}
	四、无^{丙}则无^{甲}	（无效）	（无效）	无^{丙}则有^{乙} 无^{乙}则有^{丙}	无^{丙}则无^{乙} 有^{乙}则有^{丙}

天法：有丙则有甲，有甲则有乙：故有丙则有乙。

物法：有甲则有乙，有丙则有甲：故有丙则有乙。

上表有效论式读法：

有甲则有乙，有丙则有甲，故有丙则有乙

有甲则有乙，有丙则有甲，故无乙则无丙

有甲则有乙，无丙则有甲，故无丙则有乙

有甲则有乙，无丙则有甲，故无乙则有丙

有甲则无乙，有丙则有甲，故有丙则无乙

有甲则无乙，有丙则有甲，故有乙则无丙

有甲则无乙，无丙则有甲，故无丙则无乙

有甲则无乙，无丙则有甲，故有乙则有丙

无甲则有乙，有丙则无甲，故有丙则有乙

无甲则有乙，有丙则无甲，故无乙则无丙

无甲则有乙，无丙则无甲，故无丙则有乙

无甲则有乙，无丙则无甲，故无乙则有丙

无甲则无乙，有丙则无甲，故有丙则无乙

无甲则无乙，有丙则无甲，故有乙则无丙

无甲则无乙，无丙则无甲，故无丙则无乙

无甲则无乙，无丙则无甲，故有乙则有丙

统观以上数表，足见“纯假言论法”，在构造形式中，有以下两个特点：

第一点，是“引随贯通律”的“贯通性”，极其明显：大小前提和结论三句，每句是随接复句，各有各的引句和随句：“则”字以前的单句是引句；以后的是随句。同时，大前提的随句，是小前提的引句。它是“中句”，任务和“中辞”相当：引介首句和尾句发生关系，构成另一随接复句作结论。大前提的引句是首句，在结论作引句，小前提的随句是尾句，在结论作随句。以此构成的公律格式是："引句，引中句，中句引随句，故引句，引随句"，或说："首句引中句，中句引尾句，故首句引尾句"。首句的引领作用经过中句，贯通到尾句。"则"字"引随作用"，渗透每句，贯通全个论式：从首至尾，一以贯之。将以上公律的格式，换言表出之，竖说是："随句的随句，是引句的随句"；倒说则是："引句的引句，是随句的引句"。这两个公式是历史上，"引随逻辑学说"的格言。它的主要意义，不但是说明"随接词"的引随关系、固有的逻辑特性是贯通性；而且，在思维术上，促成人理智思想的"飞跃"：从首句，跨过中句，不论中句有一个，或许多，或不论多少；跨过以后，直接飞跃到尾句：思想的高明灵敏，深远迅速，都是因为它有飞跃贯通的能力：这是人类理智的特性："见本而知末，观指而睹归"（淮南子名言），大智大巧，是以此为要诀，一切理性的知识，都是从前提依据"引随贯通的公律"，推引出深远的结论。所谓理智的寻绎推证，便是引随律的"飞跃贯通"。飞跃的距程，越深远；理智的开化，也越高明。

第二点，是"纯假言论法"的"抉择性"薄弱至极——它根本没有直言抉择什么：论式中的每一句，都是一个假设。它所决然择取的，只是各句间的"引随关系"，及其"贯通性"。就"假言"程度而论，"纯假言论法"是"完全的假言论法"，但它是"抉择性"，极薄弱的论法，除逻辑界、思想界的公律实被择取以外，对于客观实际的条件，没有指明是择取，或是择舍。"假言性"极强，"抉择性"却极弱，为了这个理由，传统的看法、认为"纯假言论法"不大重要；并且"纯假言论法"的"贯通律"，是"定言论法"和其他任何论法共同遵守的公律。纯假言论法，可以是

"定言论法"的变形和改写：不必分作"特殊一类"，因为它可以暗含在各类论法的思路中。如此说来，为组成"特殊的类别"，"假言性"和"抉择性"两者，都相当强劲始可。为此狭义的，足以自成一类的假言论法，不是"完全的假言论法"，而是"不完全的假言论法"；在此处，应是"不完全的随接论法"。其构造，及论式和规则简略如下：

第二类："不完全的随接论法"，在构造上，大前提是一随接复句，用"则"字之类的随接语法，在引句里声明条件，在随句里声明效果，并接受引随两句间必有的"引随关系"。它的小前提是一"定言论句"，实行抉择，或择取引句，接受条件，使结论接受效果；或择舍随句的效果，拒绝了效果，使结论舍弃引句的条件。如此，它的结论也是一个"定言论句"，不是"假言"。同时，它的论式只能有两种：一是小前提择取条件，结论"取纳效果"，史称"取取论式"；二是小前提择舍效果，结论"舍弃条件"，史称"舍舍论式"。以上两种论式，因肯定否定的不同配合，各自能有四个不同的论式。只有这两种论式有效：因为只有这两种论式，能保全大前提承认了的"引随关系"。为建立并保存"引随两句间的引随关系"，必须遵守"则"字的逻辑本质和条件。它的条件有四项：

一、引句真，随句真时，有引随关系。

二、引句假，随句真时，有引随关系。

三、引句真，随句假时，无引随关系。

四、引句假，随句假时，有引随关系。

以上条件只有四项，因为引随两句间，真假的配合只有四种可能，这里"真"字，只是符号，代表"实有"、"可取"、"取纳"等积极意义。"假"，代表"虚无"、"不可取"、"宜舍"等消极意义。兹用以下诸符号，画表，简示如下：

表一：

引	随	则
1	1	1
0	1	1
1	0	0
0	0	1

表二：

引	1	0	1	0
随	1	1	0	0
则	1	1	0	1

表三：

引	1	0	1	0
随	1	1	0	1
则	1	1	0	0

表四：

则		引	
		1	0
随	1	1	1
	0	0	1

表五：

则	1	0
1	1	1
0	0	1

符号说明：

引：引句

随：随句

则：引随关系：随接关系。

“1”：积极符号：真，肯定，有，是，取。

“0”：消极符号：假，否定，无，非，舍。

注意：五表内容相同，形式不同，繁简互异。表五最简。

上列图表，叫作“则”字的“真假表”；是近代数理逻辑的新发明；但内容却甚古老：首见于麦加辣学派，名师费龙；和亚里定言论法，前提结论间引随关系的规则，在实质上，没有分别。亚里比费龙早数十年。亚里的规则四条如下：（根据亚里，《分析学》，《前编》，卷下章二、章四）

一、前提真，结论真时，能是有效论式。

二、前提假，结论真时，能是有效论式。

三、前提真，结论假时，不能是有效论式。

四、前提假，结论假时，能是有效论式。

副则：一、有效论式内，结论真时，前提能假。

二、有效论式内，结论假时，前提必有一假；或能都假。

三、有效论式内，前提真时，结论必真。

四、有效论式内，前提假时，结论能真。

根据亚里上述规则，为定言论式，真假配合，何时有效，何时无效，画一图表，叫它作“效字表”：和“则字表”，互相对照，便知两都相同：

效字表：

		前	提
	效	真	假
结	真	有	有
论	假	无	有

则字表：

则	1	0
1	1	1
0	0	1

亚里逻辑的“明证法”，和“反证法”，及普通任何论法，实有的效力，都是来自上表所列举的引随关系的规则：“引随律”。（参看卷下，章二至四。注㉒⓪）

根据上述的“则”字本质和条件，可知随接论法只有“取取”和“舍舍”两种论式有效，兹将基本形式简列如下；（材料来自亚里《驳谬》章五页一六七右一；《分析学前编》，卷二，章四；卷一，章四六；《辩证法》，卷二，章八；及章六）

六、取取论式有效的四个：

<table>
<tr><th>详式</th><th>简式</th><th></th></tr>
<tr><td>式一：（肯定、肯定）
大前提：如果甲是乙，则丙是丁；
小前提：果然甲是乙；
结　论：故此，丙是丁。</td><td>有张则有李；
有张；
故有李。</td><td rowspan="2">附注：“取”是“择取”、“取纳”：实际上，乃是“重说引句”，或“重说随句”：小前提重说引句，结论重说随句。</td></tr>
<tr><td>式二：（否定、肯定）
大前提：如果甲非乙，则甲是丁；
小前提：果然甲非乙；
结　论：故此，甲是丁。</td><td>无张则有李；
无张；
故有李。</td></tr>
</table>

式三:（肯定、否定） 大前提:如果甲是乙，则丙非丁； 小前提:果然甲是乙； 结　论:故此，丙非丁。	有张则无李； 有张； 故无李。	
式四:（否定、否定） 大前提:如果甲非乙，则丙非丁； 小前提:果然甲非乙； 结　论:故此，丙非丁。	无张则无李； 无张； 故无李。	

取取论式表：

全式：

引论			结论
大前提		小前提	断定
引	随	接受条件	接受效果
甲　乙	丙　丁	甲　乙	丙　丁
1	1	1	1
0	1	0	1
1	0	1	0
0	0	0	0
引			随

"1"：代表肯定，例"甲是乙"。

"0"：代表否定，例"甲非乙"。

简式式一：

引			随
甲	丙	甲	丙
1	1	1	1
0	1	0	1
1	0	1	0
0	0	0	0

简式二：

有甲则有丙	有甲	故有丙
无甲则有丙	无甲	故有丙
有甲则无丙	有甲	故无丙
无乙则无丙	无甲	故无丙
大前提	小前提	结论
引		随

七、"舍舍论式"有效的四个：

详式	简式
式一:（肯定、肯定） 大前提:如果甲是乙，则丙是丁； 小前提:既然丙非丁； 结　论:故此，甲非乙。	有张则有李； 无李； 故无张。
式二:（否定、肯定） 大前提:如果甲非乙，则内是丁； 小前提:既然丙非丁； 结　论:故此甲是乙。	无张则有李； 无李； 故有张。

详式	简式
式三:（肯定、否定） 大前提：如果甲是乙，则丙非丁； 小前提：既然丙是丁； 结　论：故此甲非乙。	有张则无李； 有李； 故无张。
式四:（否定、否定） 大前提：如果甲非乙，则丙非丁； 小前提：既然丙是丁； 结　论：故此甲是乙。	无张则无李； 有李； 故有张。

用符号配合画表简列如下：

舍舍论式表：全表：

全式：

引论			结论
大前提		小前提	断定
引	随	拒绝效果	拒绝条件
甲　乙	丙　丁	丙　丁	甲　乙
1	1	0	0
0	1	0	1
1	0	1	0
0	0	1	1

简式式一：

引			随
甲	丙	丙	甲
1	1	0	0
0	1	0	1
1	0	1	0
0	0	1	1

简式二：

引		随
大前提	小前提	结论
有甲则有丙	无丙	故无甲
无甲则有丙	无丙	故有甲
有甲则无丙	有丙	故无甲
无甲则无丙	有丙	故有甲

甲：代表“甲乙”。丙：代表“丙丁”（参考，《辩证法》卷二，章八）。

八、“完全假言论法”和“不完全假言论法”，综合起来，构成的“复合假言论法”举例：

详式	简式
一、大：如果甲是乙，则丙是丁	有张则有王；
二、小：如果丙是丁，则戊是己	有王则有李；
三、结：如果甲是乙，则戊是己	故有张则有李。
四、抉择：果然甲是乙	果然有张，
五、断定：故此，戊是己	故此，有李。

以上复合假言论法，首中尾三句，肯定否定的配合，只能有八种，各有不同的结论，公式定格，分“取取”和“舍舍”两类论式：分列图表如下：

九、取取式的配合：

全式：

引论			结论	
甲是乙	丙是丁	戊是己	甲是乙	戊是己
1	1	1	1	1
0	1	1	0	1
1	0	1	1	1
0	0	1	0	1
1	1	1	1	0
0	1	0	0	0
1	0	0	1	0
0	0	0	0	0
大前提	小前提	结论	抉择	断定
引				随

简式一：

引论			结论	
张	王	李	张	李
1	1	1	1	1
0	1	1	0	1
1	0	1	1	1
0	0	1	0	1
1	1	0	1	0
0	1	0	0	0
1	0	0	1	0
0	0	0	0	0

简式二：

大前提	小前提	结论	
有甲则有丙	有丙则有戊	有甲	故有戊
无甲则有丙	有丙则有戊	无甲	故有戊
有甲则无丙	无丙则有戊	有甲	故有戊
无甲则无丙	无丙则有戊	无甲	故有戊
有甲则有丙	有丙则无戊	有甲	故无戊
无甲则有丙	有丙则无戊	无甲	故无戊
有甲则无丙	无丙则无戊	有甲	故无戊
无甲则无丙	无丙则无戊	无甲	故无戊
		抉择	断定

十、舍舍式的配合法：全式：

引论			结论一			结论二	
引	中	随	引	中	随	引	随
甲 乙	丙 丁	戊 己	戊 己	丙 丁	甲 乙	戊 己	甲 乙
1	1	1	0	0	0	0	0
0	1	1	0	0	1	0	1
1	0	1	0	1	0	0	0
0	0	1	0	1	1	0	1
1	1	0	1	0	0	1	0
0	1	0	1	0	1	1	1
1	0	0	1	1	0	1	0
0	0	0	1	1	1	1	1
						抉择	断定

简式一：

引论			结论一			结论二	
甲	丙	戊	戊	丙	甲	戊	甲
1	1	1	0	0	0	0	0
0	1	1	0	0	1	0	1
1	0	1	0	1	0	0	0
0	0	1	0	1	1	0	1
1	1	0	1	0	0	1	0
0	1	0	1	0	1	1	1
1	0	0	1	1	0	1	0
0	0	0	1	1	1	1	1

简式二：（省去结论一）

引论				结论二
张	王	李	李	张
1	1	1	0	0
0	1	1	0	1
1	0	1	0	0
0	0	1	0	1
1	1	0	1	0
0	1	0	1	1
1	0	0	1	0
0	0	0	1	1
			抉择	断定

符号说明：

“甲”：代表“甲乙”

“丙”：代表“丙丁”

“戊”：代表“戊己”

“1”：代表肯定：例：“1 甲”代表“甲是乙”，即是“有甲乙”。

“0”：代表否定。“0 戊”：“戊非己”，余可类推。

简式三：（省略结论一）

大前提	小前提	结论二	
有甲则有丙	有丙则有戊	无戊	故无甲
无甲则有丙	有丙则有戊	无戊	故有甲
有甲则无丙	无丙则有戊	无戊	故无甲
无甲则无丙	无丙则有戊	无戊	故有甲
有甲则有丙	有丙则无戊	有戊	故无甲
无甲则有丙	有丙则无戊	有戊	故有甲
有甲则无丙	无丙则无戊	有戊	故无甲
无甲则无丙	无丙则无戊	有戊	故有甲
		抉择	断定

1. 有：代表肯定
2. 无：代表否定

3. 有甲：代表“有甲乙”，即是：“甲是乙”

4. 无甲：代表“无甲乙”，即是：“甲非乙”

5. 余可类推。

回看本注内前面五号天、地、人、物四表。

语法举例，例一：	例二：
一、甲是乙则丙是丁，	一、甲非乙则丙非丁，
二、丙是丁则戊是己；	二、丙非丁则戊是己；
三、戊非己则丙非丁，	三、戊非己则丙是丁，
四、丙非丁则甲非乙，	四、丙是丁则甲是乙；
五、戊非己故甲非乙；	五、戊非己故甲是乙；
六、戊非己，	六、戊非己，
七、甲非乙。	七、甲是乙。

例三：

一、雪深积则水冻结，	五、冬不寒，则雪不积；
二、冰冻结则冬严寒；	六、冬不寒，（抉择）
三、冬不寒则冰不结，	七、雪不积。（断定）
四、冰不结则雪不积；	

十一、分接论法——大前提用分接词，“或”字，分列两个，或数个可能性。小前提任选其中一个，或数个。结论则推断出必然的后果。小前提选择时，有时能择取，有时只能择舍。因为大前提用的“或”字，有两种：一是“矛盾或字”，一是“兼容或字”。“矛盾或字”是二分法用的或字。遵守矛盾律。分接论法中，用“矛盾或字”时，小前提可以择取，也可以择舍。都能得结论：因为小前提取其一，结论必舍其余。小前提舍其一，结论必取其余。“兼容或字”，遵守“偏差律”，或然两端，能同真，不能同假。舍一，必取其余。但取其一，不知能否必舍其余，也不知能否并取其余。因为，“或”字的性质，和条件如此。用兼容或字的论

法：只能择舍，不能择取。以上各种“分接论法”，都是假言论法，又是“抉择论法”；惟有“或”字，是“分接词”，有“任选”的含意，故此，“分接论法”，也叫作“任选论法”，或“选言论法”。兹将“矛盾或字”，和“兼容或字”的性质、条件，及各种论式，分别简列如下：

“排异或字的分接论法”——“矛盾或字”也叫作“排异或字”。“矛盾或字的论法”，就是“排异或字的论法”：简称“排异论法”。“排异或字”的性质及条件，用符号画表，简示如下：

表一：

或	1	0
1	0	1
0	1	0

表二：

张	李	或
1	1	0
0	1	1
1	0	1
0	0	0

表三：

张	1	0	1	0
或	0	1	1	0
李	1	1	0	0

表四：

<table>
<tr><td>或</td><td colspan="3">李</td><td rowspan="4">符号解释：
一、张或李：或张或李，不可兼有。
二、张代表一论句，李代表另一论句。
三、“矛盾或字”，禁止张李都是“1”，也禁止它们都是“0”：不可两者并取，也不可两者并舍。
四、必须舍一，取一，始能保全“分接论句”的真义。
五、以上四表，意义相同：故可互相解释。</td></tr>
<tr><td rowspan="3">张</td><td>矛盾</td><td>取</td><td>舍</td></tr>
<tr><td>取</td><td>0</td><td>1</td></tr>
<tr><td>舍</td><td>1</td><td>0</td></tr>
</table>

根据上表，指明的条件，可知“矛盾或字”的论法有两种：一是“取舍论式”：小前提任选其一，结论尽舍其余。二是“舍取论式”：小前提，舍弃其一，结论取纳其余。兹将基本形式分列如下：（根据，亚里《辩证法》，卷二，章六，页一一二左二四～三〇）

排异或字的论式全表：

式一：	式二：
大前提：或甲或乙， 小前提：是甲， 结论：故非乙。	或有甲或无乙， 非有甲， 故无乙。

式三：	式四：
大前提：或甲或乙， 小前提：非甲， 结论：故乙。	或有甲或无乙， 是有甲， 故非无乙。

式五：	式六：	式七：
大：或甲或乙， 小：是乙， 结：非甲。	或甲或乙， 非乙， 故甲。	或有甲或无乙， 是无乙， 故无甲。

式八：	式九：	式十：
或有甲或无乙， 非无乙， 故有甲。	或无甲或有乙， 是无甲， 非有乙。	是无甲，或有乙。 非无甲， 故有乙。

全表一：

大前提	小前提一	结论一	小前提二	结论二
或有甲或有乙	有甲	故无乙	无甲	故有乙
或无甲或有乙	无甲	故无乙	有甲	故有乙
或有甲或无乙	有甲	故有乙	无甲	故无乙
或无甲或无乙	无甲	故有乙	有甲	故无乙
或有乙或有甲	有乙	故无甲	无乙	故有甲
或无乙或有甲	无乙	故无甲	有乙	故有甲
或有乙或无甲	有乙	故有甲	无乙	故无甲
或无乙或无甲	无乙	故有甲	有乙	故无甲

上表左右两栏的分别只是甲乙符号对换。换符法的规则是“全式一律，每式如此”。

"兼容性的或字论法"——简称"兼容论法"。这样的论法是选言论法的第二种。它所用的"或"字，分别两个或数个可能性，这些可能性，不是互相矛盾或冲突，但可同处共存。例如说："或道德高上，或学问优越，或德学兼优"。即是说："或有甲，或有乙，或甲乙兼有"。以这样的"或"字论句，作大前提的选言论法，叫作"兼容论法"。它的基本形式和公律，不是"排异论法"所根据的"矛盾律"，不是"条件论法"所根据的"引随律"，也不是下面要谈"冲突论法"所根据的冲突律（大冲突）；而是"小冲突对立"所根据的"偏差律"：依此定律，对立的两方不能同假，但能同真，也能一真、一假。画简表，标明这个对立的情形，并说明"兼容性或字"的逻辑如下："1"代表真，肯定，有取，等积极意义：

（兼）或	1	0
1	1	1
0	1	0

左图意思是说："或"字复句内分别的甲乙两句，能同真，或一真一假，但不能同假。两者同假时，"或"字意义不能保全，故以"0"代表之。"0"代表假、错、虚无等等消极意义。

兼容论式的构造：基本形式，举例：

例一：	例二：
大：或甲或乙，	或甲或乙，
小：非甲，	非乙，
结：故乙。	故甲。

小前提只能是舍弃甲乙两者之一，结论则取纳其余。小前提只舍不取。取则无效，不能推出确定专一的结论。例如，以下两式，不能有结论：

例一：	例二：
大：或甲或乙，	或甲或乙，
小：是甲，	是乙，
结：（故非乙、又能是乙）。	（故非甲又能是甲）。

如此说来，足见“兼容或字”，只有“舍取论式”一种：小前提舍其一，结论取其余。基本简式，已如上文所述。复合论式，用诸句间，肯定、否定两个句性的配合，仍能构成许多形式：公式的表格如下：

全表一：

或甲或乙非甲故乙
或非甲或是乙，是甲、故是乙
或是甲或非乙，非甲、故非乙
或非甲或非乙，是甲、故非乙

注意：表内甲乙可以互换。或每句互换，或只在大前提互换。或只在小前提和结论内，互换。

全表二：

大前提	小前提一	结论一	小前提二	结论二
或有甲或有乙	无甲	故有乙	无乙	故有甲
或无甲或有乙	有甲	故有乙	无乙	故无甲
或有甲或无乙	无甲	故无乙	有乙	故有甲
或无甲或无乙	有甲	故无乙	有乙	故无甲

全表三：

大前提	小前提一	结论一	小前提二	结论二
或有乙或有甲	无乙	故有甲	无甲	故有乙
或无乙或有甲	有乙	故有甲	无甲	故无乙
或有乙或无甲	无乙	故无甲	有甲	故有乙
或无乙或无甲	有乙	故无甲	有甲	故无乙

十二、“反接论法”——它的大前提是一个反接复句，用反接词将互相冲突的事物或论句接合起来，声明它们不能同时都是真的。小前提只可择取两端之一，结论因以舍弃其余。这样的论法只会有“取舍论式”；因为它遵守“冲突律”；冲突的两端能同

假不能同真。取其一，则必舍其余，舍其一却无法断定是否应并舍其余。典型的“反接词”是：“某丙不能是甲又是乙”；或说：“某丙不能同时是甲又是乙”。即是说：“某丙是甲，和某丙是乙，两个论句不能同时是真的”；“是两不相容的”；“是互相冲突的”；或用主观说法：“是不可被论者采取的”。

反接词，逻辑的本质和条件，可用符号画表明示如下：用“反”字作符号，代表反接词：

表一：

反	1	0
1	0	1
0	1	1

表二：

甲	1	0	1	0
反	0	1	1	1
乙	1	1	0	0

表三：

甲	乙	反
1	1	0
0	1	1
1	0	1
0	0	1

表四：

反		甲	
		真	假
乙	真	0	1
	假	1	1

以上四表相同，形式不同，可以互相解释。表一最为简明。意思是说，何时“反”字指示的“冲突对立”，始能产生；何时不能产生：

一、甲真乙真，不是冲突对立

二、甲假乙真，必是冲突对立

三、甲真乙假，必是冲突对立

四、甲假乙假，能是冲突对立

反接论法的论式，根据上面的“反字真假表”，只能有“取舍论式”。小前提取其一，结论舍其余。兹将其基本形式用符号画图，简示如下：

全表一：

反接论法	第一		第二	
大前提承认	小前提	结论	小前提	结论
不能同时	取甲	舍乙	取乙	舍甲
有甲有乙	有甲	无乙	有乙	无甲
无甲有乙	无甲	无乙	有乙	有甲
有甲无乙	有甲	有乙	无乙	无甲
无甲无乙	无甲	有乙	无乙	有甲

符号说明：

一、“有甲”、“有乙”代表甲乙两任何论句，是肯定论句。

二、“无甲”、“无乙”代表甲乙两任何论句，是否定论句。

三、“取”代表“重说”。

四、“舍”代表“否定”。（参考亚里《句解》，章十）

全表二：

反		取	舍	取	舍
甲	乙	甲	乙	乙	甲
有	有	有	无	有	无
无	有	无	无	有	有
有	无	有	有	无	无
无	无	无	有	无	有

全表三：

反		取	舍	取	舍
甲	乙	甲	乙	乙	甲
1	1	1	0	1	0
0	1	0	0	1	1
1	0	1	1	0	0
0	0	0	1	0	1

以上三表相同。“有、无”可以改作“是、否”，符号作用相同。用具体名辞，就上三表，举例如下：

大前提	不能同时既不是铜，又不是铁	不能同时 无甲又无乙
小前提	不是铜	无甲
结论	故是铁	故有乙

十三、连接论法——大前提是一连接复句，连接至少两句。小前提择取其一，结论则取纳所余。它的论式，根据连接词的逻

辑性质和条件，只能是“取取论式”：遵守“自同律”，“取”是“重说”大前提已经承认了的每个单句。连接词有许多；最典型的是“也”字和“又”字；他如“同”、“并”、“和”、“连……也”、“偕”、“与”、“跟”、“及”等等；都有“连接词”的作用。现用“连”字作符号，代表“连接词”，画“真假表”，将连接词的逻辑本质和条件，确定如下：

表一：

连	1	0
1	1	0
0	0	0

表二：

甲	1	0	1	0
连	1	0	0	0
乙	1	1	0	0

表三：

甲	1	0	1	0
乙	1	1	0	0
连	1	0	0	0

表四：用“并”字作“连接词”，构成的有效论式：

连接论法	第一		第二	
大前提	小前提	结论	小前提	结论
有甲并有乙	有甲	故有乙	有乙	故有甲
无甲并有乙	无甲	故有乙	有乙	故无甲
有甲并无乙	有甲	故无乙	无乙	故有甲
无甲并无乙	无甲	故无乙	无乙	故无甲

十四、转接论法——用转接词“然而”之类，在文法和修辞学里，和连接词及论法有分别；在逻辑意义上，和“连接词的论法”没有分别。“但”、“到底”、“却”、“可是”、“不料想”……等等语法，都有“转接”的文法作用。在逻辑性质上，和“也”字等连接词完全相同。例如说：“张某是健康的人，不料想，竟在一瞬间，死去了。”等于说：“张某是健康人”；“张某猝死”是两个同时并真的论句。又例如说：“张某聪明，可惜，多病”；在逻辑意义上，等于说：“张某是聪明人”，“张某也是多病的人”。

连接论法的特点——“连接论法”是“反接论法”的反面：

一是遵守自同律，只有“取取”论式；一是适守冲突律，只有“取舍论式”。“连接词的真假表”也正是“反接词真假表”的反面；两者彼此相否定。否定连接词，便得“反接词”。反之，亦然。否定“不能同时都真”，是肯定“能同时都真”。否定和肯定不改变“接词”的内在本性。“反接词”的逻辑本性，是“假言性”的，不是“定言性”的；从此可见，“连接词”的逻辑本性，也是“假言性”的。它构成的论法，属于“假言论法”之类；大前提和小前提的任务，是抉择。为此，不可将“连接论法”，简单看作是“定言论句复合而成的定言论法”。从定言论法的观点去看，“连接论法”，在小前提和结论，只是重说大前提已经预定认可了的单句，此外，没有其他理由来证明什么新知识：仿佛是极无意味的。但从“抉择论法”，即是“假言论法”的观点去看，从大小前提的抉择，产生某固定的结论，是“自同律”的必然；并且是“矛盾律”，和“言语前后符合律”的实际运用。违犯了这些公律，人间的语言和理论将陷于混乱不堪。现代逻辑学界有人，只用“连接词”和“否定词”，建立推演系统；范围广阔，包括尽了“一切假言论法”的“推演系统”，这更足以证明“连接复句”的“假言性”和“抉择性”。总说起来：“连接复句”也是“假言论句”；不只是“定言论句”平列起来的连合。

附志：承接词——承上接下的接词，叫作承接词，例如，“因此；故此；于是：借以”等等。“则”，“故”等字，也算是承接词。广义说，凡是接词，都是承上接下，或引上启下的：都可以叫作承接词。狭义的承接词，普通都是“原因词”，指示为什么原因，为什么理由，或借什么机会，用什么方法。那么，承接复句通常都是“原因复句”。问题是：它属于哪一类呢？是定言，或是假言呢？比较确实的答案是，“原因复句”属于定言论句之类，并且是“省略论式”：是三段论式的简式。例如说：“张某有功，故应受赏”，是说：“凡是人有功，都应受赏。张某有功。故张某应受赏”：这是一个三段论法。

特志：复句内逻辑接辞及真假配合总数，可用阴阳二分配偶的《易经》卦理，策算决定，不能多也不能少。兹用“0”代表阴，“1”代表阳，画表如下：（横读）

复句逻辑接辞阴阳配偶总数计算表

张	李	真	或	因	狂	则	乘	同	与	反	异	乱	逆	病	妙	离	假
1	1	1	1	1	1	1	1	1	1	0	0	0	0	0	0	0	0
1	0	1	1	1	1	0	0	0	0	1	1	1	1	0	0	0	0
0	1	1	1	0	0	1	1	0	0	1	1	0	0	1	1	0	0
0	0	1	0	1	0	1	0	1	0	1	0	1	0	1	0	1	0
p	q	V	A	B	I	C	H	E	K	D	J	G	L	F	M	X	O

复句逻辑接辞配合法计算总数表

张	李	真	或	因	则	反	同	病	乱	乘	狂	异	与	逆	妙	离	假
1	1	1	1	1	1	0	1	0	0	1	1	0	1	0	0	0	0
1	0	1	1	1	0	1	0	0	1	0	1	1	0	1	0	0	0
0	1	1	1	0	1	1	0	1	0	1	0	1	0	0	1	0	0
0	0	1	0	1	1	1	1	1	1	0	0	0	0	0	0	1	0
p	q	V	A	B	C	D	E	F	G	H	I	J	K	L	M	X	O

释例：张李两个符号，代表两个论句：

1.Vpq= 张李常真：接受

2.Apq= 或张或李：偏差

3.Bpq= 因有张而有李（因果关系）

4.Cpq：若有张则有李：引随

5.Dpq：张李不同有：冲突

6.Epq：张李真假相同：同等

7.Fpq：病张李

8.Gpq：乱张李

9.Hpq：乖张李

10.Ipq：狂张李

11.Jpq：张李真假相异：矛盾：NEpq

12.Kpq：张与李同真：连是：NDpq

13.Lpq: 张李相逆不相随：NCpq

14.Mpq: 李不因张而妙有：NBpq

15.Xpq：张李离真而同假：连非：NApq

16.Opq：张李常假：拒绝：NVpq

表内逻辑接辞共有十六个，其中常真、常假（Vpq，Opq）属于单句原有的逻辑虚字之类（VpOp）。所以，其余的复句接辞只剩十四个：七阴七阳。病、乱、乖、狂四个符号，代表两个论句单方受肯定或受否定的现象，不是真正双方对答的配合。除去以上六个，所余的十个仍分两组：阴五阳五。或、因、则、同、与，五个属阳。反、异、逆、离、妙，五个属阴。阴是阳的否定。所以，否定辞加上阳组五个接辞，是表内最重要的成分。因字所指的因果关系和则字所指的引随关系，是一个关系的凸凹两面。妙、逆两字也是代表一个关系的凸凹两面。“妙”是“因”的否定。“逆”是“则”的否定。去否定，去凸而取凹，则只剩或、则、同、与，四个接辞，特值注意。“同”字所指的关系，乃是两个论句交互的引随关系：（EEpq KCpqCqp）；分析起来，应约归于“则”字所指的引随关系。那么，最基本的复句接辞，只剩三个，就是：或，则，与。（Apq，Cqp，Kpq）“与”字有“及”、“和”等等字样的意义，指示两句或数句连合并列起来，都是真的：连是不分非。（EKpq NANpNq）

十五、假言论句与定言论句——定言论句，“盈无有亏”四种都能改成假言论句，并且都包含引随关系。逐一简论如下：

一、“盈句”：“每甲是乙”等于说：“甲一是乙，甲二也是乙”。（甲一、甲二代表个个甲）故此，盈句便是“连是句”：有“连接复句”的含义，仿佛是“连接复句”的简写。

二、“无句”：“无甲是乙”等于“甲一非乙，甲二也非乙”……故此它是“连非句”：两个或数个否定句的连接复句。

三、“有句”：“有某甲是乙”等于说：“或甲一是乙，或甲二是乙”。“有句”乃是“分是句”。

四、“亏句”：“有某甲非乙”等于说：“或甲一非乙；或甲二非乙”。“亏句”乃是“分非句”。

简言之：

一、“盈”则连是，此也是、彼也是。

二、“无”则连非，此也非、彼也非。

三、“有”乃分是，或此是，或彼是。

四、“亏”乃分非，或此非，或彼非。

用对立方图比较如下，则更为明显：

画图比较对照一下：连分图一。

盈亏图：

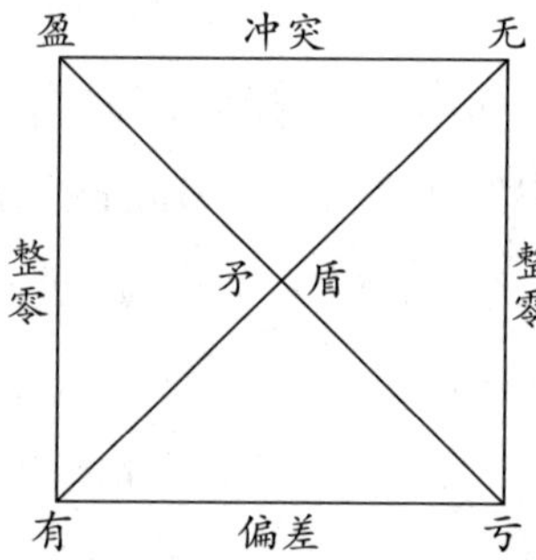

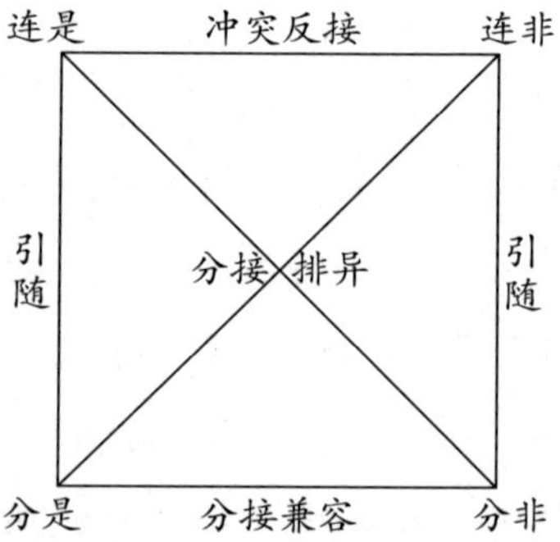

参看注①内十二号。

连分图二：

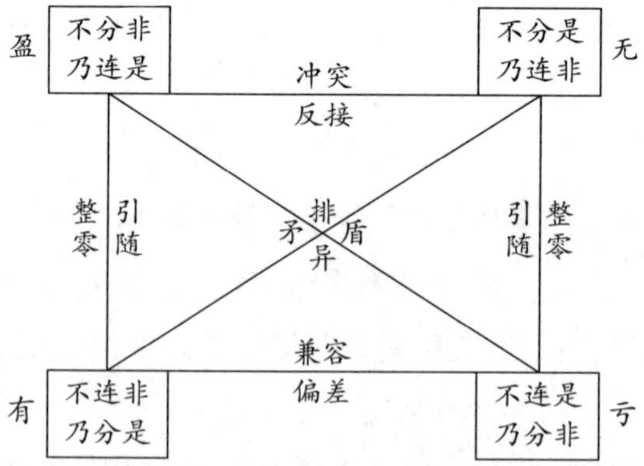

以上三图，富有逻辑价值：是全部逻辑的撮要。它们的内容，

都包括在亚里逻辑中。待至中古世代，始有众多逻辑学家，将这些内容特别提出来，作了有系统的研究，转至现代，便受到了数理逻辑家特别的重视。关于此点，中世较著称的学者，有德国撒克逊省人亚尔伯，《逻辑学》，卷三，章二，章五；卷二，章五；奥康（或名奥克哈木），《逻辑学大全》，卷二，章卅三，章四；近代学者中，狄默根（或名狄毛尔根），《形式逻辑学》，一八四七年版，页一一〇至一一一；汪来特，《逻辑形式与内容》，一九四九年版，页一六至廿一；蒲莱尔，《形式逻辑学》，一九五三年版，页一四二等等。

十六、品定论法——品质同异或优劣的评定论法，简称品定论法。试先举出一些基本的典型实例：（参看，亚里《辩证法》，卷二，章十；及注㊾）

例一：优劣相较，否定

大：健康优于财富	甲优于乙	甲优于乙
小：健康既不是至善	甲既非至善	甲既劣于丙
结：财富故不是至善	乙故非至善	乙故劣于丙

例二：优劣相较，肯定

大：健康劣于道德	甲劣于乙	甲劣于乙
小：健康既是可贵	甲既贵似丙	甲仍可贵
结：道德也/更是可贵	乙故贵似/于丙	乙也/更可贵

例三：同类相较肯定

大：健强与美丽同类	甲乙同类	甲乙同类
小：健强可贵	甲既有丙	甲既是丙
结：美丽可贵	乙故有丙	乙故是丙

例四：同类相较否定

大：健强与美丽同类	甲乙同类	甲乙同类
小：健强不是道德	甲既非丙	乙既非丙
结：美丽不是道德	乙故非丙	甲故非丙

例五：有无相较，是非相较

大：真福之境无痛苦	甲无丙	甲非丙
小：健康之时有痛苦	乙既有丙	乙既是丙
结：健康之时非真福之境	甲故非乙	甲故非乙

例六：大善小善相较

大：如果小善可贵，则大善必可贵；	（公理）
大：健康之善小于道德之善；	（大前提）
小：健康可贵，	（小前提）
结：故道德可贵。	（结论）

例七：定义相反者之比较：异性相较

大：善恶彼此如有无之相反（定义不相同）	甲乙相反
小：善之为善，在乎单独自立、完整统一	甲既有丙
结：恶之为恶，必是既不自立又不完整统一	乙故无丙

例八：敌友相较；同异相较

大：相友者必同敌	甲乙如相同，必同异于丙
小：不同敌	如不同异于丙
结：不相友	必是两不相同

例九：同处相较

大：相同者可同处共存	甲乙相同，能同在丙
小：如不同处并存	甲乙不同在丙，故
结：不相同	甲乙不相同

同例换言之：

大：相同者则有同一主体	甲乙如相同，同有主体内
小：既无同一主体	甲乙的主体不同是丙
结：故不是相同	故甲乙不相同

例十：离合相较

大：相合者，合于一	甲乙合一，则合于丙
小：不合于一	甲乙不合于丙（一合一离）
结：故相离	故甲乙不合一（故相离）

例十一：

大：持久的安乐优于暂促的安乐。

小：五十年是长久，五十天比较暂促。

结：五十年安乐优于五十天安乐。

例十二：参看《辩证法》，卷四，章四

大：目的之价值高于工具（或方法）。

小：仁是目的，义是方法。

结：仁的价值高于义。

例十三：参看《范畴集》，章十二

大：先者可以无后，后者不可以无先。

小：类谱内，高类先于低类，例如动物先于人类。

结：高类的概念，可以无低类的概念。低类的概念，不可无高类的概念：（例如人的定义中，不可不包含动物的概念）。

例十四：

大：先者可以无后，后者不可无先。

小：原因先于效果。

结：可以有原因而无效果，不可有效果而无原因。

例如燃火是原因，“烧木”是效果。可以有火而无木故不烧木；但既已烧木，则不能有木之焦烧，而无烧木的燃火。

例十五：

大：先者可以无后，后者不可以无先。

小：单纯的因素先于组合的物体。

结：可以有单纯的因素作原因，而无组合的物体作效果：但既有组合的物体，则不能没有其必备的单纯因素作它的原因。（故此，凡是组合体，都是效果，必有原因）

品定论法的逻辑性质——依亚里此书本章的意见，品定论法属于假言论法之类，不属于定言论法之类。理由主要有二：第一，消极方面说：品定论法的目的，和直接效能，不是用定言论法，明证某主体确是如何。既不是定言的论法，故是假言。第二，积极方面说：论品质优劣同异等等，比较性的言论，已经假定某主体实有某品质。先知其有某品质，然后才去比较那品质的同异优劣等等比较性的知识，是在定言的知识既有以后，始有形成的可能。先认识品质，然后，才能比较：比较是相对的，认识品质之存在及性质是绝对的：比较后于认识：犹如“相对”后于“绝对”。再积极一点说：分析品定论法的本质，也可以看到它是“假设性”的论法：因为大前提声明许多“待人抉择”的可能性，这些可能性彼此间，有各种假言复句所指示的逻辑关系：或“随接”，或“分接”，或“反接”，或“连接”，或兼有数种。并且都假定论者，已有定言性的知识。如此，比较性的复句，不是定言论句。它的真假是非，不在于定言单句是否绝对符合事实，而在于“优劣”或“同异”、“分合”等等的“比较关系”：都有“预定条件”、“设定范围”的作用：和假言论句有许多相同之点。然后再看小前提：它在品定论法中，所有的中心任务是“抉择”，或“择取”，或“择舍”：从优劣同异等等对立的两方抉择一方，或“取”，或“舍”。然后，结论因之，断定怎样处理所余的另一方面；或取纳，或舍弃。如此说来，品定论法，步步和假言论法有类同之处。

同时，品定论法有品定论法自有的独特性。和其他各种假言论法不相同：主要的区别在“比较”：它是比较性的。它的中心动作是比较、评量、品定。它所遵守的逻辑规律，是“优劣”、“同异”、“分合”等“关系辞”所指示的特别一套规律。现代逻辑内，包括“关系辞的逻辑”这一部分；在亚里的著作内可以找到一些原始的资料，但找不到有系统的研究。就历史去看，柏拉图派的哲学家大都喜用品定论法。斯多亚派（即是长廊派）特好假言论法。盘环走谈派，即是亚里派（或简称“环走派”），特好定言论法。柏拉图派兼用“分接论法”，用之有失过当，曾惹起亚里的评责。详见本书，卷一，章三一。亚里原书内，据史家推测，没有正式讨论“假言论法”，笔下现有的资料，有人主张是亚里的高足弟子德乎乐或更晚代的其他人所添补。回看本注内最前第一号之引据。

十七、假言论法的重要——一方面观察历史，一方面比较假言论法和定言论法的关系，可看到假言论法的重要。古代的长廊派、麦加辣学派，罗马古代从西赛劳到鲍也西，五百多年，许多人注意到假言论法。西赛劳《辩证论丛》，章五七，鲍也西《假言论法》，等篇，都是讨论假言论法的专著。同时的亚历山、裴劳朋、纪西朴（或名纪立西朴斯）、马留（详名马留·维克道立诺斯）、著名的文法家贾萧德（详名贾萧德禄斯）《辩证法》，都曾有假言论法的讲述。中古世代，亚拉伯和欧洲的学界，能人辈出，讨论过假言论法的人，数目众多：其中，亚维新·亚维罗最为著名，欧洲，十三世纪以后，有亚伯拉尔（详名伯多禄·亚拉伯尔都斯）著《辩证法》，布立单著《引随关系专论》，撒克逊人亚尔伯《逻辑学》，前面提过的奥康《逻辑大全》卷三，司徒德（详名司徒劳德斯）《引随关系之逻辑》，都曾特别讨论假言论法。

近代逻辑“论句的分析”，占重要的部分和位置。其内容是以假言论法为主，和中世“引随关系之逻辑”，内容大致相同。足见从古到今两千来年，形成了一个连续不断的河流。日积月累，内容之富，用途之广，似远胜于定言论法。

比较假言和定言论法——只说两点。第一是两相补益，不相冲突。活动的范围不同，目的和效用也不同。凡是定言论法，都能改写成假言论法，但是许多假言论法，不能改写成定言论法。假言论法的用途，比较宽广；但是内容不会有定言论法的明证力；并且为成立自己的议论，需要有一些定言论法证实的知识，作先决条件；故此，必须在相当限度下，借助于定言论法。同时定言论法，骨子里，大小前提和结论间，甚至宾主两辞间的关系都遵守“随接论法”的“引随律”，和“引随贯通律”。足见“假言”、“定言”两种论法是相助相需的，不是互相敌对的。历史上，曾有很长的一个时期，亚里派和长廊派认为两种论法互不相容。两派互相攻击，阻碍了两种论法研究的进步。

第二点：在形式的构造上，“定言”、“假言”两种论法不相同，但互相对称：两方面，都有大小前提和结论三段。兹画简表，对照如下：

定言论法		假言论法		
大前提	单句	预定的假设	复句	
小前提	单句	抉择：取，舍	单句	
结　论	单句	断定：取，舍	单句	

两种论法的分别：

一、定言论法，大小前提和结论三句，可以都是单句；假言论法，三句中，至少大前提是复句。

二、定言论法的逻辑虚字是："每、无任何，有某、是，不是"。定言论法的逻辑，研究这些虚字，指出的名辞间，宾主的关系，和引随关系。这样的逻辑是"宾辞的逻辑"。假言论法的虚字，是复句所用的接词："则；或；不并是……又是……也"等等。假言论法的逻辑，是"复句的逻辑"，是"接词的逻辑"，有时也叫作"论句的逻辑"；在数理逻辑，就叫作"论句的策算"（许多论句间，真假配合而有的策算）。

十八、附志：非常论式——许多有效论式，不能纳入普通定言或假言论式的规格。一切不合常态的有效论式，统列入"非常论式"的总类；其下有许多分类，除注㉞～㊾，及卷一章四一等所举论式以外，还有以下种种。维录于此，都是非常论式：但都是有效，并有用途的论式；亚里及亚历山等，均曾提到这些论式：

	式一：	辞例：
大	甲全称主体乙所有的每个全称宾辞，	实体全称人的每个全称宾辞，
小	丙是主体乙的全称宾辞，	动物是人的全称宾辞，
结	甲全称丙。	实体全称动物。

	式二：	
大	乙的宾辞宾称丙，	乙的宾辞是丙的宾辞，
小	乙的宾辞甲的主辞，	甲是乙的宾辞，
结	甲是丙的宾辞。	甲是丙的宾辞。

式三：

大：宾辞乙的主辞，是宾辞甲的主辞，

小：宾辞乙的主辞，是丙，

结：宾辞甲的主辞，也是丙。

式四：此式奇特，否定的形式，有肯定的内容：

大	无乙非甲，	乙莫非甲，	是乙而非甲者无有也，	凡乙皆甲，
小	无丙非乙，	丙莫非乙，	是丙而非乙者无有也，	凡丙皆乙，
结	无丙非甲。	丙莫非甲。	是丙而非甲者无有也。	凡丙皆甲。

参考，舒露德《逻辑代数》，附录四。

以上四式，固然都是定言论式，"甲乙丙"可以代表"实体、动物、人"；其余都是逻辑的虚字或语法，排列的形式，不合通常论式的规格；如不去掉并更改它们的某些虚字，便无法改成通常论式：为此叫作"非常论式"。参考亚历山、亚里《分析学前编》卷一注解。

式五：从"又"，说到"或"：是一复杂的假言论式，"又"引"或"：

大	"是甲又是乙，故，是甲或乙"，	"又"，则"或"，	"又"引，则"或"随，
小	每丙是甲又是乙，	"又"，	"又"引，
结	每丙是甲或是乙。	故"或"。	故"或"随。

参考本编，卷一，章三六。

注意：以上诸论式，都是"相关名辞"间的论式，在亚里全部逻辑中，占着奇特的位置；没有受到系统化的研究：故是非常论式；但移置到"相关名辞"，或"关系逻辑"系统中去，便是此系统中的普通论式。

式六：（参看注㊻，解释二、三、及本编上卷章卅一）

大	每丙是"乙或甲"	每位教授是博士或硕士，
小	每丁是丙	每位社员都是教授；
结	每丁是"乙或甲"	每位社员都是"博士或硕士"。

式七：从"是"说到"有"

大	每丙是"乙或甲"	每块铁都是"刀或枪"，	（参考《辩证法》，卷二，章四）。
小	每丁有丙	每个工人都有铁；	
结	每丁有"乙或甲"	每个工人都有"刀或枪"。	

式八：

大	一倍是某数的数倍之一，
小	三倍是某数的数倍；
结	三倍之一，是某数的数倍之一。

式九：折扣的数理逻辑

式九：折扣的数理逻辑		辞例
大	一折是百分之十，	一折是百分之十，
小	数折是某数的百分之数十，	若千元的数折是若千元的百分之
结	六折是某数的百分之六十。	六十元的六折是六十元的百分之

关于式八、式九，参考《辩证法》，卷二、章八。这两式也是“相关名辞”的论式。

亚里遗著中，尚有其他非常论式，此间恕不备述。